国家社科基金
GUOJIA SHEKE JIJIN HOUQI ZIZHU XIANGMU
后期资助项目

中国企业并购跨文化整合

理论与实践

Cross Cultural Integration of China's Enterprises

Theory and Practice

崔永梅　傅祥斐　著

社会科学文献出版社
SOCIAL SCIENCES ACADEMIC PRESS (CHINA)

国家社科基金后期资助项目
出版说明

后期资助项目是国家社科基金设立的一类重要项目，旨在鼓励广大社科研究者潜心治学，支持基础研究多出优秀成果。它是经过严格评审，从接近完成的科研成果中遴选立项的。为扩大后期资助项目的影响，更好地推动学术发展，促进成果转化，全国哲学社会科学工作办公室按照"统一设计、统一标识、统一版式、形成系列"的总体要求，组织出版国家社科基金后期资助项目成果。

全国哲学社会科学工作办公室

前　言

　　并购作为促进产业结构调整、企业发展的重要战略手段，在全球经济的舞台上发挥着越来越重要的作用。近年来，许多中国企业也通过并购的方式实现了自身的战略目标。成功的并购能够使企业获取外部资源、拓展市场等，并通过协同效应的实现带来企业价值的提升。虽然企业并购整合能力正在逐步提高，但理论和实践均表明成功率相对较低。

　　出现这种现象是由于企业重并购交易操作而轻管理整合，即在并购接管完成后缺乏全面、系统、有效的整合。美国科尔尼顾问公司的一项关于企业并购的调研显示，有58%的并购案例没有达到预定的价值目标，他们分析了并购全过程的风险分布，发现并购后整合（以下简称"PMI"）构成了并购全过程的最大风险，约占53%。由此可见，并购后整合是企业在并购过程中面临的巨大挑战，而整合中最大的风险是对双方文化差异的忽视。文化是影响企业创造价值的非制度性因素，对企业行为会产生潜移默化的影响，并购双方文化差异导致的文化冲突会在一定程度上诱发行为冲突，并最终成为影响并购成功的重大阻碍。因此，如何跨越文化的鸿沟、融合并购双方优秀的企业文化因素、形成新的企业文化是企业并购能否真正创造价值的关键。

　　本书在借鉴和吸收国内外并购后整合的实践经验和理论成果的基础上，结合中国企业并购后整合现状，充分考虑我国产业转型升级以及国际产业重新布局的特殊背景，以企业文化理论、跨文化管理理论、并购后整合理论以及协同理论等相关理论为基础，对文化视角下中国企业并购后整合问题进行全面研究。

文献研究表明，国内外学者将文化整合作为并购后整合的一部分，针对并购双方不同的文化背景，提出了多种文化整合模式。然而关于文化与并购后整合的相关研究仍然存在两方面问题：一方面是将文化"孤立"，将文化整合作为并购后整合的一部分，切断了文化与各整合部分的联系；另一方面是将文化的影响局限在并购后整合的实施阶段，忽视了文化在整合前评估、整合规划以及整合实施过程中的重要作用。

在理论上，本书将全过程的并购后整合理论与文化整合理论相融合，构建了从文化测量、文化差异识别、文化匹配、文化整合到实现文化协同的理论框架；分析文化在并购过程中的作用，并在现有协同效应理论体系中补充了文化协同的内容，进一步完善了并购协同理论。

坚持全过程整合的理念也是并购成功的重要因素之一。并购后整合并不是一个独立的阶段，而是贯穿于企业并购前后全过程的、动态的整合流程，它体现在并购的各个阶段——并购决策、并购接管、并购整合及并购评价。本书将全过程的文化整合理念引入并购后整合的研究与实践中，将全过程的文化整合与文化理论框架相匹配。研究认为文化测量与文化差异识别应在整合前评估阶段进行，文化匹配在整合规划阶段进行，文化整合模式的选择在整合实施阶段进行，最终以整合是否达到文化协同为重要标准来进行整合后评价。

企业并购后整合是一个全过程、动态的整合，本书设计了基于企业文化的 PMI 动态演进路径以及四阶段 PMI 管控模型。倡导企业应通过详尽的尽职调查，了解并购双方企业文化发展程度，选择合适的 PMI 管控模式。并购方企业要建立相应的文化协同机制以实现企业文化的整体提升。通过对并购双方文化强度、文化匹配度的分析，选择科学、合理的文化管控模式，以达到降低风险、形成协同的目的。主要的文化管控模式有吸纳式、渗透式、促进式、分离式，并购双方企业应根据各企业的实际情况选择适当的整合模式，进而通过相应的文化协同机制实现并购双方文化协同的目标。

在实践中，随着"走出去"战略的进一步深化，海外并购模式成为中国企业发展过程中采取的重要手段，而并购双方文化背景的巨大差异所形成的文化风险则成为并购失败的重要因素。如何在整合之前识别并购双方的文化差异？整合规划中如何通过文化匹配降低文化差异风险？在选择文化整合模式时应考虑哪些因素？整合全过程应当如何评价？并购方对于并购双方的文化差异进行有效整合，是并购企业进行成功运营的保证，可以解决企业并购后整合在实际操作过程中出现的诸多问题，避免因为文化差异而在运营过程中出现重大失误。而且，并购方企业的领导者在并购后整合的过程中选择一条适合本企业发展的文化整合模式，对并购企业实现自身的战略目标具有现实意义。本书将通过模型构建对以上问题进行详细解答，以期为并购企业提供决策与理论依据，帮助其合理规避并购风险。

本书分为七个章节。第一章为引言，主要介绍本书的研究背景、意义、内容与框架、方法与创新点；第二章为文献回顾，主要对并购后整合、文化差异与风险、文化整合的理论进行回顾与总结；第三章为文化与企业文化，主要介绍文化、国家文化、企业文化的相关定义以及如何对其进行测量；第四章为文化差异、文化匹配与文化协同，主要阐述三者的内涵及相互关系；第五章构建了 PMI 动态演进路径，将企业并购后文化整合发展分为引进阶段、融合阶段和全球本土化阶段；第六章提出了四阶段 PMI 管控模型，阐述了并购后整合四阶段的管控重点与模式选择；第七章为研究结论与展望。

本书是研究团队共同的思想结晶，是团队成员思想碰撞的结果。在项目研究过程中，博士研究生傅祥斐，硕士研究生王孟卓、崔梦莎、赵孟赫、徐瑾、刘玲、张亚等做了大量工作，为本书出版付出了巨大的努力，在此表示衷心感谢。在本书写作过程中，参考和引用了大量国内外学者的研究成果，并对其中相关成果进行了改进和拓展，在此对他们表示深深的感谢。由于时间和能力限制，本书所提出的观点仍存在许多不足，需要日后进行修正和完善，恳请专家学者以及广大读者予以指正。

目　录

第一章

引　言

关于并购，国际上有一个"七七定律"，即 70% 的并购没有实现期望的商业价值，而其中又有 70% 的并购失败于并购后的整合。德勤研究发现，60% 的并购没有实现期望的商业价值，其中近三分之二的失败缘于对文化的忽视。[①] 跨越文化的鸿沟、融合双方优秀的企业文化因素、形成新的企业文化是企业并购后真正创造价值的关键。

第一节　研究背景及意义

随着我国市场经济体制的不断完善，企业改革的不断深化，我国企业并购活动也越来越活跃。中国并购市场的规模在过去的 12 年呈现爆发式增长。证监会统计数据显示，并购重组金额由 2003 年不到 700 亿元的规模增加到 2013 年上市公司并购重组交易金额为 8892 亿元的规模，2016 年已增至 2.39 万亿元，年均增长率为 41.14%，居全球第二。[②] 2018 年迎来了全球第 7 次并购浪潮，以垂直整合、产业整合为目的的并购重组开始增多，并购重组已成为资本市场支持实体经济发展的重要方式。

---

① 德勤：《中国企业并购后文化整合调查报告》，2009。
② 《去年上市公司并购重组交易额 2 万亿　年均增长率 41.14%》，https：//finance. sina. com. cn/roll/2017 - 08 - 16/doc - ifyixipt1993766. shtml，最后访问日期：2019 年 9 月 12 日。

一　现实背景

跨国并购是进行全球化资源配置的最主要手段之一，也是我国企业融入全球经济必须迈出的至关重要的一步。随着对外开放和市场经济建设的不断发展，中国企业的竞争力日益增强，"走出去"的步伐也在加快，在跨国并购市场中已成为一支日益活跃的力量。据统计，2018 年中国企业并购交易数量为 10887 笔，企业并购总金额为 6783 亿美元，而 2018 年中国海外并购交易额达 941 亿美元，占比为 13.87%。①

（一）经济环境

目前中国经济面临比较大的下行压力。从国际看，世界经济复苏乏力，国际贸易投资增长低迷；世界主要经济体宏观经济政策协调性降低，贸易投资保护主义抬头。从国内看，经济增速换挡、结构调整阵痛、新旧动能转换相互交织，供给侧结构性改革任务艰巨；经济下行压力大，宏观经济政策面临两难的情况增多；经济高杠杆、高泡沫长期积累，确保不发生系统性金融风险的难度上升。从运行趋势看，中国经济增长速度处于下行趋势中。2016 年第四季度以来，中国经济增长速度略有回升，主要原因是 2016 年中期政府加大基础设施建设力度和放松房地产调控，暂时抑制了经济增长速度下行的势头。

习近平在中央财经领导小组第十一次会议上提出，"在适度扩大总需求的同时，着力加强供给侧结构性改革，着力提高供给体系质量和效率，增强经济持续增长动力"。从生产要素投入驱动转变为通过存量生产要素在不同产业、产品之间的转移来提高经济效率，改善资源配置推动产业结构和经济转型升级。企业兼并重组作为企业投资方式的一种，既是产业结构的市场化调整手段，也是有效的存量调整手段。随着国务院已出台"互联网＋"、"一带一路"等政策措施，兼并重组作为资源重新配置的一种方式在转型经济体中发挥着举足轻重的作用。

---

① 《2019 年中国企业并购规模及数量分析，未来并购将更规范化和多元化》，https：//baijiahao. baidu. com/s? id = 1644255617838738268&wfr = spider&for = pc，最后访问日期：2019 年 9 月 12 日。

（二）政策环境

中国改革开放的历程，实质上是国家所有权向市场机制转变、放松管制的过程，产业政策是我国政府调控经济活动的重要工具。

2010 年国务院下发的 27 号文件《关于促进企业兼并重组的意见》提出了充分认识企业兼并重组的重要意义，并提出了消除企业兼并重组的制度障碍，加强对企业兼并重组的引导和政策扶持；2013 年 1 月工业和信息化部联合 12 个部门下发了《关于加快推进重点行业企业兼并重组的指导意见》，旨在促进汽车、钢铁、水泥、船舶、电解铝等行业的企业兼并重组，提高行业集中度；2014 年 3 月国务院下发的《关于进一步优化企业兼并重组市场环境的意见》对企业兼并重组审批制度简化、充分发挥资本市场作用、金融服务财税政策支持、体制机制完善等方面都提出了明确的要求，并给予政策支持。

此后，各部门的落地政策纷纷出台。证监会 2014 年修订《上市公司收购管理办法》《上市公司重大资产重组管理办法》《非上市公众公司收购管理办法》《非上市公众公司重大资产重组管理办法》等政策，对证券市场的并购活动加以引导。2014 年 9 月，商务部出台了新修订的《境外投资管理办法》，优化国内企业境外收购核准程序，实行以"备案为主，核准为辅"的管理方式，大幅下放审批权限，加强事后监管与服务，确立涉及促进、服务、保障、核准和监管等环节的境外投资综合管理体系。银监会 2015 年 3 月修订《商业银行并购贷款风险管理指引》，明确提出银行业金融机构要不断优化并购贷款投向，大力推动化解产能过剩，助力技术升级，积极促进有竞争优势的境内企业"走出去"。2015 年 9 月证监会、财政部、国资委、银监会等四部门联合发文《关于鼓励上市公司兼并重组、现金分红及回购股份的通知》，指出通过多种方式进一步深化改革、简政放权，大力推进上市公司兼并重组，积极鼓励上市公司现金分红，支持上市公司回购股份，提升资本市场效率和活力。2016 年国务院印发《关于推动中央企业结构调整与重组的指导意见》，明确积极稳妥开展并购重组，鼓励中央企业围绕发展战略，以获取关键技术、核心资源、知名品牌、市场渠道等为重点，积极开展并购重组，提高产业集中度，推动质量品牌提升。2016 年 12 月，《国家发展改革委等四部门就当前对外投资形势下加强对外投资监管答记者问》指出，将继续对所有境外投资交易推行备案制管理，且将对跨境投资交易实施严格审核。2018 年 7 月，证监会发布《关于修改〈中国证券监督管理委员会上市公司并购重组审核委员会工作规程〉的决定》，来提高并购重组审核工作的质量、效率和透明度，更好地保护投资者合法权益。由此可见，近年来，国家加大了对海外并购的监管力度，在推进对外投资便利化的同时，也注重防范对外投资风险，规范市场秩序，促进对外投资健康有序发展。

上述一系列并购政策的制定和实行，为企业并购提供了充分的法律和政策保障。政策"松绑"以及相关配套制度的不断完善，为企业跨国并购创造了良好的外部环境，也有利于企业并购市场体系进一步完善，市场壁垒逐步消除。政策环境的不断优化有利于企业并购过程中金融、财税、土地、职工安置等政策进一步完善，企业并购融资难、负担重等问题逐步得到解决，服务体系不断健全。

（三）跨国并购发展

中国企业海外并购经历了 30 多年的发展历程，包括三个主要阶段，且在地域分布和行业分布上体现出不同的特点。

1. 我国企业跨国并购发展阶段

探索阶段：1982～1991 年。中国企业跨国并购在最初 10 年是探索阶段，这一阶段的显著特点是公开宣布和顺利完成的项目数和交易金额普遍较小，只有少数有实力的国有企业，如中国国际信托集团（China International Trust & Investment，CITIC）、首都钢铁公司等开始通过跨国并购进行国际化经营。在该阶段，中国企业共公开宣布了 32 个跨国并购项目，披露金额 19.66 亿美元，其中 27 个顺利完成，实现披露交易金额 17 亿美元①。

稳定阶段：1992～2001 年。经过 10 年探索，1992 年开始进入稳定阶段，该期间公开宣布 341 个跨国并购项目，但规模仍然较小，披露金额约 80 亿美元，其中 225 个顺利完成，实现披露交易金额约 61 亿美元。② 规

---

① 数据来源：Thomson Reuters，https：//legal. thomsonreuters. com/en/products/practical - law/corporate - mergers - and - acquisitions。

② 数据来源：Thomson Reuters，https：//legal. thomsonreuters. com/en/products/practical - law/corporate - mergers - and - acquisitions。

模较大的海外并购仍然由大型国有企业完成，如中国石油天然气集团、中国远洋运输集团、中国国际航空股份有限公司、中粮集团、中信集团等。

迅速发展阶段：2002年至今。随着中国"走出去"战略的实施和中国加入世界贸易组织，中国企业开始积极参与国际竞争，不断拓展国际市场，中国企业跨国并购自2002年进入迅速发展阶段，交易数量和交易金额快速增长。在该阶段，中国企业跨国并购交易共1115宗，交易金额约2.78万亿元。①

2. 我国企业跨国并购地域分析

中国企业跨国并购发展初期，目标国家（地区）主要集中于中国香港、美国和澳大利亚。随着中国跨国并购的发展，中国企业不再局限于中国香港和美国市场，开始对加拿大、日本等发达国家企业展开跨境并购。同时，随着中国经济发展对资源和能源的需求不断提高，中国企业开始将跨境并购拓展到资源或能源丰富的发展中国家，如巴西、南非、哈萨克斯坦、尼日利亚等。随着中国企业实力的不断增强，西欧国家（包括德国、英国、法国、荷兰、瑞士等）也逐渐成为中国企业跨境并购的重要目标国家，而且2002年以来，中国企业跨境并购的欧洲目标国家已经从德国、英国、法国、荷兰、意大利、瑞典等西欧发达国家，扩散到乌克兰、保加利亚、波兰等东欧国家，基本覆盖欧洲各主要经济体。

近年来以欧美发达区域为并购目的地的交易数量显著增加，而针对东南亚等传统区域的并购数量比例下降幅度较大。欧美企业在语言、管理方式和企业文化等方面与中国企业差异巨大，投资目的地的西进对中国投资者的交易和管控能力提出了新的挑战。

3. 我国企业跨国并购行业分析

中国企业跨国并购行业早期比较分散，但从最近几年尤其是从2006年开始相对比较集中，主要涵盖原材料、能源和动力、工业、金融、高新技术五大行业。

原材料和能源行业跨国并购以部分并购为主；高新技术以全资并购为主；工业、金融业、高新技术行业以行业内的横向并购为主。原材料类，

---

① 数据来源：万德数据库。

如金属与采矿行业以及石油等能源类并购项目一般规模较大，全资并购成本较大，风险也较大，因此以部分并购方式为主。而高新技术企业的并购以全资并购为主，全资并购有利于完全且有效地获取技术类无形资产。由于金融监管方面的限制，金融业主要是采取同行业之内的横向并购，除此之外，电信行业出于一定的监管和安全性考虑，也主要采取行业内并购。由于技术的专有性，高新技术行业也主要采取同行业之内的并购，有利于实现技术优势互补。

4. 我国企业跨国并购问题分析

在中国企业缺乏国际并购经验的情况下，并购后难以消化的情况非常值得关注。缺乏全球化战略、对当地市场的了解不足、文化障碍甚至政治因素都是中国企业在对外收购中面临的挑战，但波士顿咨询公司大中华区董事总经理林杰敏指出，中国企业海外并购面临的最大风险在于整合。

从跨国并购实践中看，企业跨国并购的最大考验是文化整合。双方来自不同的国家和地区，在发展过程中形成了自己独特的企业文化，跨国并购后的企业面临民族文化和企业文化的双重文化冲突。由于民族文化和企业文化差异的存在，跨国并购文化整合问题备受关注。在并购过程中，企业考虑最多的是如何更加合理有效地配置资源，却经常忽略了作为无形资产的文化因素，这正是大多数企业并购后的绩效变差或并购失败的原因。文化差异导致的文化冲突是跨国并购失败的主要原因，而有效地实施文化整合是跨国并购成功的关键因素。

二 理论背景

从国内外的研究来看，许多学者认为，文化整合既是推进并购整合的难点，也是决定并购成功的关键因素。Olie（1994）指出，大多数并购公司在合并初期都会出现合作中的困惑或沟通障碍，这种现象被称为"合并综合征"，在这个过程中，文化因素是综合征的表现形式，它们可决定公司的成败兴衰，如果这种综合征没有引起高层管理者的高度重视或对其处理不当，企业必然陷入文化冲突之中。Shrallow（1985）和 Shrivastava（1986）的研究表明，企业文化自身的差异，加上没有采取有效的整合措施化解差异和冲突，是并购企业经营业绩不佳乃至失败的主要原因。如果公司重视文化的作用，则可以大大提高并购的成功率。Malekzadeh 和 Nahavandi（1990）提出，并购企业文化整合是影响企业并购战略与长期经营业绩的关键因素，而并购企业中的文化冲突则是关键管理人员、核心员工及客户流失的主要原因，所以应将整合研究的重点放在文化重建和沟通交流上，通过对他人和自身行为方式、基本信念的改造，塑造新的文化。孙华平和黄茗玉（2012）认为，有效整合并购双方的跨文化差异是实现成功跨国并购的关键。企业文化的有效整合能提高中国企业在并购后的经济效益，随之将带动企业整体运营实力的增强，并有利于企业的长期可持续发展。李天博等（2017）认为，企业并购或重组后，人力、物力、财力都会进行重新调配，但仅是这些资源的重新组合未必能使企业焕发出新的生机和活力。因此，可将企业文化与人员的整合看成企业 DNA 的形成过程，只有将文化代表的思想、信念、价值观等有机融合，才能真正发挥出并购或重组后的资源优势。

学者们虽然关注了文化因素对并购成败的关键作用，但是现有研究还存在以下不足。

第一，现有研究对文化差异的概念多停留在国家文化层面上，但国家文化最终会导致企业文化的巨大差异，因此，从国家文化和企业文化双重差异的视角下对并购后整合进行研究是非常必要的。

第二，现有研究主要从并购后文化整合的模式及其影响因素展开，主要是一种静态的模式分析，缺少从动态视角下对整合模式进行探究。

第三，文化是潜移默化无处不在的，从最初的并购前准备，到并购中谈判，再到并购后整合，文化差异都是并购双方需要考虑和关注的因素，现有研究缺乏从并购全过程的视角对文化的作用加以研究。

第四，现有研究对于文化整合的研究是比较分散的，强调比较多的是注重文化重建与沟通交流，并未梳理文化对并购后整合影响的机理，且对于如何识别与测度文化差异、如何进行文化的匹配，以进一步确定文化整合方式、实现文化协同方面，也没有形成系统的理论分析框架。

三 研究问题

基于并购后整合实践与理论的双重诉求，本书的基本研究问题为如何进行文化视角下的并购后整合，具体问题主要有以下三个。

一是从识别文化差异到实现文化协同的路径与机理研究。通过构建从文化测量、文化差异识别、文化匹配、文化整合到实现文化协同的理论框架，分析文化作用于并购活动的内在机理。

二是文化视角下的并购后整合动态演进模型构建。通过识别整合战略不同阶段的中心任务和整合策略，把并购后整合分为引进阶段、融合阶段和全球本土化阶段。

三是基于全过程的并购后整合管控模型的分析。在建立文化对并购后整合作用机理的基础上，从文化的角度对全过程并购后整合实践中各阶段加以指导。

综上所述，本书从文化的视角研究我国企业的并购后整合，基于对文化差异、文化匹配、文化整合、文化协同四个方面的分析，构建了并购后整合的动态演进模型，分析了每种并购后文化整合模式的适用情况和实现机制，并结合整合前评估、整合规划、整合实施和整合后评价的全过程，分析文化在每个阶段的影响，以期对企业并购后整合实践提供一定的借鉴。

第二节　研究内容与框架

国家文化作为人类社会文明的产物，深刻影响着社会成员的价值观和行为方式，作为社会活动中微观成员的企业，其经济行为也深受国家文化的影响。企业作为独立的经济体，基于自身发展历程、组织结构形成的企业文化体现在企业的各经济行为中。基于此，本书的研究集中在国家文化和企业文化双重作用下的跨国并购后整合。

本研究的总体目标是：在文化视角下研究企业全过程并购后整合中的具体问题，基于企业并购文化整合理论、协同理论、管理控制理论等基础理论，对跨文化并购后整合问题进行梳理和研究，通过构建文化对全过程并购后整合作用机制，指导跨文化并购后整合实践活动。

鉴于中西方文化与管理的差异，基于我国特殊的市场经济体制与经济发展情况，在调研我国大量企业并购案例、重点研究文化对并购后整合的影响机理后，本书构建了文化视角下我国企业并购后整合模型。本书认为：中西方文化的差异使得中国式并购后整合不同于西方国家；中国企业应根据并购双方的文化特点选择科学的 PMI 管控模式；成功的并购应是基于全过程的四阶段并购后整合。具体理论研究框架如图 1-1 所示。

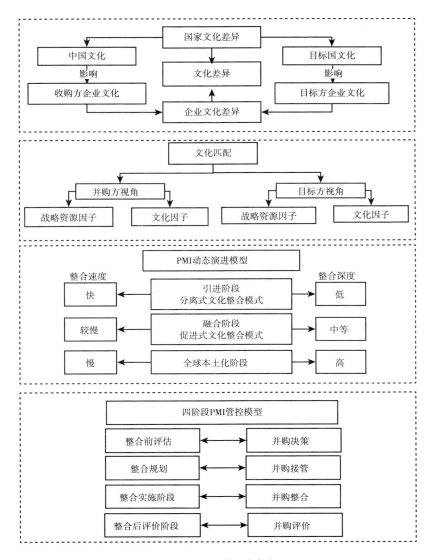

图 1-1 理论研究框架

首先，通过理论分析和对大量文献的梳理，分析了文化的内涵，在此基础上对文化进行了分类，分别剖析了国家文化与企业文化的内涵、特点以及对企业的影响，建立了国家文化和企业文化之间的关系模型，并介绍了企业文化测量的理论基础和方法，本书通过运用改进型德尼森企业文化测量模型界定了企业文化的状态。

然后，在分析了国家文化和企业文化的基础上，分别从文化差异的起源、内涵、构成以及对企业并购的影响等方面对文化的差异进行了剖析，确定了文化匹配的关键要素，建立了文化匹配的三层次模型，形成了衡量并购双方匹配性的文化匹配度。基于战略因子和文化因子双维度形成的文化匹配度评估体系，指导并购后整合模式的选择，并结合并购整合不同阶段建立动态演进模型，从而达到文化协同的目标。

最后，在建立文化对并购后整合作用机理的基础上，从文化的视角对全过程并购后整合实践中的各阶段加以指导，从而最大可能地消除文化风险带来的不利后果，选择科学、合理的整合模式，最终形成文化协同；同时选取在跨文化并购整合中具有典型性的案例，运用文化作用并购后整合机理和动态演进模型进行具体深入的分析。

第三节　研究方法与技术路线

一　研究方法

文献研究法。搜集、整理与研究国内外相关文献，学习国家文化、企业文化的内涵，梳理文化差异、文化匹配、文化整合以及文化协同相关研究，分析文化对并购后整合的影响机理，总结目前企业并购后整合存在的风险以及企业文化对于并购后整合的重要性。

访谈法。对跨国并购后整合的典型企业进行实地调研，对其高管进行访谈，了解跨国并购全过程，分析文化作用并购后整合方式与内容。

案例研究法。本书将基于案例调查进行研究，结合实际案例运用定性分析对并购企业并购后文化整合模式进行应用性分析，并对其并购企业文化整合的效果进行整合后评价，从而验证文化整合模式的合理性。

二　技术路线

本书展开研究的技术路线如图 1－2 所示。

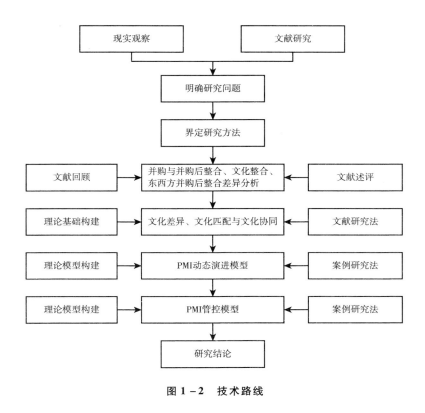

图 1－2　技术路线

第四节　研究创新点

本书的创新点主要有以下几个：

一是构建了从文化测量、文化差异识别、文化匹配、文化整合到实现文化协同的理论框架，分析了文化在并购整合过程中所起的作用，并在现有协同效应理论体系中补充了文化协同的内容，进一步完善了并购协同理论。

二是将全过程的文化整合理念引入并购后整合的研究与实践中，并将全过程的文化整合与文化理论框架相结合，提出文化测量与文化差异识别属于整合前评估阶段，文化匹配属于整合规划阶段，文化整合模式的选择属于整合实施阶段，最终以整合是否达到文化协同为标准来进行整合后评价。

三是构建了并购后整合动态演进模型。将文化整合分为引进阶段、融合阶段和全球本土化阶段。在跨国并购中，企业根据自身情况以及不同整合阶段的中心任务和策略，在动态演进中逐步探索合适的文化整合策略，进行不同速度和深度的整合，以最大限度地降低整合风险，最终实现文化协同。

第二章

文献综述

"并购"是兼并与收购的简称,并购价值需要通过战略整合、业务活动整合、组织机构整合、人力资源整合和文化整合等并购后的整合活动来实现,因此并购后整合是关乎并购成败的最为关键和微妙之处。文化是企业跨国并购后整合成败的重要影响因素,前人对并购后的文化整合研究为本书提供了有益的借鉴,但仍存在诸多不足和有待完善的地方,尤其是基于中国情境与文化背景下的跨国并购后文化整合研究。

第一节 并购与并购后整合

本节首先对并购和并购后整合的含义进行论述,然后梳理了国内外并购后整合研究的主要学派,进而指出了并购匹配、文化距离、价值观与谈判、管理与沟通是企业并购后整合的关键点。

一 并购与并购后整合的含义

本部分对并购和并购后整合的含义进行了梳理。

(一) 并购的含义

并购在国际上通常称为"Mergers & Acquisitions",简称"M&A"。这个术语包含两个概念:一个是"Mergers",即兼并或合并;另一个是"Acquisitions",即收购。二者结合在一起使用,简称"并购"。

我国《公司法》第 172 条把合并区分为两种形式:一种是吸收式合并(又称存续合并),即一个公司吸收其他企业,被吸收的公司解散并失去法人资格，这种形式的合并通常也称为兼并；另一种是新设式合并，即两个或两个以上的企业合并设立一家新的公司，合并各方均解散。

按照我国《证券法》的规定，收购（Acquisition）是指通过公开收购一家公司的股份而获得对该公司控制权的行为。这个定义是针对上市公司提出的，理论界对收购的定义也有些分歧，如郑兴山等（2000）认为，企业收购是指一家企业拥有另一家企业的部分或全部资产，实现对该企业的完全控制，而被控制企业可以继续保持独立的法人地位；张秋生等（2001）认为收购是指一家企业购买另一家企业的资产、营业部门或股票，从而获得对该企业的控制权的交易行为，目标企业的法人地位并不因此而消失。

张秋生等（2001）进一步认为并购是以商务控制权为标的的交易。第一，并购是一种交易活动，属于市场经济活动。作为一项交易，至少需要有买方、卖方、标的及其价格四个基本要素。并购符合交易基本要素的规定。第二，并购是一种复杂交易活动，且交易对象独特。并购作为一项交易有别于其他交易活动，其他交易活动的标的是单一资源，例如产品（劳务）、人力资源、技术、资本等，交易场所为产品市场或者要素市场，而并购交易的对象为商务控制权。商务控制权是对要素资源集合的控制权，交易场所在股票市场等产权交易市场为主的公司控制权市场。第三，并购活动是促进企业外部发展方式之一，是新建投资、联盟等战略活动的替代。

按照不同的分类标准，并购可以分为不同的形式。从国内外企业并购的实践来看，主要有以下分类形式：按照并购双方所在行业的性质划分，可将并购分为横向并购、纵向并购和混合并购；按照对目标企业进行收购的态度划分，可将并购分为善意并购和敌意并购；按照是否通过证券交易所公开交易划分，可将收购分为要约收购和协议收购；按照出资方式分类，可分为现金购买资产式并购、现金购买股票式并购、股票换取资产式并购、股票互换式并购。在我国实践中，并购的定义与分类更具体化，比较有代表性的是《关于企业重组业务企业所得税处理若干问题的通知》（财税〔2009〕59 号）中对企业并购重组的规定，指企业在日常经营活动以外发生的法律结构或经济结构重大改变的交易，包括企业法律形式改变、债务重组、股权收购、资产收购、合并、分立等。其中，债务重组是指在债务人发生财务困难的情况下，债权人按照其与债务人达成的书面协议或者法院裁定书，就其债务人的债务做出让步的事项；股权收购是指一家企业购买另一家企业的股权，以实现对被收购企业控制的交易；资产收购是指一家企业购买另一家企业实质经营性资产的交易；合并是指一家或多家企业将其全部资产和负债转让给另一家现存或新设企业；分立是指一家企业将部分或全部资产分离转让给现存或新设的企业。

（二）并购后整合的含义

企业并购后整合（Post-merger Integration，PMI）是指并购企业进行的资产、人力资源、管理体系、组织结构、文化等企业资源要素的整体系统性安排，从而使并购后的企业按照一定的并购目标、方针和战略组织运营。更简单地说，整合是指调整公司的组成，使其融为一体的过程（Lajoux，1998）。Larsson 和 Finkelstein（1999）将并购后整合界定为参与并购的两家公司互动和协调的程度。张金鑫等（2005）认为并购整合应该包含企业的方方面面，其最大的特点是在整合过程中常常遇到一些问题，而这些问题恰恰是以前不经常遇到的，具有一定的复杂性。

从某种意义上来说，并购后整合是并购价值创造的过程（Haspeslagh & Jemison，1991）。关于并购是否创造价值是金融经济学研究的一个重要问题，衡量方法主要有两种：一种是财务分析法，即通过并购前后一些财务指标的变化进行分析；另一种是股价变动法，即通过衡量股价在宣布并购前后的一个较短时期内的变化来确定股票价格波动产生的净利润或者损失。总体的研究结果表明，目标公司的股东能够从并购中获得丰厚的回报，而并购公司的股东在并购中盈亏大体相当。既然并购能够创造财富，对于财富的来源，Wasserstein（1998）明确指出并购能否成功不仅依靠被收购企业创造价值的能力，而且在更大程度上依靠并购后的整合。王长征（2002）则基于能力管理理论，认为整合是并购双方的有关组织机构、人力资源，通过企业能力的保护、转移、扩散和积累创造价值的过程。张洁梅（2011）认为并购整合的基本含义应该包括三个方面：第一，企业并购整合的最终目的是创造和增加企业价值，而创造价值是通过企业能力的保护、积累、转移和扩散来实现的，因此企业并购后整合强调的是能力基础上的融合；第二，促使异质企业文化下的资源转化为同质企业文化下的资源，加强企业管理者对资源的控制和协调；第三，企业并购后整合不仅涉及被并购企业的有形资源，而且涉及无形资源，尤其是对知识的整合。

二 并购后整合的主要学派

并购后整合有许多研究学派，本部分将对并购后整合的主要学派进行论述，具体分为基于过程学派的并购后整合、基于模式学派的并购后整合和基于金融经济学派的并购后整合。

（一）过程学派

"过程观点"（Process Perspective）将并购看作一个长期持续的协同过程，而不是一次性的购买行为，认为并购过程本身是一个决定最后并购效果的重要因素之一。持这种观点的学者将并购看作一个长期的、持续的过程。

Jemison（1986）第一个把并购结果与实现结果整合过程联系起来，从而得出了并购的价值创造来源于战略能力的转移，竞争优势是通过并购双方的不同组织层次间的相互作用而形成的观点，但是其忽略了对并购后整合过程的能力保护、积累、发展等问题的研究。

Birkinshaw 等（2000）通过研究，将并购后的整合划分为任务整合与人的整合两个维度，并将整合过程分为两个阶段。第一阶段是人的整合，建立起和谐的经营环境，而任务整合可以缓慢实施；第二阶段是结束人的整合而加快推进任务整合，最终目的是完成协同、能力与知识的转移。但是，在并购后整合过程中，人和任务的整合并不能完全地独立开来，任务的整合在很多时候包含了人的整合，而且不同阶段任务的设置不一样，某些任务确实速度很慢，但对某些任务能很快地实现，因此，Birkinshaw 等的阶段划分不全面。

Prichett 和 Robinson（1997）通过研究将整合过程分为五个阶段：一是设计阶段，成立整合项目管理组织，制定整个整合项目的日程表和布置任务分工；二是评估阶段，由并购管理小组总负责，制定衡量整合工作业绩的标准，对公司当前的经营状况进行诊断和分析，重新审查交易的财务条件和风险评估，并根据整合计划的要求提出改革建议；三是展开阶段，各个特别工作小组根据分工，执行具体任务（解决财务、人力、信息技术等资源问题；解决某些经营中的作业问题）；四是管理阶段，并购管理小组同各工作小组一起监控整合工作的日程和计划执行情况，并将进展情况报告指导委员会，在必要时可以调整资源配置；五是收尾阶段，整合项目管理组织向适当的业务部门交接工作。

国内方面，也有很多学者对整合阶段进行了划分，并且在各阶段明确了实施计划。蒋锡麟（2009）认为企业并购后整合的实施过程大致包括以下四个阶段。第一阶段，整合规划与评估阶段。积极的整合策略始于并购前期，在选择并购目标，进行谨慎性调查时，就要分析组织的匹配性、业务的关联性以及文化的相容性等，以便确定核心能力的转移能否实现，并购后整合能否产生足够的协同效益。第二阶段，整合计划制订阶段。在分析评估的基础上正式组建整合团队，安排整合项目经理，制订全面的整合计划，并设定整合里程碑。整合计划是用来确切地规划何时和怎样合并双方公司的主要资源、资产、业务流程和义务，以达到新合并公司战略目标的一系列纲领性文件。整合计划中应包括三个基本要素：新公司的战略目标；对资源、系统和职责的整合将如何支持这些目标；整合的优先顺序和时间表。第三阶段，整合计划实施阶段。涉及公司治理结构、公司战略、人力资源、有形资产和无形资产等财务资产、业务及管理流程等的整合，是整合成功的关键阶段。第四阶段，并购后整合评价与改进阶段。随着整合计划的完成，合并后的新公司董事会需要及时对整合计划的实施效果、整合团队的工作绩效进行评价和审计，并发现存在的问题。根据评价结果和存在的问题，明确未来还需进行哪些方面的整合工作以及如何进行，制订改进的长期计划。

（二）模式学派

对于如何进行整合的策略制定，早期的准则往往是"把他们变得和我们一样"，或者简单地依据一个准则就制定了整合的方法（比如被并购公司的规模或质量）。Haspeslagh 和 Jemison（1991）首次在并购的结果与产生结果的整合过程之间建立起了联系，并且细致地分析了整合模式中的一些问题。他们提出并购的价值创造源自战略能力的转移，竞争优势是通过并购双方的不同组织层次间的相互作用而形成的。然而，他们没有区分可转移、可流动、可模仿性、非专用性能力与不完全可转移、不完全流动、不可完全模拟，即没有在一般能力与核心能力间进行区分。因此，并购整合模式中的能力保护、积累、发展问题受到了忽视。

Haspeslagh 和 Jemison（1987）建立了一个综合战略匹配与组织匹配的并购整合框架。根据战略匹配和组织匹配的要求，并购者可以在三种模式中进行选择：吸收模式、保护模式和共生模式。同时考虑战略匹配和组织的因素，针对特定的并购选择适当的整合模式和方法，无疑为企业界提供了一种整合决策的分析方法，但要完善它的理论基础和分析方法还需要进行大量的研究工作。后来他们对整合模式进行了更深入研究，设计了被收购公司的战略相互依存的需要与组织自主权的需要之间的平衡模型，由此形成了四种收购后整合模式：控股公司、保留、共生和吸纳。

受此启发，后来者从不同角度出发对整合模式进行了更深层次的划分和描述。有人将整合模式描述成：完全整合、共存型整合、保护型整合、控型整合（Homburg，Bucerius，2005；Puranam et al.，2009）。有人认为不必划分太多整合模式类型，简单定义为三种即可：吸收型整合、共生型整合、保护型整合（Ranft，2006；Ranft & Lord，2000）。有人按整合双方文化融合的方式定义了整合模式：同化模式、强入模式、分立模式、新设模式（Al - Laham et al.，2010；Angwin，2004；Bauer，Matzler，2014）。此外，还有人按照整合双方的不同态度，将整合模式简单划分为强制型和平等型两种模式（Monin et al.，2013；Ranft & Lord，2000）。

（三）金融经济学派

金融经济学派从并购对证券市场的影响，导致相关并购双方的股票股价变化的分析入手，探讨企业并购是否真正创造价值；如果创造价值，那么价值的来源是什么。

Ruback 和 Jensen（1983）对案例研究后，指出并购和接管后目标公司股东的财富分别增长了 20% 和 30%，而并购公司的股东的收益率分别为 0 和 4%。Auster 和 Sirower（2002）指出，迄今为止，金融经济学派的研究课题分为三种类型：一是并购消息宣布后，股价的总体反应（对股东价值的影响）；二是并购宣布之后的一段时间内，股市的总体反应是否会随着时间的推移而出现根本性改变；三是并购后的企业实际业绩如何

（赢利能力和市场地位等）。经典的案例研究结果都以资本市场有效和市场参与者的理性预期为前提，同时，他们的研究工作是建立在企业代理理论、自由现金流量、公司控制市场和资产定价模型的基础之上的，认为一般情况是目标公司的股东能从并购中获利，而并购公司的股东不能。

既然并购创造了价值，那么价值来自哪里是金融经济学派关心的另一个核心课题。如果被并购公司股东的盈利来自并购公司股东的损失，那么就不能说并购创造了价值或提升了效率。第一种观点认为股东的盈利来自债权人的损失。在他们看来，当并购企业用现金收购风险较高的目标企业时，这种情况就存在。第二种观点认为盈利来自税收效应。为了获得税收好处而进行的并购活动常常被看成与政府的"零和博弈"，Auerbach 和 Poterba（1987）对 1968~1983 年发生的 318 项并购案例进行研究后发现，有近 20% 的并购主要是由税收引起的；Lehn 和 Poulsen（1989）在对1980~1984 年的杠杆收购进行研究后指出，潜在的税收与支付的并购溢价之间具有一定正相关。第三种观点认为目标企业的股东价值增值来自雇员、供应商的价值转移。Shleifer 和 Summers（1988）认为，当新的管理层打破企业与利益相关者现有的隐含契约时，并购就会产生收益。第四种观点认为并购价值来自并购后整合。Haspeslagh 和 Jemison（1991）明确指出并购的价值都是在并购交易后创造出来的，由于企业能力是竞争优势和经济租金的根本来源，企业能力的增强和能力运用效率的提高是并购价值的来源。因此，在并购后整合过程中，只有通过有效的企业能力管理，并在此基础上增强现有的企业能力和积累新的企业能力，并购才会创造价值。

三 并购后整合的关键点

本书认同 Haspeslagh 和 Jemison（1991）的观点，认为并购后整合是并购价值创造的来源。其中并购匹配、文化距离、并购双方的价值观与谈判，以及并购后整合中的管理与沟通是其中需要重视的关键点，本部分将对这四方面展开具体论述。

（一）并购匹配

并购匹配是指目标公司和收购公司在资源上的互补程度和收购过程，对并购后整合的成功有非常重要的促进作用（Bauer，Matzler，2014；

Kim，Finkelstein，2009；Marco，Rausser，2011）。收购公司和目标公司间的关联和匹配是价值创造的保证，也为双方资源的重组、并购后整合的顺利进行以及协同作用的实现提供了有利条件（Larsson，Finkelstein，1999）。公司战略和组织的匹配以及并购绩效之间的关系在很多领域被广泛研究，学者们从财务视角探讨这一问题得到了不同的结论（Haleblian et al.，2009；Tuch，O'Sullivan，2007）。另外，屈晶（2019）从战略匹配与技术差距角度研究企业技术并购与创新绩效的内在关系，发现无论是互补性技术并购还是替代性技术并购均能对技术创新绩效产生显著正向影响，且技术差距能够正向调节替代性技术并购与创新绩效的关系。很多学者关注不同程度的关联对并购后整合的影响。在正规的组织中，关联性对于并购后整合的影响较小，因为正规组织相对容易改变（Datta，1991）。关联性有利于实现成本协同，但是实现成本协同可能会导致员工抵抗，因为成本协同的实现形式之一就是裁员（Conyon et al.，2002；Larsson，Finkelstein，1999）。Ranft 和 Lord（2000）研究发现，公司规模和绩效的不同限制了并购双方在整合过程中的沟通，小公司的自治权和员工留任机会增加。在市场关联方面，并购双方处于同一市场有利于并购后整合的成功（Ellis et al.，2009）。此外，并购后整合是否成功还受资产管理的模式（Daniliuc，2005）、并购双方的依赖程度（Mtar，2010）的影响。当目标公司组织结构相对松散时，并购交易前双方的联系对并购后整合有促进作用，原因是错误学习，管理者在联系中的观点被错误地转移到并购后整合中，导致规则发生了变化。

对于技术和创新（R&D）方面的并购，双方在知识储量方面的联系程度对于并购后整合非常重要（Makri et al.，2010）。双方知识储量的重合与并购后整合的 R&D 产出呈现倒 U 形（Cloodt et al.，2006；Valentini，Dawson，2010），双方知识储量重合太多导致相互学习的机会减少（Cassiman et al.，2005），重合太少则增加了将一项技术运用到另一公司的难度与成本（Cohen，Levinthal，1994；Desyllas，Hughes，2010）。双方知识储量的重合性与并购后整合绩效的关系取决于并购方的 R&D 战略。如果并购方的意图是补充公司的 R&D 投入，那重合性是非常重要的；如果没有这种意图，那重合性则没有那么重要（Ruckman，2008）。另外，温成玉等（2011）和刘洪伟等（2015）从并购技术知识绝对规模角度研究发现，技术并购对并购公司的创新绩效影响为正，并认为通过技术并购买方可以获取目标公司的专利权，进而提升创新能力和创新效率。

总体来看，并购方的知识储备比较分散、提供更多合作的机会（Desyllas，Hughes，2010）以及并购方本身的 R&D 投入多是有利于技术创新方面的并购。因此，根据并购双方的关联进行匹配是非常必要的。

（二）文化距离

文化距离是由国家文化和组织文化的多样化导致的。不同的国家文化意味着结构和层次的差异（Yildiz，2016）以及复杂的沟通（Cheng，Seeger，2012；Nahavandi，Malekzadeh，1988；Pucik，2008；Reus，2012；Shrivastava，1986）。研究表明，国家文化的距离对并购后整合有不利的影响（Bauer，Matzler，2014），但国家文化的距离提供了双方学习的机会（Ellis et al.，2009），也增加了接受不同组织文化的意愿（Very et al.，1997）。Lee 等（2015）研究表明，在并购后整合的最初阶段，国家文化的距离会产生障碍，但在处理得当的情况下，后期会增加学习机会。国家文化也会影响到并购方的并购后整合策略（Faulkner et al.，2003）。

关于组织文化距离，Nahavandi 和 Malekzadeh（1988）提出了 2×2 的矩阵来预测双方文化的整合方式，一个维度是文化的自我保护程度，另一个维度是文化的吸引力程度。研究表明，强自我保护和弱吸引力导致文化的分离；强吸引力和弱自我保护导致文化的同化；强吸引力和强自我保护导致双元文化结构；弱吸引力和弱自我保护导致去文化状态，并购公司原有组织文化流失，且没有建立新的组织文化。文化适应性会随文化整合方式的不同而改变（Nahavandi，Malekzadeh，1988；Yildiz，2016），实证研究表明文化整合方式和文化吸引力是存在关系的。文化差异的负面作用体现在深层次的整合中，但不同的并购整合中文化差异的影响也会有所不同（Weber et al.，2011）。

国家文化距离对并购后整合既存在正面影响也存在反面影响，但组织文化差异的影响通常是负面的（Cheng，Seeger，2012；Froese，Goeritz，2007；Vaara et al.，2012）。例如管理风格对于并购后整合具有重要影响，因为管理风格上的差异会导致合作与协同方面产生问题（Datta，1991；

Larsson，Finkelstein，1999）。此外，Bauer 和 Matzler（2014）研究发现，文化相似性为并购后整合提供了广泛的基础。但要注意，在正式的并购后整合开始之前，文化距离是很难完全评估的（Greenwood et al.，1994），因此在整合过程中需要不断改进方案，不断进行文化上的渗透。

（三）价值观与谈判

很多并购后整合的研究假设前提是收购方的管理层会直接领导并购后的整合过程，有些学者对这一假设提出了挑战，虽然说收购方主导并购，但是目标方也有一定主动权。收购方的管理层受到内外部股东施加的压力，因此需要实施一些政策（Rees，Edwards，2009），很多并购后整合也会受到目标方核心员工和管理层高离职率的困扰（Angwin，2004）。管理层的注意力是有限的，意味着管理者在处理问题的时候会有取舍，这在应对复杂的并购后整合过程中是一种障碍（Yu et al.，2005）。并购后整合不仅是一项战略决策，更是沟通、妥协和集体价值观影响的结果，很多学者对这一方面进行了探究。

价值观是持续变化且因人而异的，人们对于进行中事件的理解会对他们的回应方式产生影响（Gertsen，Soderberg，2000）。在构建集体价值观的过程中，股东参与制定公司的价值观，也就是公司中的个人和组织朝着共同的目标进行努力（Vaara，2000）。在这个过程中，整合过程就是一种社会关系的重建，其结果取决于股东如何让其他参与者接受自己的价值观。管理者在价值观传递过程中起到非常重要的作用，通过实施让员工理解的结构性干预来影响意识的形成（Monin et al.，2013；Vaara，Monin，2010）。Clark 和 Geppert（2011）研究了并购后整合过程中价值观传递和价值观培养的交互过程，称之为"价值观政策"，价值观政策对结构和领导力干预的相互影响程度取决于突发事件，尤其是参与其中的股东权利（Clark et al.，2010；Monin et al.，2013）。Vaara（2000）讨论了身份的作用，如果管理层对于保留身份的意愿很强烈，那目标公司管理层在整合过程中就会强烈干预，影响到结构和领导干预。

有人将并购后整合过程理解为谈判的过程。Hubbard 和 Purcell（2001）提出了并购后整合过程中的三个因素，谈判者拥有影响并购后整合过程、决策者、实施整合的中层管理者和接受者的能力。并购后整合就在谈判者、决策者和接受者之间扮演了协商和沟通的角色。基于这种观点，中层管理者被认为是整合过程中的关键因素（Meyer，2007）。谈判的过程被称为"风险交易"，其中谈判者为交易的潜在风险和实际风险制定了所有参与者都可以接受的范围（Harwood，Chapman，2009）。保密条款为这些谈判提供了空间，但是它们是独立在协议之外的（Harwood，Ashleigh，2005）。

（四）管理与沟通

在并购后整合过程中涉及"人"的问题时，管理与沟通是持续进行的（Birkinshaw et al.，2000），且在协调利益相关者和调节内部冲突时尤为重要；在涉及内外部利益的重要交易中，不仅是高管，而且整合部门的管理层、中层管理者以及人力资源管理都对利益相关者整合过程中的管理与沟通负有责任（Sarala et al.，2016）。

管理者需要动员并领导内外部的利益相关者进行并购后整合，且要确保整合过程的顺利进行（Graebner，Eisenhardt，2004；Schuler，Jackson，2001）。要进行动员，管理者要通过统一观念、设立目标和身份构建来确保整合效果。统一观念包括在变动中培养和保持员工的集体意识，这对减少变动带来的冲突非常有效（Monin et al.，2013）。设立目标也是一项重要的管理途径，尤其是当并购后整合过程中存在不确定的风险时（Graebner，Eisenhardt，2004；Haspeslagh，Jemison，1991），阶段性目标是整合工作推进的重要参考（Cording et al.，2008）。

并购后整合过程经常会导致员工组织身份发生变化，这可能影响员工对整合过程的看法（Dick et al.，2006；Olie，1994；Shanley，Correa，1992），新的组织身份是在社会网络塑造过程中和由管理者干预形成的（Barmeyer，Mayrhofer，2008；Drori et al.，2013；Langley et al.，2012；Vieru，Rivard，2014）。在并购后整合开始阶段进行的身份构建工作有多种不同的形式，会对员工的态度和看法产生积极或消极的影响，从而可能对整合结果产生正面影响或负面影响（Langley et al.，2012）。Elstak 等（2015）研究发现，当整合的动机影响到整合过程中员工身份认定时，整合后新组织的吸引力和交易事项对身份构建起到非常重要的作用。相对于新的外部管理者而言，目标公司的原有管理者更适合引导进行身份确认

（Angwin，2004）。过渡性身份和身份体系的预设对于简化身份确认过程十分有益（Clark et al.，2010；Lupina – Wegener et al.，2015），持续进行身份确认也是必要的（Lupina – Wegener et al.，2014），并且员工对成功和失败的理解也会影响到身份构建的过程（Vaara，2000），所以前期的整合成功具有非常重要的意义（Rouzies，Colman，2012）。此外，并购后整合过程中构建的身份未必要同质，整合前的身份对于整合后身份的构建具有参考和协调作用（Bernardis，Giustiniano，2015；Marrewijk，2016）。

安抚是管理者为减少并购后整合过程中员工的抵制行为而采取的措施（Graebner，Eisenhardt，2004）。在这一过程中，有效的管理意味着管理者要通过广泛的沟通来了解员工的期望，要营造一种公平的氛围（Choi et al.，2012；Hubbard，Purcell，2001；Kavanagh，Ashkanasy，2006；Maire，Collerette，2011；Meyer，2007；Ranft，Lord，2000）。在整合过程中，公司和员工之间有时会存在一系列非正式的合约，这一方面有可能导致员工产生消极或者抵制的情绪，另一方面也可能对员工的心理产生积极作用，尤其是弱势方公司的员工（Makri，Antoniou，2012；Shleifer，Summers，1988；Yildiz，2016）。公正公平的印象对于避免这种负面影响具有重要作用（Ellis et al.，2009；Hubbard，Purcell，2001；Searle，Ball，2004）。Colquitt等（2013）分别对信息公正（信息公开和决策解释）、过程公正（参与决策和有机会影响整合过程）和分配公正（对资源、职位、利益和负担公平均衡地分配）之间的关系以及各个维度对组织绩效的影响进行了深入研究。在并购后整合中，信息公正需要持续、有计划且真诚地沟通交流（Cording et al.，2014；Ellis et al.，2009；Froese，Goeritz，2007；Piske，2002；Schweiger，Denisi，1991；Searle，Ball，2004）。分配公正是指参与各方都有参与分配的权力，但这是一把双刃剑，例如如果不是基于候选人的能力安排职位，那在员工安置过程中很容易产生不满和决策停滞（Meyer，2001；Meyer，Altenborg，2007）。Monin等（2013）在案例研究中发现，在并购后整合推进过程中不同方面的公正会发生变化。在签订合约之后的阶段需要做到过程公正，公平是重要的注意事项。观念传递、观念改变和观念覆盖是管理者进行沟通的方式，也是管理者影响员工对公正感知的工具（Monin et al.，2013）。

沟通是管理者在改善负面影响时的重要基础（Graebner，Eisenhardt，2004），但目前的研究主要集中于管理层和员工之间的沟通，与外部利益相关者之间的沟通研究很少。Homburg 和 Bucerius（2005）研究发现管理层在并购后整合过程中对顾客的定位有利于控制整合对顾客黏性造成的不利影响。Oberg 等（2007）的研究发现，虽然管理者将顾客作为主要的外部利益相关者着重关注，但是实践中的并购后整合并不支持这一观点。Kato 和 Schoenberg（2014）通过顾客视角对并购后整合的案例进行研究，发现它们过于强调顾客在整合前和整合过程中的增长，夸大了其重要性。这些研究成果表明，在降低并购后整合的不利影响时，管理者应该更加注重其他利益相关者，而不是仅仅局限于员工。

第二节　文化整合

文化整合是企业跨国并购后整合中的重要内容，有必要对国内外学者对文化整合的相关研究进行回顾，本节将从文化整合的概念、意义与层次，文化整合的匹配观与过程观及文化整合的模式展开论述。

一　文化整合的含义与意义

本部分对文化整合的含义与意义进行了梳理。

（一）文化整合的含义

整合的概念源自生理学，其最初是指机体或细胞中各组成部分在结构上组织严密、功能上协同动作，并组成完整的系统。在认识论研究中，整合有其特定的含义，即指"一种知识被系统地吸收到认知结构中去的过程"，"主体反映活动的内在机制"，其内涵是"思维主体以选择和建构为轴心，以自组织、自适应为特征的一体化全层次的反应活动"（Schein，2011）。至于文化概念下的整合，是指对系统内各要素经过调整后重新组合，使之协调一致，构成一个系统的活动或过程，从而使要素发挥最大效益（Ansoff，2009）。关于并购，Jerome（2008）认为"并购就是融合（Fusion），让一个新的组织从两个旧的组织中脱颖而出。"

在国外学者中，Berry（1983）率先指出文化整合具有三个特点：第一，它要求有两个独立文化群体的接触；第二，它包括三个典型的阶段，即接触阶段、冲突阶段和适应阶段；第三，它发生在个体和集体两个层面上。此后，不同的学者从不同的角度，各自阐述了对文化整合的解读。从文化冲突性出发，Nahavandi 和 Malekzadel（1988）认为，企业文化存在差异的两个企业在并购之后必然有文化的冲突，所以双方必须在某种程度上进行相应的妥协和调整，这个调整过程就称为"文化的整合"，文化的整合就是双方在并购过程中进行文化交融和互动的过程。从文化共同点出发，Moran 和 Harris（1993）认为，文化整合是在不同文化上通过合作寻求共同发展的过程。通过文化整合，可以求同存异，融合差异，丰富人类活动。从企业运行的角度出发，Pablo（1994）认为整合可以解释为使合并组织的文化、职能活动排列、组织结构和系统发生改变，竭力促进两家并购公司合并成一个运行整体。从并购艺术的角度出发，Alexandra（2001）指出：并购整合意味着把两个或多个公司想办法组合为一个整体，该过程是所有者共同拥有的一门艺术，具有重要的理论意义和实践意义。并购活动是指两个以上公司结合为一体的兼并活动或者收购活动，整合则是调整企业的各种要素并将其融为一个整体的过程。

国内学者也对文化整合提出了自己的看法。李建华（1999）认为，文化整合意味着把各种不一样的文化，经过各种方式，比如分拆和合并、减弱和增强等，组合出一个新文化。徐彬（2000）指出，企业文化的整合意味着企业内部生态系统的整体改造，企业内部的生态系统涵盖了企业的战略和结构、价值观和作风、制度和人员以及技能，其中制度和作风、战略和结构的整合关乎全局。张秋生和王东（2001）也认为，并购整合是并购方企业在得到目标企业相应资产的经营控制权、所有权和股权之后开始的各种企业要素之间的系统性的整体调整，以使得并购后企业依据某一特定的目标组织管理和运营，同时确定方针和战略。谢作渺（2002）较为系统地定义了文化整合的概念，指出文化整合是公司组织主动把内外部资源进行整合，以达到在多种文化环境影响下的组织成员的同化，同时建立起既独特又主动、既能发展又有层次的文化管理结构系统，产生优秀的文化氛围，给公司带来良好的社会效益和经济效益。石伟等（2004）指出，文化整合意味着企业需要适应环境和社会文化以及企业制度的发展变化，把各种异质性的组织文化构成要素整合为一体。顾卫平和薛求知（2004）认为，基于资源和契约的角度来定义并购文化整合更加合理：借鉴和修改被并购公司固有的心理契约，尽可能缓解由文化差异导致的文化冲突，以便在跨国企业中统一其整体和多元化，进一步使差异带来的文化整合价值增加，同时提高跨国企业的竞争地位。韩承敏（2005）认为，文化整合是指不同企业的文化之间进行吸收、混合、融化、互相调和而最终达到一体化的进程，这个过程实际上是不同种类文化的重新融合。

（二）文化整合的意义

Chatteiiee 等（1992）用并购宣布当天和次日的股价变动作为分析工具来判断投资者对二者组织文化差别的预估。分析结果证明，资本市场的主导者大多数对两者之间有显著文化差异的并购抱有消极态度。Dinkelspiel 和 Bailey（1999）也认为，顺利地实施文化整合，是提高文化协同效应进而获取规模效益的重要保证和有效措施。可见，对文化整合的关注已经被证明为并购成功与否的"分水岭"，如果忽略这一点，那么并购可能会成为一种代价高昂的冲动行为。

众多学者与机构的研究表明，跨国并购企业的文化整合的好坏已成为决定并购成败的关键因素（Gerds，Schewe，2006）。Laurent（1983）指出，跨国公司经理有 70% 认为跨文化合作首先带来弊处。Ghoshal 和 Hapeslagh（1990）认为企业文化整合是运营整合的基础，做得好有助于顺利实现整合。Hillyer 和 Smolowitz（1996）对《财富》500 强中的 45 家公司研究得出：高级管理人员认为在 10 个导致兼并后失败的因素中，不相容的企业文化排在首位。英国管理协会 1996 年提出，大多数失败的并购案例都是因为双方企业在并购前低估了二者企业文化的巨大差别。

Perrin（1998）在分析研究约 180 个成功案例后指出：文化整合是并购最终能够成功的一个极其重要的方面。Tetenbaum（1999）认为，在并购之后尽量避免产生组织文化震荡（Culture Shock）是成功完成并购整合的核心要素之一。KPMG 公司在 2002 年的全球性研究报告中指出：解决文化问题是增加并购成功可能性的 6 项并购前活动中的一个关键性要素。德勤公司认为 60% 的中国公司在并购后未能达到预期的价值增值，都是因为文化整合不力。

二　文化整合的匹配观与过程观

文化整合主要有匹配观和过程观两个流派，本部分将对这两个流派的主要观点进行梳理。

（一）匹配观

企业并购的匹配观经历了从战略匹配到文化匹配的发展过程。战略匹配和文化匹配都是影响组织有效性的根本因素。

1. 战略匹配

企业并购中的战略匹配关注的是目标企业在产品、市场、产业等方面与并购企业的互补程度。Montgomery（1987）在并购研究中引入战略匹配观。他通过对 1970 年至 1978 年 8 年间发生的 203 个并购案例进行研究，发现横向并购比非相关并购更能获得较为丰厚的财务回报，并因此认为在并购双方相关性与并购企业业绩之间存在正相关关系。随后，很多学者的研究都认为相关的多元化并购比不相关的多元化并购，其并购业绩更好。Lajoux（1998）通过研究认为，其原因在于相同或相关行业间的公司并购可以增加收入或降低成本，而不相关行业间的并购往往使公司的运营陷入困境，并可能最终导致公司的分立或解体。Chatterjee（1986）的实证研究则表明，混合并购的绩效会相对好一些。Lubatkin（1987）对 1948 年至 1975 年间的 340 个目标企业进行了研究，发现非相关并购与相关并购在为公司股东创造价值方面基本相同。Seth（1990）的研究也得出了同样的结论，即相关并购和不相关并购的企业绩效并没有明显不同。Cartwright 和 Schoenberg（2006）的研究发现，以往一些对战略匹配与并购绩效关系的研究，其结论往往是矛盾的。

上述关于战略匹配性对公司并购绩效影响的矛盾结论，可能是因为研究者忽视了公司组织和文化上的差异对并购的影响。所以，20 世纪 80 年代中期以后，并购研究的重点就逐渐转移到组织匹配性对并购的影响，其中，企业文化匹配性作为组织匹配性的核心内容之一也逐渐成为研究的焦点。

2. 文化匹配

一些研究者认为，文化匹配比战略匹配更重要（Chatterjee et al.，1992；Weber et al.，1996）。有关跨国并购的文化匹配性的研究主要包括民族文化的文化距离与公司文化的文化差异与并购成败、并购后绩效之间的关系。但是对于文化距离与文化差异是否对并购成败具有正面或负面的影响，却莫衷一是。在关于国家文化或民族文化的维度分析中，有一个普遍的观点，认为文化差距越大的两个国家的企业跨国并购，其文化整合对于并购绩效越不利，也就是说，是国家文化距离导致跨国并购产生整合问题（Olie，1994）。阎大颖等（2009）以2000年至2007年在内地和香港上市的非金融企业的129起境外并购案例为实证样本，发现文化距离差距越大，就越不利于改善并购企业的绩效。此外，杜晓君和刘赫（2012）运用扎根理论，通过对典型失败案例的分析，发现了"跨文化风险"是关键风险，并且认为中国与东道国的制度距离是其风险源。而文化距离作为制度距离认知层面，潜移默化地影响着员工思维和行为模式，因而对跨国并购绩效具有直接显著的负向影响（刘璐、杨蕙馨，2018）。

但是，国外学者Chakrabarti等（2009）使用Hofstede的文化距离量表，对1991~2004年800个跨国并购案例进行实证研究，却发现文化距离差距越大的国家之间的公司并购，长期来看其业绩表现更好。Ahammad和Glaister（2011）的研究为此做了一些解释。他们认为文化距离对企业并购业绩具有正负两面的作用。换言之，文化距离是一把双刃剑，整合不好，就可能成为企业双方无法逾越的鸿沟；整合好了，就会成为企业双方并购后的竞争优势（Ahammad，Glaister，2011）。

对于并购整合中的企业文化匹配，Hall（1987）提出了两种假设：一是假设并购双方组织间的文化匹配性与并购在财务收益上直接相关；二是当假设并购双方组织间的文化不匹配时，并购成败取决于并购企业给予目标企业的组织自治程度的大小。然而，他们并没有去验证这两个假设。Buono等（1985）认为企业文化差异很有可能是并购不能实现预期目标的主要原因，即便是在同一行业里的两个公司，由于企业文化的不同，在并购整合过程中也面临着巨大的困难。

从上述研究可以看出，文化匹配包括文化的差异性与文化共性的共存。文化差异可能导致文化冲突，也可能产生文化互补；文化共性，即文化相似程度，可能是文化整合上的契合点，促进文化整合的实施，但也不一定保证文化整合成功，其关键在于两个企业之间文化的匹配性。

（二）过程观

战略和文化匹配观各自强调并购双方的战略或文化要素匹配程度对并购后组织绩效的影响，从而可以为公司选择适合的并购目标并提高并购的绩效提供理论上的指导，但其不足在于把并购视为静态的、一次性的购买行为，结果忽视了全程的、动态的文化整合可能起到的作用。

Jemison 和 Sitkin（1986）的研究指出，并购后的整合过程对企业的绩效比双方的匹配性影响更大。Chakrabarti（1990）的研究也认为，跨国并购后的成功既依赖于战略匹配又依赖于两个企业之间的组织整合。其中文化整合是组织整合中影响公司并购后业绩的关键因素（Malekzadeh，Nahavandi，1990；Cartwright，Cooper，1993）。Haspeslagh 和 Jemison（1991）指出，并购的价值是在并购交易完成后的整合过程中创造出来的。其中企业文化整合具有深层意义，是决定并购双方能否融为一个具有价值观共同体、情感共同体和利益共同体的高效组织的根本。

关于用何种方式进行文化整合，学术界与实务界都做了很多有益的探讨。比如 Christensen 和 Alton（2011）就建议从商业模式的角度考虑双方的文化整合方式。除了学者的理论研究之外，咨询行业的一些专家也对文化整合提出了各种建议。Hewitt 和 England（1999）对于并购过程中文化整合提出了五条建议，分别是应该尽可能早地开始文化整合、使文化整合成为领导团队的工作重点、尊重并吸取被并购公司的文化精髓、设计具有前略性的变革管理计划与运用各种手段以强化期望形成的企业文化。总之，在文化整合过程中对文化差异处理得好，就可能增加并购绩效；处理得不好，就可能降低并购绩效。

文化整合是并购企业与目标企业双向互动的过程，企业文化差异与冲突对并购绩效的作用还受到整合的程度、相对规模的大小、整合模式和文化宽容度等因素的影响（Jemison，Sitkin，1986）。关于具体的文化整合模式研究的影响，本书将在下一个小节展开讨论。

三 文化整合的模式

文化整合模式研究，一直是跨国并购文化整合理论研究的重要内容，许多学者提出了多个企业并购文化整合模式，下面对一些代表性研究成果予以回顾。

（一）文化整合模式的类型

Berry（1980）率先提出了企业并购文化整合模式，认为并购双方通常有四种文化整合模式：文化融合（Cultural Integration），是指经过双向的渗透和妥协形成并购双方文化要素的混合文化，目标是获得并购双方文化的优势；文化同化（Cultural Assimilation），是指目标企业的员工愿意放弃他们的组织运营系统和原有的组织文化，融进并购公司的文化；文化分离（Cultural Separation），是指控制双方的接触，保持并购双方文化的独立，减少并购双方的文化变革；文化消亡（Cultural Deculturation），是指并购企业的文化变动很小，被并购企业放弃原有企业文化的同时又不愿接受并购企业文化，处于一种文化迷茫的状态。

在 Berry 的文化整合模式的基础上，Cartwright 和 Cooper（1993）根据并购的目标、动机和权力运动，提出企业并购三种可能的合作关系类型，即开放型、传统型和现代型或合作型。Vaara（2000）认为，文化整合可以在实践中采用四种整合模式：分离，并购双方保持文化的分离；混合，从各自的文化中选择优秀的成分；吸收，一个企业对另一企业文化的吸收；新创，建设新的文化，从而适应新的组织。与 Berry 的文化整合模式对比，不难发现 Vaara 提出的四种文化整合模式中的三种，即分离、混合、吸收，与 Berry 较早提出的文化模式是一致的。Vaara 提出的"新创式"文化整合模式是其创新之处。

Elsass 和 Veiga（1994）从文化差异化需要（群体坚持各自的文化认同的愿望）与组织整合需要（具有不同文化的群体共同工作的组织需要）两个角度，提出两种相反力量之间相互作用可以产生四种文化适应模型，即失去文化、分离、同化与文化适应。Haspeslagh 和 Jemison（1991）按照企业的自治性和战略的相互依赖性，将企业并购整合过程划分为四类，即保存（Preservation）、共生（Symbiosis）、吸收（Absorption）和不变（Holding）。二十年后，Weber 和 Drori（2011）对 Haspeslagh 和 Jemison（1991）提出的四种整合方式（吸收、共生、保留、不变）的后续研究进行总结，发现目前的研究只支持前三种，即不存在不变模式。此外，唐建荣等（2018）进一步利用 QCA 方法构建了四种跨国并购驱动模型解决并购中文化整合问题：内部主导型、外部激励型、文化整合型以及外部约束型。

国内学者俞文钊和贾咏（1997）根据中国国情与企业实际的跨文化管理情况，经过中外合资企业实证研究，基于双方共同利益，提出了跨文化管理的共同管理文化模式 CMC（Common Management Culture），即将不同管理文化在跨文化企业的经营管理中进行组合和融合，经过相互了解、协调而达成的企业成员共识，并形成新的管理文化或模式。在此基础上，他又提出了跨文化管理中的整合同化理论 IAT（Integrating Assimilating Theory），其中的整合指跨文化企业主动组合内外部资源，在求同存异的基础上，将多元化价值观转化为企业新的共同价值观；同化是组织对共同价值观进行确认，使其成为绝大多数员工认同的观念。孙华平和黄茗玉（2012）根据国内外跨国并购文化整合的诸多实践和相关理论，把文化整合模式分为吞并式、分立式、同化式和渗透式四种模式。李天博等（2017）以两种文化间的相互兼容为切入点，再根据两种文化群体文化改变的程度大小，将文化整合分为吸收式整合、融合式整合以及保留式整合三种类型。

随着研究的不断深入，国内研究者如范征（2000）、干春晖（2004）、单宝（2008）、孙华平和黄茗玉（2012）、李天博等（2017）、吴道友和程佳琳（2019）等开始尝试提出自己的文化整合策略和模型，但不论是交融式、替代式与促进式文化整合模式还是征服模式、共生模式、融合模式、掠夺模式等，基本上是基于 Berry 的研究框架。陈春花和郭燕（2010）根据文化宽容度和文化认同感，除了把文化整合模式分为吸纳式、分离式、渗透式与消亡式外，还增加了三种动态模式，即渗透式—吸纳式、分离式—渗透式、消亡式—渗透式。黎正忠（2006）总结了这些研究的共性，归类后发现他们提出的整合模式类型在内容和形式上并没有超出 Berry 提出的四种文化整合类型。也就是说，这些文化整合模式基本是在 Berry 的模式框架基础上经过改进形成的，尽管他们采纳的划分标准或依据不一样。

（二）文化整合模式的选择

对文化整合模式选择进行研究的学者，具有代表性的是 Nahavandi 和

Malekzadeh（1988）。他们分别以并购企业和目标企业为分析对象，从三个方面分析了文化整合模式的选择，即行业相关性、并购双方对各自企业文化的认同度与整合重合的程度。

Nahavandi 和 Malekzadeh（1988）认为目标企业对自己企业原有文化的认同感，以及对并购企业的企业文化的认同感会影响到企业文化整合模式的选择。简单地说，目标企业对原有文化的认同感越强，并购企业的企业文化整合的难度就越大；目标企业对并购企业的文化价值观认同度越高，他们就越愿意改变自己的文化，反之亦然。

马克思等（2007）认为，企业完成并购后处理文化问题有三个战略：强加、保持独立或逐渐融合、创造混合文化。至于具体采取哪个战略取决于发起并购的动因、彼此的业务优势、公司规模大小、市场策略的重合以及双方文化的相似性或匹配程度等。Weber 和 Drori（2011）认为对于不同的整合，正确的整合水平与并购整合业绩呈正相关，并且把文化整合模式与 Hofstede（1980）的文化分维理论联系起来，构建了一个理论模型，给出了互相的匹配模式。

国内的研究者陈春花（2002）认为，并购企业与目标企业的企业文化所处的发展阶段不同，应该灵活地采用不同的、动态的文化整合模式。蔡宁和沈月华（2001）根据企业并购战略、企业家管理风格和企业自有文化特性三个影响文化整合最重要的因素，把文化整合模式分为吸纳式、渗进式和分离式三种。唐炎钊等（2012）根据并购双方意愿、吸纳对方文化的程度以及企业跨国并购文化整合阶段三个维度，通过案例研究提出了中国企业跨国并购文化整合模式，即基于"引进学习—融合—创新"的三维动态模型。孙华平和黄茗玉（2012）认为，从动态演化的视角看，企业跨国并购的文化整合过程其实是一系列的制度安排过程，包括正式合约和非正式制度，在企业跨国并购文化整合的顶层设计中，应保持弹性的选择模式，而不是僵化地采用某种固定模式。

第三节　中西方并购后整合的差异

文化作为人类文明的产物，影响人们的各种思想、行为及判断。受中西方文化差异的影响，中西方企业在经济行为方式上大不相同，而并购后的整合活动作为经济活动的一种，受到文化的影响，势必导致企业决策者在整合活动的实际操作中所选取的战略有所不同。

一　中西方文化对并购后整合的不同影响

集体主义、权力距离、女性气质、不确定性回避程度、长短期取向构成了中西方文化的差异（孙越，2012）。

中国文化背景下集体主义较强烈，对组织依赖性较大。企业层面，在并购整合过程中，双方容易在岗位职责的界定上考虑"面子""关系"等问题，从而产生分歧，拖延时间。因此，较慢的整合速度可以使处在不同文化背景下的企业更好地融合。而在西方文化中，个人主义在企业中表现得较强烈，使整合的整体节奏较快，在面对相关问题和分歧时能够迅速提出客观的解决方案。

中国文化背景下的企业注重于情感投资和群体本位，即希望通过特定的途径，使员工真正接受企业准则理念、规则和条例，从而进行自我管理和自觉管理，为企业创造价值。所以，缓慢的整合节奏更加利于满足中国文化背景下企业对于情感投资的需求，使员工能够慢慢真正地接受新企业的理念和准则，真正在心理上接受整合，为企业贡献出自身的价值。

中国文化中不确定性回避程度较高。在中国企业中人们对未来的不确定怀有极大的焦虑，不喜欢接受模糊不清的事情。为了控制不确定性，管理层往往会采取许多措施进行回避。员工们也十分重视工作的稳定性与职位的安全感，把工作的安全系数放在首要位置。所以，较西方文化背景下的企业而言，并购整合往往会使中国文化背景下的并购目标企业员工产生深深的不安，整合过程如果过于迅速，这种不确定感便会迅速增强，这会给目标企业带来巨大的动荡，员工无法安心工作，谣言四起，人心惶惶，最终导致整合的失败。缓慢的整合节奏可以在一定程度上规避整合带来的不确定性的影响，增加整合成功率。

偏重短期取向价值观的文化不强调长期的观念，不注重传统和承诺对发展的影响，这在企业发展中表现为其对短期目标的重视程度高，所以西方的新企业往往用很短的时间就能够组建、发展起来，西方文化中的企业更加期待短期目标的实现以更快提高员工的满意度，他们注重速度，喜欢企业发展的高效率。中国文化背景下企业的长期取向较强，企业往往看重长远的发展，喜欢制定长期的发展战略和目标，企业发展也以长期计划为主，所以企业目标的实现常常要经过一段漫长的时间，不追求速度，习惯循序渐进的整合方式以获得整合的成功。

程森成和王丹（2006）指出中国文化的内核仍旧是伦理型的仁性文化、三纲五常的宗族、家庭本位的思想、求和合的中庸之道，遵循的是感性情—理—法。西方文化追求的是一切受法律制约，一切靠法律规范调节，一切依法律维护，其追求的是一种生活态度，既注重社会伦理，也注重个体人格与利益，遵循的是理性法—理—情。中国文化背景下的企业在处理内部关系时，重人情、轻规则，上司与下属的关系带有较强的感情色彩，规章制度退居其次，形成"人（情）治企业"，而非"法（理）治企业"。李天博等（2017）基于"有限理性"假设，采用演化博弈的方法，试图对企业并购文化整合过程进行动态分析，度量多因素下群体策略的发展趋势。

综上所述，快速的整合节奏更适应于西方文化背景下的企业，而慢速的整合节奏更适应于中国文化背景下的企业，适宜的整合速度将促使整合最终走向成功。中国企业并购后整合应基于自身文化背景构建并购后整合模型，不能盲目模仿西方整合模式。

二 中国式整合节奏的把握

整合活动作为经济活动的一种，受中西方文化差异的影响，也势必导致企业决策者在整合活动的实际操作中所选取的整合节奏有所不同。

国外对并购整合的研究始于20世纪80年代，90年代才开始受到广泛关注，整合节奏也是在这一时期开始被逐渐关注的。国外大多数研究表明，快速整合促使并购获得成功，整合节奏与并购价值创造是正相关关系，但也有学者提出应根据不同的阶段或情况分别选择适宜的整合节奏。通过对生产企业的大样本研究，Gerpott（1995）指出整合节奏对并购成功起到正向的作用。Inkpen（2000）在对技术型公司并购事件研究后认为，并购速度加快促进并购整合的成功。Hinterhuber（2002）指出，如果并购整合在六个月以后还没有完成的话，那就如同没有发生过一样。Bert 等（2003）认为企业最好在两年的时间内完成并购整合，整合过程应当加快速度。Epstein（2004）从员工与客户流失角度认为，整合的节奏是并购成功的关键因素之一。整合过程中如果速度太慢，公司将可能面对两个方面的威胁：一方面是缓慢的整合会使员工产生大量的不安和担忧，一部分有能力的员工会因此离开公司甚至加入竞争对手的企业；另一方面是来自目标公司客户的怀疑，目标公司客户会因过慢的整合节奏而怀疑并购公司的能力以及对原有客户的重视程度，从而导致客户流失。

对于并购后整合中的文化整合，我国学者提出了不同观点，认为文化整合并不是越快越好。郭红（2005）在研究运用项目管理方法改进整合操作时指出，整合节奏是影响整合成败的关键因素。人力资源整合应尽早完成，避免出现人心惶惶、工作效率低下的窘境；业务渠道整合应慎重，一旦整合方案公布就要立即执行，在规定的时间内完成整合，以免导致客户观望，从而影响公司的业绩。而文化整合不能操之过急，文化整合需要其他整合工作的铺垫才能更好地进行。尚宝明（2010）在研究文化整合的风险管理时也提出，并购文化整合是一个复杂的工程，需要企业上下齐心协力以及长时间磨合，员工需要慢慢适应并购局面。如果速度过快会使员工无法接受，从而产生抵触情绪，影响并购的进展与效果。

在整个并购整合过程中必须注意对整合速度的控制，一般情况下，西方企业在进行并购时倾向于快速整合，各方面快速渗透被并购方。而由于我国企业文化有别于西方，因此在进行并购时，倾向于缓慢进行企业并购，逐步渗入被并购方。

第四节　文献述评

近年来，国内外学者对企业并购整合问题进行了持续研究，并取得了丰富的研究成果。并购后整合是并购活动各环节中最重要的一环，是并购价值创造的关键步骤，完善的整合是并购活动增加企业财富的重要保证。

目前，学者们对于并购后整合的含义还未形成统一共识，大量学者从多个学科的角度界定了并购后整合的内容。部分学者认为，并购后整合是一个全过程的整合，整合应该分阶段进行，并且每个阶段有所侧重。并购后整合有不同的模式，企业并购应根据购买方和标的方的特点选择合适的并购后整合模式。对并购后整合的研究主要形成了过程学派、模式学派以及金融经济学派。

目前学者们关于并购后整合工作的研究包括以下两方面。一方面是并购后整合工作在整个并购活动中发挥的重要作用。研究强调了并购后整合对于并购的成败起到关键作用，在此基础上从并购后整合过程、并购后整合内容上进行了研究，并由此形成了不同的整合模式。另一方面是各因素如何影响并购整合的成败。在并购后整合的评价方面，国外学者主要从并购后整合速度和并购后整合程度两面进行研究，进一步验证了并购后整合对企业绩效的影响。但从文献回顾来看，一是大多数研究都是以并购后整合作为起点向后进行延伸研讨的，而少有对影响并购后整合要素的研究；二是从文化角度的并购后整合研究主要集中在企业并购的文化整合，而不是研究文化层面对并购后整合的影响。此外，以往的研究缺乏对并购后整合的机理和各要素相互作用的深入分析。多数理论只是从单一的因果角度对复杂的整合过程进行解释。同时，对并购后整合的实证研究也有所欠缺，特别是如何将对并购后整合效果进行评价，而不是仅仅从企业的财务绩效对并购成败做出评价。在对并购后整合效果进行量化分析上还有进一步研究的空间。

企业文化整合贯穿于企业并购的全过程，可以说是一个伴随双方企业融合发展始终的综合性系统工程。在并购后整合工作中，文化整合问题成为目前大多数学者重点探讨的热点问题。文化整合意味着把不同的文化，通过各种方式，比如分拆和合并、减弱和增强等，组合出一个新文化。在企业跨国并购中，解决文化问题是增加并购成功可能性的一个关键性要素。

现有研究综合社会学、经济学、管理学各角度深刻剖析了企业文化的构成要素，并通过问题设计的形式建立了测度企业文化的模型和量表。国内关于企业文化构成的探讨还不是很多，主要利用国外研究的成果来阐述企业文化构成或对国外文化测度模型的改进和运用，缺乏适合本土化文化整合测量方面的创新。与此同时，文化整合作为企业跨国并购后整合的关键因素，对企业并购整合产生重要影响，文化是并购后整合中管理沟通的重要基础，是并购后整合价值观渗透与谈判成功的关键因素。而文化差异可能导致文化冲突，也可能产生文化互补，文化整合能否顺利实施的关键在于两个企业之间文化的匹配性。此外，中西方文化的差异影响了并购后整合的节奏，针对不同文化背景下的整合节奏的把控对并购后整合成败具有重要作用，中国企业并购后整合应基于自身文化背景构建并购后整合模型。虽然也有部分研究指出文化整合应注重对文化差异的匹配，强调文化整合是一个过程，在企业并购后整合的过程中应注重文化整合，但是鲜有学者把文化整合渗透并购后整合的整个过程中（并购前、中、后），即文化整合与并购后整合是相互独立的。综上，目前对文化整合的研究缺少系统的、有针对性的理论与框架体系，缺乏全过程和动态的文化视角下的并购后整合研究。

第三章
文化与企业文化

近年来，文化作为企业的一项重要资源，越来越受到管理学领域学者的关注。正如著名企业家任正非所说，世界上一切的资源都可能枯竭，只有一种资源可以生生不息，这种资源就是文化。文化的影响是潜移默化的，所谓"随风潜入夜，润物细无声"，文化悄无声息地影响着组织中的个人行为，进而影响组织行为；文化的影响又是源远流长的，文化一旦形成，便会在组织内部形成相对稳定的行为模式，对组织产生持续而深远的影响。那么文化究竟是什么？作为一项重要管理资源的企业文化又是什么？民族文化作为企业文化的重要影响因素是怎样定义的，其作用的途径又是什么？企业文化是否可以通过量化的方法进行测量？测量的维度和工具有哪些？本章将按顺序对以上问题进行一一解答，为后文探究文化在并购后整合中的影响奠定基础。

第一节　文化的概念与分类

本节主要介绍文化的内涵与分类两个主要问题。文化的内涵主要介绍不同领域学者在文化定义方面的研究，首先从文化的描述性定义出发，进而介绍文化的历史性定义和结构性定义；文化的分类则从世界文化的角度将文化分为东方文化和西方文化，并简要比较以上两种文化的差异。

一　文化的概念

"文化"概念的提出历史深远，古往今来学者对文化的定义也不完全相同。Tylor（1871）在《原始文化》中提出了"文化"的定义，他是近代第一个在人类文化学中使用这一概念的学者。Tylor 指出，"文化或者文明就是由作为社会成员的人所获得的，包括知识、信念、艺术、道德法则、法律、风俗以及其他能力和习惯的复杂整体"。Herskovits（1995）在《文化人类学》中指出，文化是一切人共同创造的环境。Hofstede（1980）将文化比喻为"人的心理程序"，并且认为人类所选择关注的事物、人们的行为动作以及每个人内心判断人与事物的标准及方式都会受到文化的影响。他认为，文化通常是通过国家普遍概念的构造而概念化的，从而创造了大多数普通人的人格特点和相似性。类似地，一些学者也把文化定义为"文化是人为创造的并能被他人认可的观念，它由上一代传递给下一代，给人们提供了一个有意义的环境，在这个环境中人们能够聚合、思考并且面对外部的世界"。

关于文化的内涵这一问题，20 世纪以来国内外学者从各个学科和各个视角提出了不同的观点，仅关于文化的定义便已经超过 200 种。以上列举的是文化的描述性定义，本文所讲的文化，更侧重于文化的历史性和结构性。

（一）文化的历史性定义

根据郭莲（2002）对文化定义的分类，文化的历史性定义着重于文化的社会遗传与传统属性。在众多定义中，最具代表性的是美国文化语言学奠基人 Sapir（1985）的定义："文化被民族学家和文化史学家用来表达在人类生活中任何通过社会遗传下来的东西，主要包括物质和精神两方面。"文化的历史性定义还包括 Lowie（1917）、Malinowski（2014）、Mead（1970）、Linton（1956）等的定义。这些学者选择了用"文化遗传"或"文化传统"——文化的一个特性，来阐述文化。尽管这两个术语在词义上有一些区别，如"遗传"是指接受的东西，即产品，而"传统"是指接受的过程，但相同点是它们都通过相对静止或固定的形式来观察看待文化。

而 Mead（1970）和 Linton（1956）则是第一次区别"文化"与"一种文化"的学者，他们的观点具有相当的理论意义。文化历史性定义中另一具有建设性理论意义的观点是，人类既具有生物遗传特性，也具有社会遗传特性。但这一类定义强调的是文化的稳定性，以及文化对人类所起的过于被动的作用。这会使人们错误地以为，人类不过是像 Dollard（1939）所说的那样，是"文化传统的被动搬运工"，而不是像 Simons（1996）所描述的那样，"人类不仅是文化的载体和创造物，还是文化的创造者和操作者"。

（二）文化的结构性定义

文化的结构性定义主要强调的是文化的模式或结构层面。其中，以 Ogburn（1937）和 Nimkof（1940）的定义为代表："一个文化包含各种发明或文化特性，这些发明和特性彼此之间含有不同程度的相互关系，它们结合在一起构成了一个完整的体系。围绕满足人类基本需要而形成的物质和非物质特性使我们有了社会制度，而这些制度就是文化的核心。一个文化的结构互相连接形成了每一个社会独特的模式。"美国结构功能学派的代表人物 Redfield（1994）、Linton（1938）、Kluckhohn（1962）等均对文化进行了结构性定义。

这一类定义以一个新的视角把文化带进了一个更深的层面。首先，从列举文化要素而最终归成"综合体"的方式来定义文化，发展到把文化定义成"可分隔的但相互又有结构性联系的各要素的组合"，很显然这是一个巨大的飞跃；其次，这类定义都明确指出文化是一个抽象的概念。文化本身并不是行为，而是一个基于行为之上又可以解释行为的概念模式。所以文化已远离行为的显性和可观察性标准，而成为生活的规划或规划体系。文化是生活的规划，但它不是生活本身；文化可以指导人们反应活动，但它不是反应本身。这一突破把文化从行为的概念中解脱出来，把文化从人类活动概念中抽象出来，而文化概念本身就带有潜在的选择性。

文化是相对于政治经济的人类全部精神活动及其产品，由此看出，文化可以规范、引导和推动社会发展。作为群体共享的文化，其对生活在该群体中的人会产生方方面面的影响，文化在代代相传的过程中得以延续，变化速度十分缓慢。从文化的不同定义视角出发，往往会得出不同的结论。民族文化具有较强的继承性和稳定性，在研究过程中一般会从文化的历史性定义出发进行探讨；企业文化具有明显的要素属性，各个要素相当于变量作用于企业日常经营过程中，因此更加适合使用文化的结构性定义。以下我们根据文化的历史性定义和结构性定义对文化进行分类，并简要分析两种文化之间的差异。

二　文化的分类

根据冯辉（2005）对文化的分类，因包括人类创造的全部成果而越来越细密、繁杂。从广义上来说，二分法主要将文化分为物质文化（有形文化）与精神文化（无形文化）；三分法在二分法的基础上增加了行为文化；四分法继续增加了制度文化。而从狭义上来说，文化主要指精神文化。此外，从文化定义的外延部分看，有以下几种分法。按范围分，分为民族文化与世界文化；按时间分，分为史前文化（文字产生以前）、历史文化（传统文化）、现代文化（现实文化）、未来文化；按文化思想体系分，分为东方文化、西方文化；按文化价值体系分，分为主文化、主导文化（政权文化）、主体文化（社会文化）、主流文化（思潮与风尚）、亚文化（次文化、潜文化）、反文化（主文化与亚文化的对立面文化）、混合文化；按整体分，分为综合文化、宏观文化、多元文化；按局部分，分为专题文化、微观文化、一元文化；按文化的价值分，分为认识价值的文化、教育价值的文化、借鉴价值的文化、审美价值的文化、消遣娱乐价值的文化。一般来说，按照不同的定义，会产生不同的分类方法。本书主要研究中国企业跨国并购，因此本章选取按文化思想体系分类，对东方文化和西方文化进行介绍，而东方文化又以中国文化为代表。

中国文化的模式，是由农村经济、义务本位观、祖先崇拜及人伦重视等文化特质造成的。在人际关系上，中国人倾向于把人与人之间的关系归结为一种内在的伦理关系，而未将其看作一种外部的社会关系。中国人以家庭成员为核心，在家庭成员关系中，以父子关系为主轴，其他关系以这一主轴为中心，逐渐形成了服从权威和尊长的人格特征，延伸到社会关系中便产生了一种"阶层性心态"，在工作中处理事务，首先考虑的不是"什么是什么"的问题，而是"谁是谁"的问题。因此，在家庭这个原级团体中，人与人的关系是基于身份的，强调以家族或整体为本位，个体服从家族及社会等级秩序的整体意识。

由于中国文化相对于西方文化的突出特点之一是它的连续性、传承性，故被称为"延续型"文化，历史在经历了 5000 多年的发展、演变，至今中国文化的内核仍旧是伦理型的仁性文化，遵循家庭本位思想、求和合的中庸之道，遵循的是感性情—理—法。社会对个体的要求是注重个人的自我道德修养和自我教化；个人的存在和发展是为了整个集体，个人利益要服从集体利益；严于律己、宽以待人，从始至终都以修身、齐家、治国、平天下为己任。在这种传统文化的教育、感染下，多数中国人表现出淳朴、温良、谦让、勤劳、务实、节俭、含蓄、保守、知足、求同、顺应自然的内敛型—闭固性人格。

西方文化模式的特质在于其资本主义、小家庭制度、个人主义、权利本位、基督教、民主政治及注重科学技术等。由于历史因素，西方文化未被完全继承下来，被称为"断裂型"文化。但是今天的西方文化仍旧留有 2000 多年前的影子，那就是法治传统与理性精神。前者讲求的是一切受法律制约，一切靠法律规范调节，一切以法律维护；后者则是一种生活态度，既注重社会伦理，同时注重个体人格与利益，遵循的是理性法—理—情。多数西方人表现出重视个人、强调以自我为中心、崇尚自我意识、充满活力、善于创新、个性张扬、富有冒险精神、好征服自然的外向型—流动性人格特征。

从以上的比较不难看出中、西方文化的显著差异，受这种文化差异的影响，中、西方企业文化必定大不相同，因为各国企业文化是在各自文化传统框架内形成和发展起来的。如何从比较分析中借鉴西方优秀企业文化的精髓，不断克服我国企业文化的不利因素，为建设有中国特色的企业文化开拓广阔的前景，既具有学术研究价值，更具有现实发展需要。

第二节　国家文化与企业文化

国家文化是在一个国家的发展过程中，经过祖祖辈辈的扬弃和创新的积淀而成的，是一个由国家的知识、信仰、艺术、道德、习惯、生活方式、思维方式和社会规范等所构成的复杂的有机整体。文化本身就具有国家性，国家文化是一个有机整体，是一种文化生态，每一部分都是彼此适应、互相调整的。国家文化反映了一个国家的人际关系和价值体系，每一个国家都有其独特的国家心理、文化行为、价值观念和社会规范，这是保持一个国家尊严的根本所在。不可否认的是，在国家文化中也有人类文化的相同因素，它们是构成人类文化相通的基础。但是，也正是因为不同国家的文化都具有并一直保留其独特的个性，才使人类社会变得丰富多彩。

企业的一切活动是人的活动，而人是属于一定国家的人，具有一定的国家文化心理素质。因此，作为企业经营管理的动力和精神来源的企业文化，是以国家文化为基础和营养源泉的，深受国家文化影响，但其发展和独特的个性也同样促进了国家文化的强化和发展。

一 国家文化

国家文化，是指以维护国家利益为最终目的、以民族文化为基础、以外来文化为补充、以国家主流文化为主导的文化形态。意识形态的规定性是国家文化的本质属性。

（一）国家文化的结构与功能

首先，国家文化是在民族文化的基础上形成的。不管是单一民族国家还是多民族国家，民族文化均是文化的最基本形式。国家是统治或管理的一种组织机器，国家范围内的人民是其统治或管理的基本对象，而人民对国家的认同是建立在对民族认同的基础之上的。没有对民族的认同，就不能说对建立在民族基础上的国家的认同了。

当然，不能将民族认同等同于国家认同，但民族认同是国家认同的前提条件。民族文化为国家文化提供了牢固的思想根基、积极的心理暗示和合法的解释。民族文化在任何一个国家都具有不可或缺的国家意义。人民首先是民族的人民，国家文化必须在民族文化的基础之上进行建构，必须能代表该民族的文化内涵和基本特征，否则它就很难得到人民的认同。如果一个人根本不承认其民族归属，那么让他认同建立在民族之上的国家政权就会强人所难。民族文化作为一个民族固有的身份认同的象征，因为有它的存在，人民群众才会对民族产生认同，进而对国家政权产生认同。这就是国家文化的首要功能，而这个功能主要是通过民族文化来实现的。

其次，外来文化为国家文化的形成提供了必要补充。本研究将外来文化定义为民族之外的文化，内和外是以国家为界限的。外来文化是国家文化中一个时代特征很明显的组成部分，产生于以国家为主体的国际交往之中。任何一种文化都有自足的能力，即自我协调、自我更新、自我生存的三自机制，否则它就根本不可能产生，因此国家文化也拥有这种自足能力。而外来文化对国家文化的形成和发展具有十分重要的意义。

其一，外来文化设立了一个通过文化对比使国家文化反省自身劣势的对比系统，有助于实现国家文化的自我完善。在这个过程中，一方面将外来文化进行整合，吸收其文化优势，使其成为国家文化的一个组成部分；另一方面通过与外来文化的对比，有助于加快国家文化内部的自我更新和调整。

其二，外来文化为以国家为主体的国际交往提供了一个平台，成为国际交往的一个先决条件。如果在国际交往中交往双方互不了解对方的文化，无法明白对方的思维方式和心理程序，那么交往就无从说起。而在全球化日益发展的今天，国际交往愈加频繁，外来文化的时代重要性日益提高。只有经过了民族文化和国家主流文化的检验和改造，外来文化才能获得本民族民众的认可和接受，才能为国家利益服务，真正成为国家文化的组成部分。反过来，如果民族文化和国家主流文化要在国际舞台中发挥作用，就必须经过外来文化的协调，转换成能被其他民族接受的形态，只有这样才能真正地实现走出去。

其三，国家主流文化是国家文化的主导。国家主流文化是指国家统治阶级基于统治需要所提倡和发扬的文化，其核心内容是意识形态。国家是阶级统治的工具，因此，以维护国家利益为最终目的的国家文化必然要反映统治阶级的意识形态。并且，国家主流文化同样制约着民族文化和外来文化，以判断和衡量这两种文化的优势与劣势。

国家主流文化在国家文化中的作用是从文化层面上保证国家政权的性质，维护统治阶级的利益。事实上，通过对比维护国家利益这一国家文化的整体功能，可以发现国家主流文化的功能实际上就是国家文化全部功能的重心。因此，国家文化必须以国家主流文化为构建导向，而民族文化和外来文化是国家主流文化实现其自身功能的不可回避的路径和方法。但这并不意味着民族文化和外来文化是对其完全依附的。一方面，国家主流文化必须经历民族化的过程，其功能才能得到发挥。例如马克思主义从根本上讲它是一种外来文化，但其特殊之处在于它还是中国统治阶级的意识形态的集中体现，这一特点使它与一般的外来文化产生了不同，但这仍然存在民族化的问题。另一方面，国家主流文化的适用范围是某一特定的国家，超出国家范围会失去权威性。这就要求国家主流文化应及时地吸收外来文化的有利因素，以满足国际交往的需要。

综上所述，民族文化、外来文化、国家主流文化通过彼此之间的整合、协调和制衡组成了国家文化的基本结构。国家文化所表现出来的功能也不是其中某一个部分的功能，而是整体的功能，仅仅是侧重点不同罢了。综合来看，国家文化的功能就是实现人民对国家的认同，维护统治阶级的统治地位和基本利益诉求，实现以国家为主体的国际交往。

（二）国家文化的主要内容

国家文化包括了多方面的内容，其中主要有语言文字、风俗习惯、价值观念和生活方式等。

语言文字是在一个民族、一个国家历史演进过程中逐渐形成的符号系统，它不仅是一切文化和文明的载体，也是各个文化和文明中最基本、最稳固、最长久的构成部分。在整个文化中，相对于其他文化来说，语言文字是一个国家更为长久稳定的标志。在历史发展过程中，文化的许多方面都可能更新和改变，甚至完全消失，但是语言文字难以完全更新换代，难以彻底抛弃。

风俗习惯，则是一个民族或国家在历史长河中所形成的独特而稳定的风格、礼仪、信仰等，表现在内容丰富的多元化行为模式中，例如日常生活、婚丧嫁娶、宗教活动等。在这些方面，任何一个国家都是不同的，这种特殊性不仅是由历史造成的，而且为当地人民的生产生活提供了物质便利和精神寄托，增加了民族凝聚力，在维系一个国家、一个民族的团结稳定上发挥了独特的积极作用。风俗习惯的稳定、发展和变异更新，是和平时期一个国家内部安全稳定的重要社会基础，也是动乱时期战败国复国振兴的最后资本。当风俗习惯受到外力的威胁和破坏时，例如入侵者强迫当地改变风俗习惯，必然遭到广大人民的强烈反抗。

如果说风俗习惯表现出来的是不同的社会现象和言行模式，那么价值观念则是在这种言行模式背后发挥支撑作用的精神支柱，是文化中更内在和深刻的方面。在哲学方面，价值观念，亦称为价值观，是指不同的哲学家和思想家对价值的本质、结构、类型、表现以及社会应有的价值取向等有关价值问题的认识和观点的总和。而从社会生活的实际来看，国家价值观在于人民对传统和现行价值观念采取的不同态度以及在衣食住行中所奉行的价值观念和价值取向。

生活方式是文化的集中体现，是个人内在之价值观念的社会性外化，也是社会外在之风俗习惯的个体性活化。国家间的文化差异集中表现在生活方式的差异上，文化冲突更集中体现为生活方式的冲突。不同的学者对生活方式的定义不同，本书所说的生活方式，是指人们在一定社会条件和环境下形成的涉及物质和精神、经济与政治、个人与社会等领域的言行模式，是一种相对广义的生活方式。因此，一个人对于国家政治生活的态度和参与模式也属于生活方式。虽然一个国家内部的不同个体、不同群体、不同社会集团的生活方式存在差别，但一旦与另一个国家进行比较，就会发现其生活方式上的一些共同点又与他国明显不同。这种具有国别特色的生活方式，为国民提供了更加稳定的生活条件，因而也就成为一个国家保持其文化特质和民族特质的重要内容。

（三）国家文化差异

不同的国家由于地理位置、宗教信仰、自然气候、历史进程等诸多方面的因素造就了不同的国家文化。国家文化深刻影响着人的思维方式，指导其行为方向，从而对由持有该种文化的员工所组成的企业产生潜移默化的影响。我们分析国家文化的差异，一是要找到各国文化的特点；二是要分析各国文化差异并利用有利的差异消融不利的差异。

1. 国家文化差异的界定

从国家文化差异（National cultural differences）出发，关于文化的定义多种多样。Kroeber 和 Kluckhohn（1952）总结了一百六十多种世界各地学者关于文化的定义，并将文化定义为："文化是由明确或含蓄的行为模式以及相关行为的模式构成，通过符号来获取和传递，文化的核心是由传统思想及所附带的价值观构成。它具有被整个群体共享的倾向，或者在一定时期中被群体的特定部分所共享。"

之后，最具代表性的就是 Hofstede（1980）对文化的定义。他认为，文化是使一个群体区别于另一个群体的共同心理程序，这种心理程序使某一地区的人们形成了某种特定的进行思考、感知和行为的方式。从这个定义来看，每个国家或地区都有其独特的文化，而这一独特的文化又对这个国家或地区中的每一个人的思考、感觉和行为产生了影响，进而造就了国家间文化上的差异，即国家文化差异。

Hofstede（1991）进一步将国家文化差异划分为五个维度，即权力距离、不确定性规避、个人主义与集体主义、男性化与女性化、长期导向与短期导向。其中，权力距离是指在一个国家或地区的组织中，弱势群体对不平等的权力分配的接纳程度。不确定性规避是指某一国家或地区的人们对于不确定的或不可预测的事情的容忍程度。而个人主义与集体主义最大的区别在于人们在面临利益分配时，注重的是自己还是集体。男性化与女性化指的是人们对男性化或女性化价值观的倾向。长期导向与短期导向最大的区别在于主体是否具有愿意为一个目标持久奋斗的决心。在不同的文化维度当中，每个国家都有具体的得分，若出现两个国家在某一维度的分数相近的现象，则表示这两个国家在这一维度上具有较小的差异，反之，则具有较大的差异。Kogut 和 Singh（1988）在 Hofstede 的基础上将国家文化差异描述为国家文化距离（National cultural distance），意为国家之间所拥有的文化准则的区别程度。

2. 国家文化差异的分析

国家文化需要通过比较才能够展现出特色与差异。文化差异通常表现在不同层面，因此，系统的、多维度的对比分析是当前所采用的主流研究模式，国外学者通过应用此方法已经取得了丰富的研究成果。最早采用文化差异层面理论研究的学者是 Kluckhohn 和 Strodtbeck（1961），他们提出了强调价值观取向多样性的价值取向文化模型。Hofstede（1980）提出文化差异理论并建立五维文化模型。另外，还有 Schwartz（1999）、Trompenaars（1993）分别构建的七维模型等。其中，Hofstede 的五维模型在国际上被普遍认可，五个维度分别为权力差距、个人主义、男性主义、不确定性规避和长期取向，而其中的长期取向是在研究东方文化的基础上增加的。

2012 年，国内学者张文秀（2012）应用 Hofstede 提出的国家文化模型，对比分析了美国、英国、荷兰与我国的文化差异，如图 3 - 1 所示。

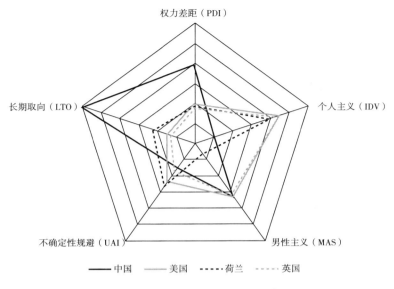

图 3 - 1　中外国家文化差异比较

资料来源：Hofstede, G. (2010)。

　　此模型虽然是从西方学者的视角度量国家文化，精确度可能不高，却能够揭示出中国与西方国家存在显著文化差异，最突出的差异存在于权力差距、个人主义、长期取向这三个维度中。

　　其中，权力差距维度是测量社会系统中的高层和下属间权力的悬殊程度的。在欧美国家，权力差距较小，沟通方式相对更加直接；下属更加独立自主，员工可以参与讨论管理者的决策，甚至提出反对意见。而在权力差距较大的中国文化中，往往采用的是自上而下的、正式的交流方式，等级划分比较清晰；下属应该尊重和依靠领导，领导层具有更多的权力。

　　个人主义维度描述的是人们将自己定义为个人还是团体的组成部分的态度。欧美国家具有比较突出的个人主义文化，强调个人的能力与贡献，突出个人的权利与独立性。相对来说，我国的文化属于集体主义文化，认为个人要对团体保持忠诚，将集体利益放在首位，倡导团结与和谐，避免冲突。

　　长期取向维度考察人们的时间观念。欧美国家在时间取向上，往往比较注重短期利益，强调组织和生产上的效率，强调准时的观念。中国文化则在长期取向上更突出，能够为了长远目标去坚持和忍耐，比较容易忽视时间上的紧迫感，普遍缺乏细致严格的计划。

不确定性规避维度则是来权衡一个社会对不确定因素的忍耐度及人们尝试避免的程度。荷兰、美国、英国、中国的不确定性规避依次降低。高不确定性规避的文化非常重视法律法规，通过建立完善的法律体系来减少不确定性的因素，极力降低和避免风险；工作中也通常设有需要遵守的详细规程。中国对于不确定因素具有较高的容忍度，不畏惧未知领域的挑战，易于尝试新的技术方法，灵活性较大，但缺乏健全而明确的法律、法规和程序。

男性主义维度则用来检测一种文化在传统上是支持男性还是女性。中国和英美国家在此维度上表现一致，均表现为男性占支配地位，性别角色区分明显，强调工作责任、进步、成功等。而以荷兰为代表的欧洲国家则支持女性，认为男女有同样的价值观和竞争地位，注重保持和谐的工作关系和良好的生活质量。

3. 国家文化距离

田晖（2015）选取与中国贸易往来密切的 31 个国家（地区）为样本，利用文化簇群理论将它们划分为不同文化簇群，如表 3−1 所示。

表 3−1　不同文化簇群

所属区域	国　　家
北欧簇群	芬兰　挪威　丹麦　瑞典
日耳曼簇群	奥地利　德国　瑞士
盎格鲁撒克逊簇群	美国　加拿大　澳大利亚　新西兰　英国　爱尔兰
拉丁欧洲簇群	法国　比利时　意大利　葡萄牙　西班牙
远东簇群	马来西亚　新加坡　香港　台湾　泰国　越南　菲律宾
独立簇群	巴西　印度　俄罗斯　日本　韩国　墨西哥

资料来源：田晖（2015）。

田晖（2015）在研究中认为，不同国家的文化具有不同的价值观念、伦理道德、风俗习惯、思维方式和行为方式，这些差异通常用国家文化距离表示。简单地说，国家文化距离是采用定量方法表示的国家文化差异，由两国的文化水平测定。Hofstede 用权力距离、不确定性规避、集体/个人主义、男性/女性维度以及长/短期导向五个文化维度表示文化差异，他使用的问卷叫作 Value Survey Module（VSM），一共有 33 个问题，涉及较为全面的社会生活，包括政治制度、宗教信仰、性别角色、家庭价值观、社会团体、民事参与、道德关注、价值观等指标，体现了世界上不同国家或地区的文化特征。它利用因子分析法和聚类分析方法对调查数据进行处理，得出主要文化维度，并计算出每个维度的得分，用这些得分表示国家或地区的文化水平。因此，国家或地区间的文化距离可以用 Hofstede 国家文化维度的得分测算并表示。测算得出的值越大，表示文化距离越大（见表 3 - 2）。

表 3 - 2　中国与样本国/地区间的文化距离值

国家	文化距离	国家	文化距离	国家	文化距离
芬兰	4.35	英国	5.07	越南	0.84
挪威	5.18	爱尔兰	3.59	中国台湾	1.19
丹麦	5.21	法国	4.20	泰国	2.22
瑞典	5.86	比利时	4.32	俄罗斯	5.77
奥地利	5.11	意大利	4.28	墨西哥	2.69
德国	4.27	葡萄牙	5.00	印度	1.39
瑞士	4.00	西班牙	4.98	巴西	1.89
美国	4.85	马来西亚	1.40	韩国	2.08
加拿大	4.88	新加坡	1.92	日本	2.58
澳大利亚	4.88	中国香港	0.26		
新西兰	4.96	菲律宾	3.36		

　　资料来源：田晖（2015）。

二　企业文化

　　本部分主要阐述了企业文化的内涵、分类、特点以及民族文化对其产生的影响。首先，对国内外学者关于企业文化的不同定义进行了文献梳理；其次，分别从企业特征、企业性质和企业变革三个视角对企业文化进行不同分类；再次，对企业文化的特点进行归纳，总结出其具有价值观、行为性、多样性和持续性四个特点；最后，结合上文提出的民族文化问题，阐述了民族文化对企业文化的影响并概括出其关系模型。

（一）企业文化的概念

目前国内外对于企业文化的定义存在较大差异。Zwell 和 Ressler（2000）将企业文化定义为组织的一种运作方式，这种运作方式在组织的各个层次中均能够得到体现和传播，并被传递至下一代员工。Peters 和 Waterman（1982）在《成功之路》一书中将企业文化概括为："汲取传统文化精华，结合当代先进的管理思想和策略，为企业员工构建一套明确的价值观念和行为规范，创设一个优良的环境氛围，以帮助整体进行经营管理活动。"Simon（1996）认为，企业文化是指所有员工都需要共同遵守和承担的公司战略目标和价值观。这是企业文化的本质，虽然没有正式的文字条例和指令，但它必须是每个员工要牢固树立的、潜移默化的，并被企业领导所尊重的一种理念。

我国的学者也相继提出了看法。例如韩岫岚（1996）认为企业文化可分为企业精神、制度文化和物质文化三个层次，其中，物质文化是基础，企业精神是核心，制度文化则是前两种文化得以实现的保证。刘光明（1997）则认为企业文化由物质文化、行为文化和精神文化构成。陈佳贵和黄群慧（1998）同样将企业文化划分为三个层次，分别为企业精神、企业作风及企业形象。尚玉钒和席酉民（2001）认为企业文化应该被划分成价值观体系、制度规范和行为模式，企业文化管理以价值观认同为前提，并结合规章制度对成员行为进行规范和约束，进而促使其行为习惯形成。徐金发和刘翌（2001）等认为企业文化包含与业务相关的行为、与人际关系相关的行为、经营哲学和价值观这三个维度。其中，经营哲学和价值观是企业文化的内核，而与业务相关的行为、与人际关系相关的行为则是其外在表现形式。

综上所述，虽然学者们对企业文化下的定义各不相同，但均提到企业文化应以价值观为核心。并且，"越来越多的人把企业文化看作一个复合系统，它既是一种新型的管理理论，又是一种价值观和信念，这是企业哲学、企业精神、企业制度和行为方式的辩证统一"（萧聚武，1996）。

（二）企业文化的分类

有学者从企业的特征进行分类。Dale（1989）根据企业活动面临的风险大小和企业及员工获得显示决策是否成功的反馈速度的快慢，将企业文化划分为四类：强悍型文化（高风险、反馈快）、工作娱乐并重型文化（低风险、反馈快）、赌注型文化（高风险、反馈慢）、按部就班型文化（低风险、反馈慢）。Handy（1993）根据企业管理特质将企业文化分为力量型（独裁者，强调个人决策比组织决策更重要）、角色型（等级森严，强调正式规则和程序；重视迅速、有效和标准的服务）、任务成就型（强调团队精神，任务决定工作的组织、灵活性和工人的自主性；需要创造性的氛围）、以人为本型（强调平等、寻求个体成员个性的培养），并说明这种企业文化体现出从独裁制倾向向民主制倾向渐进变化的特点。

学者们也从企业性质角度对企业文化进行分类。Quinn 和 Cameron（1998）根据竞争性价值观框架（Competing Values Framework，CVF）的两个主要成对维度（灵活性—稳定性和关注内部—关注外部），组合出四种不同的企业文化类型：家族型（宗族型）、发展型（活力型）、官僚型（层级型）和市场型。家族型组织文化的特点是强调企业内部的人际关系，企业像一个大家庭，员工像一个大家庭中的成员，彼此间相互帮助和关照，最受重视的价值是忠诚和传统；发展型组织文化的特点是强调创新和成长，组织结构比较松散，在管理运作方面不太强调规范化；官僚型组织文化的特点是强调企业内部的规章制度，凡事皆有章可循，重视企业的结构、层次和职权，重视企业的稳定性和持久性；市场型组织文化的特点是强调工作导向和目标的实现，重视按时完成各项生产经营目标。

也有学者从变革的视角对企业文化进行分类。美国学者 Mclean 和 Marshaw（1993）等人借助变革理论将企业文化分为变革型企业文化和交易型企业文化，并分别将变革程度和交易程度分为三个等级，按等级的不同进一步将企业文化分为九种类型，即绝对性变革、中等变革、双高型、松散指导型、普通型、中度契约型、垃圾型、平淡型、高度契约型。

从以上研究可以看出，不同企业的文化可以参照一定的标准归入某一文化类型，但我们更应该认识到，对企业文化类型划分的真正目的并不在于对它们做非此即彼的归类。事实上，由于文化本身的复杂性，我们并不能绝对地把某一企业的文化归入某一类型，只能说该企业在文化特质上更倾向于符合哪一类型的企业文化。因此，区别企业文化类型的真实目的是说明企业文化差异性的客观存在，提醒并购企业在实施并购前要充分了解对方文化，并购后则要针对文化差异采取恰当的整合措施，避免因文化差异带来的消极文化冲突而导致并购失败。

（三）企业文化的特点

第一，共同的价值观。吴浩强和刘树林（2018）认为高强度的企业文化能够促使员工形成高度一致的，且利于企业战略目标实现的价值观念和行为方式。企业需要精神方面的需求来辅佐其成长，这种共识是一个组织的内外人员、小组与团体一起行动并渐渐积累的结果。这种共同的价值准则在职工之间得到渗透，成为一种向心力和凝聚力，它能塑造出一种乐于服从、乐于遵循并为之奋斗的指引目标。

第二，独特的行为表现。企业文化应该是一个公司通过许多不同的活动或行为反映出来的独特的行为意识表现，它不仅代表该企业的方向，而且能够表现出企业与众不同的风格。员工明白有所为和有所不为的事情，他们能够在企业文化的引导下，使其行为尽快得到组织的认同，并能合理地预期他人的行为方式，期望他人在一定程度上如自己所预期般地接收信息与行为，并期望他人与之分享对组织某种程序的认同。企业文化能使人们除借助正式语言外，也能够通过行动进行有效沟通。随着员工的日益知识化、专家化，过去直接的控制方式的有效程度逐渐降低，而员工围绕一定内在标准的自觉行为变得愈加重要。

第三，文化组成的多样性。企业文化是由多种事物组合而成的，如传统、神话、典礼、礼仪、习俗、英雄、特色和价值等。企业内部的文化并不完全相同，可能因工作小组、功能、地理位置、部门的不同而产生各种差异。在公司中，企业文化所研究的内容比较广泛，例如报酬是什么，人们有什么样的共同了解，公司的产品或服务的性质如何影响员工彼此之间的关系等。

第四，文化的持续性。企业文化使组织的努力具有持续性，这种持续性又是组织极其重要的资产。在企业文化中，每日的生活都围绕着一些无数重复的非文字化的、众所周知的、经过长时期所形成的规矩在运作。在这样的情况下，即使企业领导人被更换，这种强势文化依然能够得到保持，并指导每一届的员工。

三　国家文化作用于企业

随着人类社会的不断发展和进步，世界范围内的各个民族之间的交流与交融越发频繁，国家文化的融合趋势越发明显，在世界全球化的背景下，所有民族都在尽自己最大的努力保护并发扬其优秀文化。文化是人类历史之笔，历史是文化展开的书卷。人类社会不断地从事经济活动和创造物质财富，并融入其文化、价值观念和民族性，国家文化的序幕就此揭开。

在社会发展过程中，人类从事经济活动的方式也在不断地发生变化。其中，现存最多的是以企业的方式存在的经济活动。然而企业无法脱离一定的国家文化环境而单独存在，例如该企业的参与人员来自同一个民族，或者其注册地或企业实体坐落在某一具有特定国家文化的国家或地区，或者其产品要销售到具有某一特定国家文化的国家或地区。因此，企业文化是建立在所属国家的文化生态基础之上的，主要表现在企业参与人的国家文化性、企业对外交往的国家文化性、企业坐落地国家文化的感染和潜移默化性、对内管理的国家文化性等方面。每个企业最终都将形成独特的企业文化，而企业文化又是一种亚文化，其必然与该国的国家文化密切相关。Morris（1995）指出："国家文化会对组织文化的成型以及主流管理分割的发展起推动作用；国家文化背景对组织产生影响是通过作为企业运作的宏观环境的政治、法律、社会价值观、社会行为模式、国家目标以及对参与式管理的偏好等；国家文化背景会对组织和个人的行为都产生潜移默化的影响。"因此，国家文化差异是企业内部文化和企业管理方式最根本的影响因素。

然而，同一国家内的不同组织中人们的集体精神规划也可能表现不同。为了揭示企业文化的差异，荷兰国际文化合作研究所（以下简称"IRIC"）在1985年至1987年间，对在丹麦和荷兰的10个不同企业的近20个部门进行了一次跨组织研究。研究结果表明，部门之间主要的差异性存在于实践性的六个独立要素，分别为：过程导向和结果导向、雇员导向和工作导向、狭隘性和专业性、开放性和封闭性、疏松型和紧密型、标准型和实用型。与过程导向不同，结果导向关注的是最终目标能否实现；雇员导向只关注员工，工作导向则强调工作的完成；狭隘性指员工希望从组织中求得较大程度上的一致性，专业性则是指员工从工作种类中求得一致性；开放性和封闭性是衡量交流氛围的开放性程度，开放性文化认为企业和员工对外来者和新来者十分开放，而在封闭性文化中企业和员工是封闭又神秘的；在一个紧密形式的控制系统内的员工比较严肃，时刻保证工作效果；标准型与实用型指的是处理部门外部关系的数量，实用型文化是市场导向，注重结果，而标准型文化主要强调过程，员工应正确地依据组织的程序行事。以上六个要素被用来揭示实际的企业文化差异。虽然国家文化和企业文化之间差异性较大，但这两个概念也存在互补性。企业文化用以区别组织的同时保持国家环境的一致性；国家文化用以区别国家的同时尽可能保持企业环境的连续性。IRIC 的研究发现，虽然国家文化和企业文化属于不同性质的现象，国家文化主要体现为精神，企业文化主要体现为实践，但它们都包括丰富的价值现象。根据国家文化和企业文化之间的关系模型（见图 3 - 2），可以观察四个国家文化的范畴影响企业文化实践的路径。

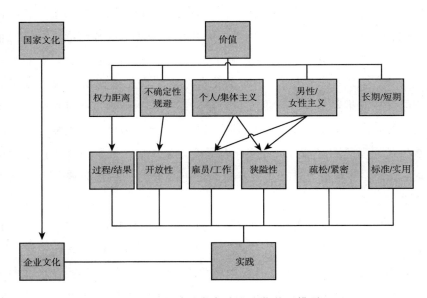

图 3 - 2　国家文化与企业文化关系模型

资料来源：荷兰国际文化合作研究所。

由以上模型看出以下几点。首先，企业文化的开放程度与国家风险规避有关。实际上，在风险规避较低的国家中，其组织中的行为相对开放，而在风险规避较高的国家中则相反。其次，权力距离与过程导向和结果导向明显相关。在权利距离较大的国家中，企业文化趋向过程导向，反之，则趋向结果导向。最后，在此研究中受个人/集体主义与男性/女性主义国家文化范畴影响，工作中心与狭隘性/专业性的关系也得到了揭示。工作中心在专业性文化中体现得较为充分，而在狭隘性文化中员工不会把工作问题带离公司。综上所述，有四个企业文化范畴的特征显著受到国家价值的影响。因此，得出结论：国家文化主要影响企业实践，而这些实践并不影响基本的国家价值。

第三节　企业文化的测量

本节主要介绍企业文化的测量相关问题，首先阐述了企业文化测量的理论基础，并详细介绍了 Schein（2011）的组织文化理论框架、Cameron 和 Quinn（2011）的竞争性文化价值模型；之后梳理总结了国内外学者在企业文化测量维度方面的研究成果；随后选取 Denison（1996）企业文化测量模型进行详细介绍，对其参与感、适应性、使命感和一致性四个维度进行解释与分析；最后通过对 Denison（1996）文化测量模型的应用，发展出基于权变的企业文化发展状态界定模型。

一　企业文化测量的理论基础

企业文化测量的研究大致可以分为两类。一类是关于不同组织文化差异的比较研究，重点在于寻找并分析组织文化出现显著差异的方面，进而得出具有经验性的结论。另一类研究则关注组织文化的本质特征，从组织文化对其行为的影响机制入手来设计组织文化的度量模型。这些研究需要理论框架的支持，如 Schein（1985）、Kluckhohn（1962）等。下面将重点介绍两个企业文化测量理论。

（一）Schien 的组织文化理论框架

Schien 是麻省理工学院斯隆商学院的教授，他率先提出了企业文化领域的关于文化本质的概念，分析了其构成因素，并对其形成与演化的过程提出了创新性的见解。他认为组织文化是组织深层的特征，根植于组织一切活动的底部，并将组织文化的本质分成以下五个方面。

其一，自然与人的关系。指组织中人们对组织和环境之间关系的看法，例如可支配关系、从属关系、协调关系等。对这些关系的不同假定必定会影响组织的战略方向，而且组织的健全性要求假定适当且应随着环境的变化而不断进行调整。

其二，现实和真实的本质。指组织中关于如何判断真实与现实以及真实能否被发现等问题的相关假定，同时包括行动上的特征、时间和空间上的基本概念。Schien 指出，在现实层面上包括客观的现实、社会的现实和个人的现实，并且可以采用道德主义或现实主义的尺度判断真实。

其三，人性的本质。即关于人的本质、人性与非人性的判断、个人与组织之间的关系等相关问题的假定。

其四，人类活动的本质。包括哪些人类行为是正确的，人的行为是主动或被动的，人是由自由意志所支配的还是被命运所支配的，什么是工作，什么是娱乐等一系列假定。

其五，人际关系的本质。包括什么是权威的基础，权力的正确分配方法是什么，人与人之间关系的应有态势是什么等假定。

Schien 认为，理解这五大本质有利于解决企业的内部管理整合和外部环境适应。内部管理整合，是指为保证企业长期生存和发展，员工、组织、制度之间的协调与管理特征；外部环境适应，是指为求得在外部环境中的生存和发展所表现出的对外部环境的适应特征。此外，他指出企业文化的诊断、识别与变革都要围绕这两个问题展开进行。

（二）Cameron 和 Quinn 的竞争性文化价值模型

竞争价值模型是从文化的角度考虑影响企业效率的关键问题，Cameron 和 Quinn（2011）认为从组织弹性—稳定性、外部导向—内部导向这两个维度能够有效地衡量企业文化的差异对企业效率的影响。目前该模型在企业文化差异识别和测量方面的影响愈加深远。

竞争性文化价值模型提出：在组织弹性—稳定性、外部导向—内部导向两个维度的基础上形成一个二维矩阵，其中四个象限分别为：等级型文化、市场型文化、宗族型文化和创新型文化。此四类文化的特征如下。

等级型文化：具有规范的、结构化的工作场所以及程序式的工作方式。企业领导在其中扮演协调者与控制者的角色，重视企业的和谐运作。人们更关心企业长远的稳定，尽量避免未来的不确定性，习惯于遵守企业的各种制度和规范。例如麦当劳、福特汽车等。

市场型文化：指企业的运作方式和市场一致。这类企业的核心价值观在于强调竞争力和生产率，更关注外部环境的变化，例如供应商、顾客以及其他利益相关者等。在该文化环境下，人们每时每刻都以警惕的眼光看待外部环境，认为市场中存在太多的挑战和困难。只有不断提升自身的竞争优势，企业才能在市场中得以生存。因此，在市场型文化中往往存在一个明确的发展目标和主动进攻的战略姿态，例如 GE、飞利浦等企业。

宗族型文化：有着共同的目标和价值观，注重和谐、参与和个性自由。这类企业更像家庭组织的延伸和发展。该文化的一个基本观点是能够通过团队的力量来控制外部环境，而顾客是最好的工作伙伴。日本很多企业拥有宗族型文化，它们认为企业存在的原因在于提供一个人性化的工作环境，而管理只是用来激发员工的热情，为员工提供民主参与的机会。一般而言，该类企业员工的忠诚度较高。

创新型文化：创新型文化是知识经济时代的产物，随着高度不确定性和快节奏的外部环境产生。其基本观点认为，创新与尝试导致成功。为了获取未来的竞争优势，企业要不断地创造出新思维、新方法和新产品，而管理的作用是推动创新。在这类企业中，项目团队是主要的工作方式，组织结构经常随着项目的变化而改变。该类文化主要存在于软件开发、咨询、航空和影视行业中。

二 企业文化测量维度

影响企业文化特征的因素很多，例如民族文化传统因素、地域、企业类型、规模、生命周期等。在设计企业文化量表时需要选择能够反映不同企业之间文化差异的关键因素，即如何设计企业文化的测量维度。

测量维度的设计是企业文化量表的核心所在，我们需要分析从哪些方面来测量、描述和评价企业文化特征。维度的选择一般有三个要求：第一，能够反映企业文化特征，这是最基本的要求；第二，能够度量出不同企业之间的文化差异，具有代表性；第三，维度相互独立，满足统计检验的要求。

从企业文化测量维度的研究过程来看，西方国家的起步较早，国内及东南亚地区的研究则处于刚起步阶段。由于东西方在民族和地域文化上存在巨大的差异，因此，企业文化也会有所不同。

对于企业文化的分解和定量测度，国内外学者从不同的角度进行研究，建立了测量企业文化的不同维度模型（见表3-3）。

Cameron 和 Quinn（2011）从企业文化的特征和维度出发，将竞争价值模型运用到企业文化的测量中，构建了组织文化测量 OCAI 模型。OCAI 模型在西方经过三十多年的实践检验，效果稳定且显著，为企业文化研究者提供了一个直观、便捷的测量工具，对后来的文化测量研究影响很大。但是此模型也有一定的局限性，量表中设定的六个判断标准过于简单，面对不同企业的具体情况，其并不能保证包含了组织有效性的所有主要特征，并且对于它们之间的关系也并未说明，有待深入研究。

美国密歇根大学的 Denison（1996）构建了一个用于描述有效组织文化特征的文化特质模型。该模型认为，适应性、使命感、一致性和参与感这四种文化特质与组织的有效性存在显著相关关系。同时，这四种特质又分别对应三个子维度，并且对每个子维度都有一定的解释。接着，Denison 选取 764 家营利组织的 CEO 作为样本，通过相关实证研究对这一模型进行了假设检验。结果证明各个文化特质上的测量题目基本能与其子维度一一对应。此外，在对 179 家俄罗斯外资企业的组织文化与组织有效性的关系进行实证研究之后，Fey 等（2003）认为，Denison 的文化模型基本上适合用于测量俄罗斯的企业文化。

荷兰学者 Hofstede（1999）从组织文化的层次结构入手，采用访谈和问卷调查相结合的研究方法对丹麦和荷兰的 10 家企业进行了跨文化的研究。其跨文化的组织文化问卷清晰地勾勒出了组织价值观和行为实践方面的维度结构，对后来学者进行跨文化研究打下了坚实基础。但由于其采用的访谈结构偏重于考察组织内部定性研究，忽略了组织外部环境对组织文化的影响，因此其问卷在实践部分的维度结构中，没有出现反映适应外部环境的文化维度，例如客户导向、社会责任等。

O'Reilly 等（1991）以提高契合度的途径为出发点，研究了人与企业之间的契合性对个体有效性产生的影响。他们通过实证研究证明了 OCP 量表具有良好的内部一致性和较好的区分度，并且在不同样本中具有比较显著的稳定性。该量表是国外学者和管理者在测量企业文化时所采用的最为普遍的企业价值观测量量表之一，同时它对我国台湾地区及香港地区的学者和管理者也具有一定的影响。

不同于国外学者逐渐成熟的研究，我国学者在企业文化测量方面的研究还显得比较落后，研究成果也相对较少。对我国本土企业进行取样，并构建本土化的企业文化测量表的定量研究更为少见。我国学者的研究大多是在借鉴国外学者所构建的成熟量表基础上，再结合中国文化的特殊背景，对国外测量问卷进行一定程度的改进。

台湾大学心理系郑伯壎（1990）在 Schien 组织文化研究的基础上，构建了组织文化价值观（VOCS）量表。VOCS 量表共分为正直诚信、科学求真、顾客取向、团队精神、卓越创新、社会责任、表现绩效、敦亲睦邻以及甘苦与共等九个维度。他在对这九个组织文化维度进行因子分析之后，获得了两个高阶文化维度：包括顾客取向、科学求真、敦亲睦邻及社会责任等四个要素的外部适应价值；包括甘苦与共、卓越创新、表现绩效及正直诚信、团队合作等五个要素的内部整合价值。由于 VOCS 是根据我国国情设计的完全本土化的量表，所以它为后来学者在中国情境下进行企业文化测量研究提供了很好的借鉴。

表 3 - 3　企业文化测量维度指标体系及关键词

研究者	文化维度
Quinn 等（2011）	主导特征、领导风格、员工管理、组织凝聚力、战略重点、成功准则
查特曼等（1991）	革新性、稳定性、尊重员工、结果导向、注重细节、进取性、团队导向
Denison（1996）	创新变革、客户导向、组织学习、战略导向、目标、愿景、核心价值观、配合、协调和整合、能力发展、团队导向、授权
Hofstede（1999）	价值观维度（安全需要、关注工作、权力需要）、实践维度（过程导向—结果导向、人际导向—工作导向、本地化—专业化、开放—封闭、控制严格—控制松散、规范化—实用化）
郑伯壎（1990）	科学求真、顾客取向、甘苦与共、正直诚信、团队精神、卓越创新、社会责任、表现绩效、敦亲睦邻

续表

研究者	文化维度
清华大学经济学院	客户导向、长期导向、行动导向、结果导向、控制导向、和谐导向、创新导向和员工导向
中国企业家调查系统	顾客导向、社会责任、员工发展、团队合作、制度标准化、创新与企业家精神、员工贡献、和谐、领导、实用主义、奖赏、顾客导向、未来导向、创新、结果导向
王国顺等（2006）	企业意识、员工意识、团队意识、创新意识、核心价值观、顾客意识、目标愿景
周毅（2007）	团队合作、社会责任、学习和创新、规范管理、使命与愿景、员工导向、客户导向、组织认同

资料来源：寇晶琪（2015）。

　　王国顺、张仕璟、邵留国等（2006）对 Denison 企业文化模型进行了改进，并在此基础上构建了 45 个结构化问题，用于描述企业文化状况。刘理晖和张德（2007）则将企业文化划分为两个层面 12 个成对维度来进行研究，两个层面分别为组织对其利益相关者的价值判断和组织对其管理行为的价值判断。刘志雄和张其仔（2009）认为，企业文化是以某种形式表达出来的一种缄默的知识。因此，与流行的利用企业问卷测量企业文化的方式不同，他们从公司层、员工层、社会层三个方面构建了企业强度指标，每个测量层面均有两个观测指标。王艳和阚铄（2014）在企业组织行为学关于企业文化形成途径的研究基础上，从组织制度层面、内部构建层面、社会关系层面对企业文化强度进行度量。此外，清华大学经管学院通过对中外企业文化量化研究的系统分析，开发出了一个由 40 多道测量题构成的企业文化测评量表。

　　在企业文化差异测量维度的选择过程中，主要考虑两方面问题：一是该测量模型是否可以量化，即是否具有成熟的量表对企业文化的各个维度进行测量和评分；二是该模型是否有足够具有代表性的基准数据作为标准。因为每个测量维度之间并不具有比较关系，必须采用统计学中的百分位数方法将所得到的测量数值与标准数值进行比较，在得到每个维度的标准分后，才能进行加总以得出该企业文化的发展程度。

　　Denison 文化测量模型在企业文化测量领域已经得到了广泛的应用，目前全球各大咨询公司均采用该量表作为评价企业文化的工具，同时 Denison 对世界五百家典型企业进行广泛调查，并根据调查结果建立起实

时更新的数据库。因此，我们选择 Denison 文化测量模型作为我们的文化
测量工具。

三　Denison 企业文化测量模型的文化维度介绍

Denison 企业文化测量模型采用七维里克特量表，内容涉及企业文化
的 4 个特性，分别为参与感、适应性、使命感和一致性（见图 3 - 3）。每
个特性分别包含 3 个维度，共计 12 个维度，每个维度又各包含 5 个问题，
共计 60 个问题。下面将分别对 4 种文化特性进行详细介绍。

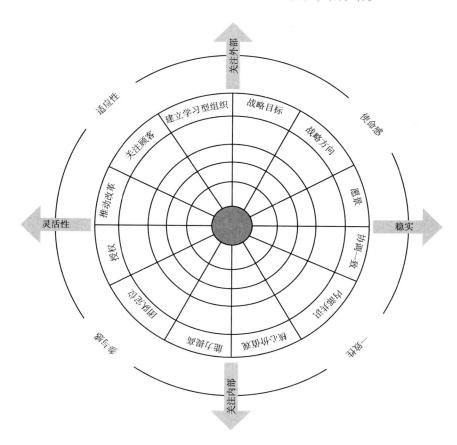

图 3 - 3　Denison 企业文化测量模型

资料来源：Denison（1996）。

（一）人的特性模块——参与感（Involvement）

参与感作为企业文化测量评价的维度之一，主要涉及企业员工的团队协作能力、主人翁精神以及责任感的培养，反映了公司对培养员工、与员工进行沟通、使员工参与并承担工作的重视程度。就员工而言，参与感体现了员工的工作态度、工作积极性和对企业核心价值的认同感，这些将直接影响其工作效率、工作完成度以及其他业绩相关指标；就企业而言，参与感则体现了企业对员工的信任以及能力培养，参与感测评分数较高的企业，往往会赋予各级员工更多的决策权，同时根据授权的程度为员工提供相应的能力培训，这样既提升了员工的企业认同感与责任感，又提高了员工的工作满意度。

参与感包含了授权、团队导向和能力发展三个子维度。授权主要衡量企业是否真正授予各级员工权力以及员工是否具有主人翁意识和工作积极性；团队导向主要体现企业是否重视并鼓励员工相互合作以及员工是否在工作中依靠团队的力量；能力发展是指企业是否不断投入资源培训员工，不仅能够满足员工不断学习的愿望，而且能够不断提升其竞争力以适应公司发展的需要。

授权：企业成员进行自主工作的授权状况，它是责任感的源泉。

团队导向：依靠团队的力量来实现共同目标的意识。

能力开发：企业在员工技能成长、素质开发上的投入状况。

在 Denison 企业文化测量模型中，参与感面向的是企业内部发展状况，主要影响产品和服务的质量、员工满意度，进而影响企业的投资收益率。同时参与感也反映出企业自身的灵活性，即企业能否通过及时创新以适应环境。企业对员工发展和团队协作的重视程度往往对企业的产品与服务的创新产生重要的影响。

（二）环境适应模块——适应性（Adaptability）

适应性是指企业对外部环境变化的信号进行快速识别，并将外部商业环境的需求转化为企业行为的能力。这一维度主要反映企业的两方面能力，一方面是及时获取外部环境信息的能力，即要求企业时刻关注顾客需求的变化以及完善客户关系管理体系；另一方面是推动企业内部自身变革以适应环境变化的能力，即企业如何推动组织变革、产品和服务的改良与创新等。适应性强的企业往往对市场需求变化较为敏感，在新的市场环境下能够迅速定位并采取行动。

适应性包含了推动变革、学习型组织和关注顾客三个子维度。推动变革主要反映企业是否惧怕承担因变革带来的风险，以及在变革过程中协调各方利益的能力；学习型组织是指企业是否能将外界信号视为鼓励创新的良机并在此基础上充分利用现有的人力资源进行知识挖掘以不断创新；关注顾客衡量的是企业是否了解自己的客户，并在满足其当下需求的前提下，预测客户未来需求的能力。

推动变革：企业对环境变化能够迅速采取变革措施并顺利实现。

关注顾客：对顾客兴趣的把握以及对顾客需求的迅速反馈。

组织学习：企业从内外部环境中接受、内化、传播知识与经验，并迅速进行创新、创造新知识的能力。

与参与感（Involvement）相同的是，适应性这一维度同样关注企业的灵活性，即企业的不断创新与发展的能力。不同的是，相较于关注企业内部员工的满意度，适应性（Adaptability）更加关注企业外部客户的满意度，进而直接影响销售额和市场份额的变化。

（三）企业使命模块——使命感（Mission）

使命感是指企业在自身快速发展和外部环境快速变化的情况下，是否具有明确的发展战略，即判断一个公司是一味注重眼前利益，还是着重制定系统的、长远的战略发展计划。衡量这一文化特性的侧重点在两个方面：一方面是企业的领导层是否有清晰的企业发展方向和目标，即企业的使命；另一方面是企业员工对于企业未来发展前景的态度，即企业的愿景。所探究的是企业整体对"企业是什么"和"企业要做什么"两个基本问题的认识程度。

使命感这一文化特性包含了企业的战略方向、战略目标和愿景三个子维度。战略方向指的是企业是否具有清晰的使命以及用以指导员工工作的方法和方向；战略目标则分为两个方面，一方面是指领导层所制定的发展目标有雄心且符合实际，另一方面是指员工对领导层制定的目标有广泛的认可且具有长期一致性；愿景这一子维度主要来衡量企业领导层是否向员工清晰描述企业未来的发展蓝图并以此为基础作为激励员工积极工作的动力源泉。

战略方向：对如何实现企业愿景所进行的战略规划，包括明确的企业战略以及每个成员为实现目标所需付出的努力。

战略目标：为实现企业愿景、战略而设定的一系列阶段性目标。

企业愿景：企业所有成员共享的对企业未来发展的看法。它是核心价值观的外化，是企业凝聚人心的重要因素。

与适应性相同的是，使命感这一维度同样将企业置于不断变换的外部环境之下，因此两者同样将关注点放在企业的外部；不同点在于，使命感更强调企业在发展过程中的稳定性和持续发展能力。

（四）基本价值模块——一致性（Consistency）

一致性指的是公司内部在制定战略决策的过程中发生分歧时，是否有能力协调各方矛盾，并形成统一的、长远的企业发展战略，即衡量一个企业是否具有强大且富有凝聚力的内部文化。

一致性这一文化特性包含组织承诺、协调与整合以及核心价值观三个子维度。组织承诺主要指企业领导和员工是否都严格遵守企业所制定的方针政策，主要包含员工离职率、业务操作规范程度等；协调与整合是指在内部发生利益冲突的时候，企业是否有能力协调各方利益，正确和及时地解决冲突；核心价值观指的是企业在培养员工的过程中，是否在员工群体中形成广泛而持久的思维方式和行为模式，即企业员工能否在关键问题上达成一致。

组织承诺：企业成员达成一致观念的难易程度，尤其指在遇到冲突时。

协调与整合：企业不同部门之间为共同目标而相互协作的状况。

核心价值观：企业成员共享的、特有的价值观和信念体系。

与使命感相同的是，一致性这一文化特性同样衡量的是企业发展过程中的稳定性；不同的是，一致性更加关注企业内部的文化凝聚力，即企业内部的协调与整合。

小　结

组织中的个体在潜移默化中既受企业文化的约束，也会感知企业文化的引导。本章重点关注文化与企业文化问题，主要包括文化的内涵与分类、国家文化及其对企业文化的影响、企业文化以及企业文化测量三节，可以总结为以下几点。

首先，文化是客观存在的，是相对于政治经济而言的人类的全部精神活动及其产品。无论是思想、观念和意识等无形引导，还是制度、法律和习俗等有形约束，都属于文化的一部分。文化的影响是潜移默化的，也是深远持久的。

其次，企业文化是企业的一项重要资源，组织中的个体通过自身的行为特点，在与组织内其他个体的互动过程中逐步形成了企业文化，并形成了相对稳定的行为模式，这种行为模式不仅影响组织行为，对组织中的个体行为也起到引导和约束的作用。

最后，企业文化是可测量的，国内外学者从不同的视角切入，选取了多种维度对企业文化进行测量。本章选取 Denison 企业文化测量模型，并以此为基础进行基于权变的企业文化发展状态界定。文化测量的目的是识别文化差异，为文化差异在并购后整合中的影响研究做铺垫，只有识别文化差异，才能进行文化匹配，最终达到文化协同的目的。

第四章

并购中的文化差异、匹配与协同

在并购交易中，无论在其完成前还是完成后，并购失败的发生通常是由"文化差异"导致的。企业管理大师 Drucker 曾指出，多元化经营的成功，离不开共同的团队核心，离不开"共同的文化"的建立或至少结成"文化上的姻缘"，通过并购来成功开展多元化经营也是如此。通过调查全球 115 项并购交易，著名的科尔尼管理咨询公司发现了一个事实，从而可以解释许多并购不成功的原因以及将不成功归咎于"文化差异"的缘由——文化差异会导致并购文化风险进而影响并购的成败。基于此，以"文化双融理论"为视角去建立并购双方文化匹配度评价体系，有助于降低我国在企业跨国并购中由文化差异引起的并购风险，实现文化协同。

本章首先从"国家文化差异"和"企业文化差异"两方面分析了"文化差异"对并购后整合的影响以及由此引发的并购文化风险。为尽可能降低文化风险的发生率，我们建立了"文化匹配度"评价体系，分别从并购双方的视角对文化匹配的因素进行梳理和概括。企业并购需要实现文化协同，本章最后从并购前、并购中、并购后总结文化协同实现的路径。

第一节　并购中的文化差异

文化产生的地域差异造就了文化差异的天然属性，不同地域和民族的文化是异质和独特的，而在人类发展进化的漫漫长路中，文化呈现一种螺旋式的发展路径，这样的轨迹使文化相互交融、渗透，更加多元和复杂。企业文化孕育于不同地域和民族文化中，带有其烙印，但企业文化并非地域文化的具体形式，而是对其的进一步螺旋式发展，因为接纳、融合了更多差异性元素而变得更加丰富多样。

一 文化差异的概念

差异是绝对存在的。同运动一样，差异也是物质存在的方式，它是物质世界的一种基本规律，世间万物无不存在差异。由于地理环境、历史传承以及经济发展等因素的不同，世界各国形成了差异巨大的文化特征，这种多层次的文化差异也在很大程度上影响着各国的社会经济活动（赵向阳等，2015）。可以说文化差异是划分不同国家、不同民族，甚至不同企业的一项重要标志，正是由于文化差异的存在，企业才会实行不同的竞争战略，也才会出现不同的竞争结果。

对于造成文化差异的原因，学术界的见解并不一致。目前存在四个最具影响力的跨文化理论，它们各自提出了划分文化差异的方法及维度，这四大理论对我们认知、解释与预测特定群体的文化行为起到关键的指导作用。它们分别是：Kluekhohn（1962）的六大价值取向理论、Hofstede（1980，1991）的文化维度理论、Triandis（1994）的个体主义—集体主义理论以及 Trompenars（1993，1995）的文化构架理论。

较早提出跨文化理论的是美国人类学家——Kluekhohn（1962），发表在《价值取向的变奏》一书中。他从自己的研究出发，指出不同国家和民族在六大问题上有截然不同的观念，这些不同观念对他们生活、工作的态度和行为产生显著的影响。他认为，人类面对着人们对人性的看法、对自身与外部自然环境的看法、对自身与他人之关系的看法、人的活动导向、空间观念、时间观念六大问题，各个文化群体对六大问题的价值取向和行为方式就反映出其特定的文化特征，据此可以绘出不同文化群体的文化轮廓图，以区分不同的文化。至今，跨文化理论中最具影响力的理论当属荷兰管理学者 Hofstede（1980，1991）提出的文化维度理论，他通过对 IBM 公司的研究发现了影响雇员工作价值观和工作态度的五种国家文化因素或维度：个体主义与集体主义（关注个体利益还是集体利益）、权力距离（对社会或组织中权力分配不平等的接纳度）、不确定性回避（对事物不确定性的容忍度）、男性气质与女性气质（追求物质、权力还是人际和谐、生活质量）、长期取向与短期取向。Triandis（1994）具体针对个体主义—集体主义提出五个重要方面，一是个体对自我的定义，二是个人目标和群体目标的相对重要性，三是个人态度和社会规范决定个体行为的相对重要性，四是完成任务和人际关系对个体的相对重要性，五是个体对外群体和内群体的区分程度。Lloyd 和Trompenars 提出的文化架构理论则认为国家和民族文化差异主要体现在七大维度上：普遍主义与特殊主义、个体主义与集体主义、中性与情绪化、关系特定与关系散漫、注重个人成就与注重社会等级、长期与短期导向、人与自然的关系。

周忠华等（2011）认为文化差异取决于文化生境和文化进化两大因素，文化生境体现为文化差异的生成元，文化进化体现为文化差异的生成性。在文化生境层面，文化差异是毋庸置疑的，正如脱胎于自然的人会受到母体的制约，自然同样制约着人类行为的初始选择。文化作为人类的生存方式，从最初起源便开始受到自然的制约，也就是说，任何一种文化的产生、演变和发展必将在特定的地理环境中进行。不同的物质生产方式源于不同的自然环境，同时不同群体的生活方式和思维方式又被不同的物质生产方式深刻影响着，在不同的生活和思维方式下生存的人们，在风俗习惯、行为特征及相应的社会制度上表现迥异。故而文化生境对文化产生和发展具有既原初又根源性的影响。在文化进化层面，文化差异更是作为区分不同文化存在和价值的重要标志。主要体现为两点：一是文化系统的自组织超循环逻辑为文化变异提供了条件；二是文化以螺旋式发展避开了"单向"的逻辑形式，而体现出文化内在自我否定与自我发展机制的辩证逻辑。

纵观文化的历史演进历程，我们可以发现，一方面文化的普适性和普世性愈加得到彰显；另一方面，实践活动促使世界分化，文化之间的交互作用关系复杂多样，而且文化选择更加凸显自身的个性，使文化具有更多"自由个性"的发展机遇和空间，因而完全无差异的同质化的生存方式是不存在的。

在文化多元异质、差异凸显的当代社会，文化差异性和文化多样化比过去任何时期都更为明显，然而，这并不是全部事实。差异还为认同的产生提供了前提：认同的动力就蕴藏在这类差异、区别与分化之中，认同又是文化的普适性与普世性存在的基础，寻求和构建文化认同是文化调适的重要机制。所以，文化差异为交互认同成为可能构建了前提条件，通过文化认同，文化身份得以完成确认，并在身份确认过程中寻求文化存在和发展的意义。因此，我们说文化在差异中发展可以促进文化自身的发展和不同文化的借鉴互补，共同推动社会进步，彰显时代特色。

二　企业文化差异

企业文化差异具有地域、民族文化差异的属性，也具有自身独特的内涵。企业文化差异涵盖企业的各个领域，可以说，企业文化差异正是企业各方面特征的集中反映，对企业文化差异的研究不仅有助于我们认识差异，也有助于我们更好地避免冲突并利用差异形成协同。

（一）企业文化差异的内涵

文化差异指在不同文化背景下的特定人群因为遵循不同的价值评判标准和行为准则，所以对相同事物表现出不同的态度和行为。企业文化差异则是指，一定社会文化背景下的企业成员在长期生产经营过程中逐渐形成不同的基本信仰和价值观，并以此为核心所形成的管理制度、行为规范、经营风格、工作作风等方面的不同。

文化差异可以划分为国家层次、民族层次、企业层次中的文化差别。例如，美国、英国、法国、德国、日本等资本主义国家，崇尚自由、尊重市场机制、强调自由主义经济，这是这些国家文化的相似面；但它们的企业在日常运作方式、赋予工作意义、员工管理风格、利益相关者的利益分配形式、谈判技巧等方面，又存在很大的差别。我国企业文化的主要特点是儒家文化，这与国外企业文化，尤其是欧美的企业文化明显不同。所以受外部环境和企业成长经历的影响，中外企业在基本信仰、价值观、制度规范、经营风格上存在较大差异。

企业文化差异具有稳定性的特征，可以在一定范围内长期存在。同时，文化差异不存在"贵""贱"之分，文化差异有其存在的必然性和合理性，对待文化差异的正确态度是相互尊重。所以，企业特别是跨国企业大可不必完全消除组织内的文化差异，反而合理地借用文化差异可能带来意想不到的促进效果。原因在于，在全球化的大背景下，公司内部管理日益需要文化差异的冲击，在差异中激发企业的生产经营活力和发展动力。尤其是知识经济下的创新型组织和共同价值观下的文化多样性不正是激发创新思维、增强企业创造力的一种关键因素吗？

企业文化差异源于文化产生的特定背景和历史，有其存在的必然性和合理性。同时，企业文化差异是区分不同企业的重要标志，文化差异促生了企业不同的经营战略和实施结果，并给经济生活带来活力。优秀企业文化的熏陶往往可以帮助企业树立正确的经营观念，制定正确的经营战略，并最终取得满意的经营绩效。在经济全球化的过程中，企业文化受到一定的冲击和影响，企业文化差异凸显，对待文化差异我们应该以相互尊重为基本前提，避免文化冲突的发生。

（二）并购企业中文化差异的构成

企业文化通常被视为企业或企业管理的灵魂。任何一家企业在成长的过程中都会形成独特的文化，而企业并购及其整合中的大量冲突往往就源自文化的异质性。文化差异既依附于文化的各个层次，也依附于企业的环境、组织、管理及经营等各个层次。各个层次的文化差异都可能成为并购中文化风险和文化冲突的来源。这种差异性表现在以下三个方面。

1. 并购企业自身特有的文化风格差异

企业所在的社会文化背景不同会形成各自独特的文化，即使是在基本相同的社会文化背景下，不同企业也会由于企业个性的不同而表现出企业文化的差异。并购企业与被并购企业在成长过程中逐步形成的经营管理模式，在企业并购后并不能立即整合，很可能在相当长的一段时间内各持一端，所以并购中的文化冲突在所难免。并购企业经常认为自己是优势企业，被并购企业要按照自己的经营管理模式来行事。其实，并购企业的这种优越感限制了它们的正确思维，忽视了被并购企业固有的长处；而被并购企业则会认为被剥夺了用原有方式处理事情的权利，在企业中的地位大不如前，自然会产生抵触情绪，如果缺乏正确引导，就必然产生大量内耗。

2. 并购企业所在的区域背景差异

企业的生存与发展都有其相应的载体，这个载体基于社会的宏观背景。文化的差异性不仅体现在企业文化的差异上，而且体现在企业生存发展的国家、民族、产业及地域的文化差异上，不同的国家、民族、地区形成了适应各自不同背景的文化，一个组织不可能脱离它的社会文化背景及一定的职业文化背景而存在。李善民等（2019）认为，企业所在地的文化环境可能在更加宏观的层面上对企业决策产生影响。企业文化与民族文化有着重要的联系，企业文化在民族文化的大熔炉中是一种从属文化，是以民族文化为土壤的。在长期的发展过程中，各国形成了自己典型的民族文化。在日本，企业文化的中心内容是尊重人、相信人，在企业中制造一种家庭组织气氛，注重情感教育，培育人的忠诚精神。所以，日本企业文化的首要表现是敬业精神，如"社风""社训"等就是企业员工的精神支柱，是增强员工凝聚力的全部意识形态的总纲。在美国，个人主义盛行使经理和员工的流动比较频繁，对权威主义的崇尚使企业领导喜欢运用权力影响，造成职工对其崇敬、服从、畏惧的心理，树立英雄形象，并充分利用自己的影响做出重大决策。同时美国是一个注重法制的国家，企业与员工通过契约合同的形式明确利益关系，人们之间的矛盾纠纷一般也都依靠法律来解决。和日本企业相比，美国企业较少强调情感管理，员工之间是一种利益竞争关系。东西方文化的差异，在企业并购中起到不可忽视的作用，即便在同一个国家，也会因为区域文化的不同而对企业并购造成影响。许多跨国、跨地区并购企业的失败，问题并不是出在资金和技术实力方面，而是在文化的整合方面。

3. 并购企业的企业家和员工的个体文化差异

每个人的思维模式都是不同的，尤其是企业的创始人、CEO等。李善民等（2019）从文化的角度揭示了CEO在企业并购决策中的重要作用。作为企业发展的决策者和掌舵人，企业创始人和CEO的创业意识、管理风格、经营理念、个人魅力和胆量等都直接影响到企业独特文化的形成。其实，每位企业领导者所做的决策和措施都在无形中指引着企业文化的产生和发展。赵炳贤（2002）曾说过："企业的核心能力具有很强的路径依赖性，是不同的技术系统和管理系统的有机组合，其形成往往体现了企业刚成立时的第一个主要经营项目和企业创始人的个人性格等特点，这些特点都会因为时间的沉淀植根于企业的经营价值观念中。

同样，员工在进入某家企业之前就已经在他的"生活圈"生活多年，受到各自所在社会的民族、种族、宗教以及社会文化等因素的影响，他们在进入企业后，同样也受到了其所从事工作带来的职业文化熏陶。这种"生活圈"和"工作圈"相互作用的"社会化"过程，使每位员工形成了独具个性的特征。事实上，这种"社会化"在每个人出生的时候就已经开始，而且随着时间的推移不断深化。因此，对于某个社会群体看来是错误、不当甚至是荒诞的行为，在另一个社会群体看来则可能是正常的、必然的，甚至将受到鼓励。这种"社会化"的影响不会因企业间并购而被冲淡或消失，不管公司对员工的选择和培训多么严格，早期"社会化"对他们认知和行为的影响似乎根深蒂固，在企业并购后，由于员工个体文化差异所引起的文化冲突也就在情理之中。

（三）企业文化差异对并购的影响

企业在并购过程中产生的大量冲突往往来自企业文化的差异性，企业文化差异对并购的成功与否至关重要。Habeck 等（2000）认为，在兼并和收购交易中，不论是在完成前还是在完成后，"文化差异"都是最常被提到的失败原因。王淑娟等（2015）认为，并购企业与被并购企业之间的文化差异对于并购后整合，特别是文化整合具有重要影响，而文化整合是并购整合能否成功的关键。蔡宁（2019）认为文化差异既可能增加并购的整合成本，也可能带来并购双方之间的学习效应。并购企业中的文化差异是一种客观事实，会给企业的生存与发展带来负面影响也是一个不争的事实，但是过去人们关注更多的是其负面影响，并提出了许多解决的办法和策略。我们认为，在对文化差异的影响进行分析时，既要看到文化差异所带来的负面影响，也应当充分认识其积极的一面，要学会利用它将不利因素转为有利因素，为企业的发展进程起到积极的作用。

1. 企业文化差异对并购企业的积极作用

企业文化差异是文化多样性的体现，并购企业可通过共同的"杂交优势"促进企业创新。文化多样性是人类社会进步和发展的动力所在，也是并购企业进一步发展的动力所在。西方史学家 Burckhardt（1860）在《意大利文艺复兴时期的文化》一书中指出："文化的多样性是推动人类进步不可缺少的佐料。"正因为古希腊是一个有着复杂民族成分的混合种族，才有了古希腊的高度文明。我国春秋战国时期诸子百家的文化纷争就极大地推动了当时的文化繁荣。企业文化的多样性之所以成为推动企业发展的动力，原因就在于不同文化能扩大员工的视野、丰富员工的思想、提高企业员工的创新意识和创新能力，从而取其所长，聚合成一种新的运行机制和管理模式，促进企业的进一步创新和发展。

企业文化差异不仅有助于增进人们的理性态度，还能够暴露企业存在的问题，从而有助于解决阻碍企业发展的问题。企业文化虽已成为企业发展的巨大精神动力，但不可否认，在企业发展的过程中，总会不断出现一些不易被发现而又可能阻碍企业继续发展的问题，特别是过去一些实力较强的大企业，往往会夜郎自大。并购后文化差异导致的文化冲突，有助于撕开这层神秘的面纱，使并购的各企业变得更加理性，既能看到自身所短，发现他人所长，摆脱蒙昧的意识状态，又能理智地对待企业并购后所存在的各种新情况、新问题，能用科学的态度和方法去排除企业发展中的阻碍，从而实现"互敬互爱""白头偕老"。

企业文化差异能活跃组织氛围，增强企业活力，丰富和娱乐员工的生活。并购企业中所呈现的多种多样的文化和丰富多彩的生活方式在与原有企业文化的冲突中显示出自身的价值，从而为员工提供了文化选择和生活方式选择的空间。人类作为文化的动物，不仅要不断地创造自己的文化与生活方式，更要不断地体验别人创造的文化与生活方式，正是在这样的多样性体验中，人类才感受到自己能力的无限性与生命的乐趣。虽然不同的企业文化和不同的生活方式给员工造成了极大的心理冲击，但也留下了许多愉快的回忆和感受，增加了员工的阅历，丰富和娱乐了员工的生活。员工在多种文化的相互撞击下，内心变得更加丰富、更加充满活力和朝气，最终给并购企业带来生机和活力。

2. 企业文化差异对并购企业的消极作用

文化差异易产生"文化冲突"，影响并购企业的和谐发展。如果并购企业的管理者和员工不能相互理解，他们之间就会越来越疏远，从而增加他们之间的社会距离，自然就会影响沟通，这是由文化差异导致的"文化冲突"。管理者如果不能正确面对这种文化差异诱发的文化冲突，对职工采取情绪化的或非理性的态度，职工也会采取非理性的行动，这样，误会增加，矛盾加深，对立与冲突就成为必然，也就难以实现企业的和谐发展。

企业文化差异会导致并购企业市场机会的损失和机构运转的低效率。价值取向的差异，必然导致不同文化背景的人在行为方式上有所不同。许多跨国公司由于经营区位和员工国籍的多元化，与日俱增的文化冲突就会表现在公司的内部管理上和外部经营中。企业中的文化冲突主要表现在思想观念、行为方式、管理方法、管理程序及组织沟通等方面，造成思想难统一、行动不一致、管理方法混杂、管理程序混乱、组织沟通不畅等诸多问题。在内部管理上，不同的价值观、不同的生活目标和行为规范必然导致管理费用的增加和组织协调难度的增大，甚至造成组织机构的低效率运转；在外部经营中，文化冲突的存在使跨国公司不能以积极和高效的组织形象去迎接市场竞争，往往在竞争中处于被动地位，甚至丧失许多市场机会。

企业文化差异使并购企业"国际化"战略的实施陷入困境。"国际化"战略是并购企业在世界范围内提高经济效益、增强全球竞争力的重要步骤。"国际化"战略是企业发展到高级阶段的产物，它对并购企业的经营管理提出了更高的要求。为保证"国际化"战略的实施，并购企业必须以全球性的组织机构和科学的管理体系作为载体，但是，目前大多数并购企业存在文化冲突和缺乏集体意识，导致组织程序紊乱、信息阻塞、各部门职责不分、相互争夺地盘、子公司与母公司的离心力加大，使母公司对子公司的控制难度增加，从而造成并购企业结构复杂、运转不灵、反应迟钝，严重影响了"国际化"战略的实施。

三　企业文化差异测度——Denison 企业文化测量模型应用

第三章对 Denison 企业文化测量模型所选择的维度进行了详细的阐述，其所选维度的可测量性较强，被广泛应用于企业文化测量中。该部分主要介绍 Denison 文化测量模型的度量模型和基准体系，并在此基础上根据本书的需要，依托权变思想对该模型进行改造，界定出基于权变的企业文化发展状态。

（一）度量模型和基准体系

Denison 企业文化测量模型主要运用统计学概念上的百分位数方法，即用调查的原始数据与基准数据进行比较，得出被调查企业的相对参考数据，即该企业在各个文化特征的各个子维度的百分位数，再通过加权平均的方法得出该企业总体的文化发展状态。例如，某企业在"使命感"文化特征下的"战略方向"这一维度的量表得分分别是 3.4、3.5、3.8、4.0、4.1，通过与相应维度的标准值进行比较后得出的百分位数分别是48、43、34、23、70，那么这五个百分位数的加权平均数就是该企业在"战略方向"这个子维度的评分。

Denison 企业文化测量模型构建了一个企业文化测量标准体系，将500 多家企业及组织的调查结果组成数据库，其中包含 60 个项目的标准平均值和 12 个指标的标准值。根据前一节所描述的不同国家文化对企业并购后整合的影响，我们也可以将数据库中所包含的企业进行分类，来计算我们需要的标准值。

（二）基于权变的企业文化差异测度

通过以上的百分位数计算方法，我们可以得出某个企业在各个具体维度上的评分。但是由于具体的行业差别，企业文化发展状态界定在各个维度的侧重有所不同，如果采用简单平均算法来计算最终得分，可能会在不同行业之间存在明显的差异。例如新兴的互联网企业所面对的内外部环境变化较快，因此在"适应性"这一文化特征上会有所侧重；而"一致性"方面的侧重较少，因为互联网企业更加看重企业内部的多样性，从而推动组织的变革和发展。因此，在衡量该类企业的文化发展状态过程中，我们可以将适应性的子维度的权重调高，将一致性的权重调低，这样可以更好地反映具体企业在行业中的文化发展状态。

基于 Denison 文化测量原始模型和以上所阐述的行业权变思想，我们将原有的文化测量模型进行了适当的改造，在每个子维度的评分基础上赋予权重。因此，我们可以根据不同行业的具体情况，对各个子维度的权重进行调整，然后对子维度进行加权平均计算，从而得出企业在该文化测量模型下的得分情况（见表 4 - 1）。

表 4 - 1 Denison 企业文化测量改进模型

文化特征	子维度	标准得分	权数	标准得分 * 权数
参与感	授权	10	1	10
	团队导向	20	1	20
	能力发展	30	1	30
适应性	推动变革	40	1	40
	学习型组织	50	1	50
	关注顾客	60	1	60
使命感	战略方向	70	1	70
	战略目标	80	1	80
	愿景	90	1	90
一致性	组织承诺	100	1	100
	协调和整合	110	1	110
	核心价值观	120	1	120
权数合计			12	1
加权分	65			
文化状态	亚状态			

资料来源：作者根据资料整理。

最后，我们认为最终得分排名前 20% （80 分以上）的企业，其文化发展状态处于基础阶段；排名 20% 至 50% （50 分到 80 分）的企业处于亚状态阶段；排名在 50% （低于 50 分）之后的企业则处于发展阶段。

根据测量的企业文化得分，可以定量衡量并购方和目标方的企业文化差异，但是定量差异只是一个数值，还要根据七维李克特量表具体分析双方在十二个维度方面的差异。

第二节 并购中的文化匹配

对于并购双方而言，文化匹配性就像婚姻中的"择偶标准"，文化的匹配程度高往往会降低并购后整合的风险，提高并购的成功率。文化的匹配程度来源于企业文化差异的大小，但并不决定匹配程度，匹配程度决定于企业需要什么样的资源、什么样的合作伙伴。

一 文化匹配的概念界定

企业并购是产业发展和企业竞争的结果，是一种有效的资源配置方式。从企业文化的角度来看，企业并购不仅是一种经济行为，也是一种文化行为。为了实现成功整合而在并购前对文化差异进行测量研究并基本判断匹配性，具有极大的现实意义。

匹配这一概念较早出现在组织理论中，并由此形成了一个管理派别——权衡理论［（The Contingency Theory）Ginsberg，Venkatraman，1995］，主要分析企业的组织结构是否与企业的外部环境匹配的问题，提出组织形式（或领导风格）要根据组织的内外环境变化而随机应变。后来这一概念被引入战略管理中，成为战略管理研究的重点。安索夫经过多年的研究提出了权变战略成功法则，即企业的战略行为与其外部环境达到最高的匹配度时，企业才能获得最大利润；Zajac（2012）等则进一步提出动态战略匹配的概念，认为应同时考虑环境因素和组织因素，并随着时间的变化而开展战略变革以更好地匹配变化的环境。但在实际中，如果变革不足或过度变革，反而会造成组织绩效下降。

最早将匹配概念引入并购领域的是 Salter 和 Weinhold（1979），他们根据双方的战略匹配性将并购分为相关并购和不相关并购。和战略管理领域中的匹配概念不同的是，并购中的匹配侧重于并购双方的匹配关系。

并购匹配是指收购方确认的目标方资源满足收购方需求的程度（张秋生，2010）。Jemison 和 Sitkin（1986）将并购匹配区分为战略匹配与组织匹配。Haspeslagh 等（1987）认为，战略匹配只是一个价值创造潜在来源的指示器，并不能决定实际价值的创造，真正决定价值创造的可能更多地来自双方的组织因素。于是，到了 20 世纪 80 年代末，并购中的组织匹配受到学者们的重视，如 Datta（1991）从管理风格、激励制度等方面分析组织匹配，Chatterjee（1992）等提出组织文化相容的原则等。

由此可见，与传统的匹配概念不同，并购中的匹配更多的是侧重于并购双方在战略、组织等方面的增进和互补，以达到"1 + 1 ≥ 2"的协同效应。因此，从主并企业选择目标企业来看，并购匹配分析的实质是求解一个供求关系问题，即目标企业现有的资源等供给能否满足收购方的需求。

当主并方存在较大的需求缺口时，目标方满足收购方的需求程度越高，两者的并购匹配度就越高，反之则越低。

文化匹配被定义为并购双方管理风格、计划方式、历史和发展定位等方面的相似程度。文化匹配程度越高，整合所经历的麻烦就会越少（Jemison，Sitkin，1986；Datta，Puia，1995；Krug，Nigh，2001）。

Cartwright，Cooper（1993）则认为文化兼容比文化匹配的概念更为恰当。文化兼容意味着，作为并购伙伴并非只有文化特征相似的企业才是兼容的。比如，当发现主导方的文化可以提供更多的自由和自主权时，非主导方的成员更可能倾向于融入收购方。Olie（1994）和Veiga等（2000）认为当一个组织的成员认为对方的文化在某些方面更好而不必是相似时，兼容就可以发生。此外，并购双方的文化兼容性除了依赖于非主导方对主导方的接受程度外，还依赖于主导方所偏好的文化适应方式或"组织婚姻"类型。

二　文化匹配的层次划分

企业文化源于企业组织长期的实践活动，两个企业在并购时必然出现两种不同文化的相遇、交汇甚至冲突，这种冲突既有显性的物质、行为文化冲突，也有深层的精神文化冲突。宋耘（2006）认为，并购前对双方企业文化关系进行分析与在并购后采取适当的文化适应模式，对并购绩效具有同样重要的影响。事实上，国外一些公司已十分重视并购前的文化审慎调查，如具有"并购发动机"之称的思科公司在并购团队中就设置了"文化警察"一职，负责评估企业文化的兼容性。

价值观是企业文化的核心，它决定着员工的是非判断标准和行为方式，具有极强的主观性和一定的刚性，一旦两种具有差异性的价值观相遇，往往会产生摩擦和冲突，组织中的每一个体都会出于本能维护自己长期形成的价值观，抵制新的价值观，从而无法形成统一的行为规范，进而影响最终的并购绩效；行为模式衍生于价值观，在并购发生后，原目标企业的员工不得不告别原有的惯例和工作方式，这一改变会给员工带来紧张和压力，他们会自觉或不自觉地维护原有的行为模式，与新的企业文化形成对立和冲突；物质文化反映的是员工对企业并购后新形象、新产品和新业务的认可程度，企业在并购后，原有的以商标、广告、产品包装等物质形式表现出来的企业文化可能发生调整，相应的产品策略、价格策略、促销策略甚至战略决策也要变化，这同样会引起冲突。

企业在进行并购活动之前，应做好企业文化测量与匹配性研究。在实施并购前，要对双方的文化加以重视，尤其注重并购双方的文化冲突渊源，并针对性地进行测量和评价，判断未来合作双方的组织文化差异及匹配度，确定差异给并购方带来的风险和成本，以及在制定应对措施后，再决定是否并购。从而在一定程度上避免并购的盲目性，大大降低并购的风险。

文化匹配的程度越高，整合所经历的麻烦越少（Datta，Puia，1995）。在许多并购研究中，缺乏文化匹配已被看成并购失败的一个可能原因。Weber 等（1996）的研究结果显示文化差异可能对组织绩效产生消极影响；在国内的兼并中，组织文化不匹配导致了较低的管理承诺；而在跨国并购中，两种文化的匹配对兼并的成功更是必不可少。解决并购中组织间文化的匹配性问题，实质是解决组织变革中文化的冲突、促进文化的融合、实现文化的适应。

借鉴文化兼容的观点，这里所说的文化匹配是一个广泛的匹配，它包含了文化兼容的定义，实际上是对文化匹配这个概念的外延。

（一）企业文化匹配三层次模型

企业文化是一个多层次的生态系统。Hofstede（1980）发表了"文化二层次"论，把企业文化定义为价值观和实践的统称。我国学者余世维（2005）则将企业文化划分为周边文化和核心文化两个层次，也称为一般文化和主力文化。Schein（1985）构建了组织文化模型，进一步把企业文化划分为表层、中层和核心层这三层的理念与价值观系统。Brown 和 Dodd（1998）将企业文化具体定义为制度、文化活动和精神层次的整体。Hofstede（1996）曾发表著名的"洋葱理论"，认为文化是包含符号、英雄人物性格、礼仪和价值观的四层次结构。我国学者刘光明（1993）将企业文化定义为具有物质层、行为层、制度层和精神层的四层次结构。此外，Hofstede（1991）的跨文化五维度测评模型将文化层次扩展到对社会责任等外部维度的考查。刘丽萍（2007）在对企业文化匹配的分析中，采用普遍意义的文化三层次理论，将文化匹配定义为具有三个层次的匹配，如图 4 - 1 所示。

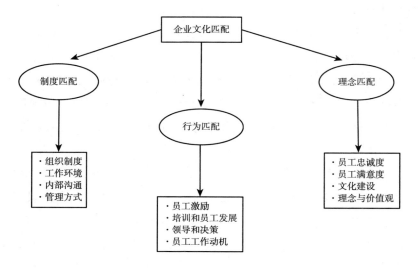

图 4 - 1　企业文化匹配的 3 层次和 12 维度

资料来源：刘丽萍（2007）。

（二）FSV 企业文化匹配层次模型

从含义方面定义文化，价值观是企业文化的核心元素，企业文化就是企业的整体价值观、信念和行为准则。Maslow（1943）将人的需求分为五类，这五类需求像阶梯一样逐级上升，呈现从生理需求满足到心理需求满足、从物质满足到精神满足这一趋势。

五个层次分别是：生理方面的需求，如食物；安全方面需求，如居者有其屋；社交方面的需求，如异性间恋爱；尊重方面的需求，如职业生涯的上升阶梯；自我实现方面的需求，如创造力的实现和满足感。

五类需求可以分为三个层面：第一层面是物质需求，即生理、安全需求；第二层面是行为需求，即社交、尊重需求；第三层面是精神需求，即自我实现需求。基于需求层次理论，王艳（2013）推导出企业文化的三层次理论（FSV 文化理论）：财务指标层次（Financial level）、战略资源层次（Stragety level）、价值观层次（Value level）。FSV 文化理论的主要内容如图 4 - 2 所示。

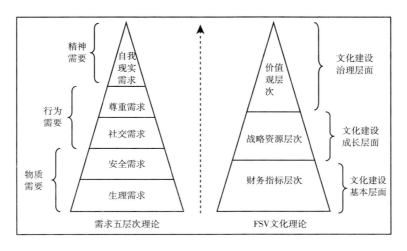

图 4 - 2 马斯洛需求层次与 FSV 企业文化层次关系

资料来源：王艳（2013）。

一是基于需求呈阶梯型和递进型，推导出文化层次呈阶梯型，底层文化是上两层文化的基础。这一层次文化为财务指标层次（Financial level）文化，是文化建设的基本层面文化。

二是基于人的需求是其行为的动力，推导出第二层文化是在底层文化实现的基础上才予以实施的。这一层面为战略资源层次（Stragety level）文化，是伴随企业战略目标实现而成长和丰富起来的，使企业文化呈现多元化格局。因此，这一层次文化是一种成长性文化，它的多元化特征也说明企业需要植入核心文化，建立统一的整体价值观。

三是基于人的精神需求是终极需求，推导出文化有核心和灵魂，它将构成企业文化的最高境界。核心文化是通过对多元化文化的治理，使企业树立统一的整体价值观，该层次文化为文化的第三层次（Value level）。

在 FSV 文化理论中，财务指标层次文化主要指企业的生产经营结果、经营风险和现金流的充裕度、实际控制人的性质及股权结构，代表企业文化建设的基本层面。战略资源层次文化是指与企业实现成长的战略方式相匹配的文化，如在同一区域进行扩张、实施多元化经营策略、战略调整以关联方为主要目标等战略落地的过程中，进行的文化建设、渗透和结合。一方面，战略资源层次文化必须在企业财务指标情况较好的情况下才可能实施；另一方面，战略资源层次文化是一种成长性文化，将使企业呈现多元化文化格局，也需要用核心文化予以规范和统一。价值观层次文化是文化建设的灵魂和核心，指企业持有和分享整体价值观的情况、创新度及创新度的持续性、诚信度及诚信度的持续性，是体现企业价值观的最核心元素。随着战略目标不断实现，企业文化呈现多元化趋势。这种文化的多元化格局，造成企业内部价值观不一致，经营理念不相同，内部交易成本高，文化整合困难。因此，对多元化文化进行治理，树立统一的整体价值观，是并购文化从冲突走向适应的必经之路。

三　文化匹配的维度

Nahavandi 和 Malekzadeh（1988）的研究将文化整合看作并购双方互动的过程，并购方要想取得良好的整合效果，必须同时考虑被并购企业成员的认同度。基于 FSV 文化理论，考察目标企业与自身并购匹配度主要基于三个维度：一是战略资源因子，即目标企业是否与自身战略一致、相关并购还是非相关并购、地区和行业是否匹配以及双方企业基本性质的匹配；二是文化强度因子，即考察并购双方国家文化的差异、并购方企业自身文化强度、对自身文化的认可度和对多元文化的宽容度等；三是财务指标因子，即衡量并购双方的生产经营成果、经营风险和现金流的充裕度，为企业的表层文化，是战略层次和文化层次的载体和表现。本书主要侧重文化视角的并购后整合研究，对财务指标部分不做详细展开。

1．战略资源因子

根据战略运营匹配的观点，我们将代表战略资源类因子的文化差异度，用地域性差异、行业性差异和企业差异三个维度衡量，以此评估并购双方的战略匹配度。

（1）地域性差异

地域性差异反映了并购双方所处地理区域的地理属性及其相关信息。在经济全球化加速发展的今天，企业的经营范围已不只局限在本地区、本国，并购活动范围也随着经济全球化的进程不断扩大。

Weber 和 Green（1990）曾从地域的视角研究了企业并购行为，发现地区经济越繁荣，并购活动发生得越频繁，外部控制率即外部的被收购方占本地区收购方数量之比越高。地域因素包括自然地理位置和经济地理位置两方面，具体涉及当地环境状况、自然资源的分布、交通通信状况、经济发展水平、市场自由程度、经济法律政策、文化素质水平等诸多因素。

同一区域内的企业在人文环境、精神风貌、风俗习惯、价值取向等方面具有相似性，内部化后的组织协调起来相对容易得多，企业为此付出的组织协调成本就少得多。不同地域有着当地特色的社会环境、风俗人情，处在其中的企业文化也会受到当地文化的影响。从基于区域产生的文化吸引力来看，同一区域内的企业呈现文化趋同性（Carroll et. al., 1999），不同区域的企业文化则呈现较大差别（Morosini et. al., 1998；Ahern et. al., 2015）。当收购方和目标公司在同一区域，具有同一属性时，文化差异度小；当收购方和目标公司不在同一区域，不具有同一属性时，文化差异度大。所以，企业与其地理属性相匹配区域的并购能力要优于其他地区。

（2）行业性差异

不同行业、不同性质的企业都有自己独特的文化取向，行业因素对企业文化的影响也很明显。比如手机零部件制造行业，采用流水线标准化生产，人歇机器不停，它可以统一工作时间，可以施行打卡计时的考勤制度。但是这种制度对于游戏开发这种知识型、创意性行业行不通，因为对于这些行业的员工而言，在晚上工作可能更清醒并更有创造性，如果对员工的工作时间限制得过于严格，反而会破坏他们的工作积极性，影响他们创造性的发挥，最终造成事倍功半。因此在企业并购过程中，当原有的企业文化被打破，新的文化进入时，不同取向的文化模式很难在短时期内自发地融合起来，甚至在一段相当长的时期内，两者会继续在各自原有的群体中发生作用。在未对彼此的文化进行充分了解和沟通之前，并购双方在经营过程中必然产生各种各样的矛盾和冲突，这些冲突会给企业的并购带来双面的影响。这里我们将横向并购和纵向并购定义为相关并购，收购方与目标公司行业差异小、文化差异度小、并购后整合成本预期较小，双方多采用吸收、渗透的整合模式。多元化并购定义为行业非相关并购，由于两个公司身处不同的行业，经营理念相差较大，文化差异度大，并购后整合成本预期较大，所以多数采用分离式的整合模式。

目前，我国跨国并购行业相对集中，主要涉及两大领域，一类是资源类并购，另一类是电信、IT、机械、家电、石化等国内优势产业的名牌企业对国外同行业企业的并购，这些领域多采用并购后逐步渗透的整合模式。

（3）企业差异

①企业规模。我国当前阶段的跨国并购活动多由规模较大的国有企业和实力雄厚的民营企业发起。首先，企业规模越大越能发挥规模经济优势并获得超额利润，而且规模越大的企业意味着其具备更强的市场实力，从而可以降低实际运营中存在的种种不确定性，故而获得较高的利润率；其次，企业规模越大，其所具有的多元化的综合实力越强，因此，在对外直接投资的抉择面前，规模大的企业相对而言更加具备应对跨国并购复杂性的能力，故而更倾向于采取海外并购模式实现企业的快速国际化；再次，海外并购会涉及大量资金，企业规模越大越容易从银行获得贷款，所以更可能进行海外并购。规模大、实力雄厚的企业往往具有较为成熟的企业文化，员工对本企业的文化认可度较高，在整合过程中希望占据主导地位，并采用吸收的模式进行并购后整合。而对于我国企业收购欧美企业，因我国文化在欧美国家认可度较低，本身存在文化劣势的情况，所以进行强行吸收整合并不现实，可能引起双方的冲突，企业因此更多会选择逐步渗透整合的策略。

②企业性质。当目标公司原控股股东为上市公司，而自己为非直接上市的公司时，也将其定义为上市公司，因为上市公司的控股子公司按照上市公司的行为准则经营发展，与作为本次并购的收购方上市公司的企业性质相似，文化差异度小。当目标公司为非上市公司，且其前股东也不是上市公司时，作为收购方的上市公司并购非上市公司，两者企业性质不同，文化差异度较大。

③经济主体。在我国，受社会属性和政治制度的影响，国有经济主体性质的企业与民营企业在企业文化上形成了不同的风格，两种性质的经济主体企业文化差异性较大。当收购方与目标方同为国有企业或民营企业时，其经济主体性质相同，文化差异度小。当收购方与目标方为不同经济性质主体时，文化差异度大。

2. 文化强度因子

跨国并购受到国家文化和企业文化双重差异的影响，为尽可能降低由文化差异带来的整合风险，应对并购双方的文化匹配度进行有效评估，以筛选符合企业战略和益于并购后整合的目标企业，基于此，本章从组织文化类型、企业文化强度和企业文化宽容度等方面进行文化匹配度评价。

（1）组织文化类型

组织文化主要包括权力文化、角色文化、任务文化和人本文化四种类型（Cartwright，Cooper，1993），如表4-2所示。权力文化关注权力的集中性和意志的统一性，要求在关键时刻果断做出决策；角色文化注重层级划分，强调内部秩序和制度；任务文化是以任务为中心和导向，具有宽松的组织环境；人本文化强调机会平等，注重对组织成员的培养。

Cartwright和Cooper（1993）认为从权力文化到角色文化、任务文化，再到人本文化，员工的受限程度逐渐降低，而员工对文化的忠诚感和认同感逐渐上升。所以在抉择是否进行文化整合时，需要将两个企业的组织文化类型纳入考虑范围。

表4-2 组织文化类型及其主要特点

类型	主要特点
权力	权力集中,能迅速做出反应; 在决策制定时,强调个人而非群体的作用; 挑战主要源于专制和压迫; 倾向于靠隐性的而非显性的规则来运作; 员工的激励机制是对老板的忠诚度与担心受惩罚
角色	官僚的、分等级的; 工作实施过程中强调正式的程序、书面的规则和制度; 角色要求与权力边界定义明确; 不受个人的影响,高度墨守成规; 经常感觉自己在组织中可有可无,因为角色比人重要
任务	强调在组织任务中团队的忠诚与热忱的信仰; 组织工作的方式由任务的要求决定; 充满灵活性和高度的自由; 对工作环境非常满意,并赋予其创造性
人本	充分强调机会平等; 组织的存在与运作在于培养其组织成员的成长与发展; 经常存在于社区或联合体,很少存在于商业营利性组织

资料来源：Cartwright，Cooper（1993）。

当并购双方均属权力文化类型时，并购要取得成功在很大程度上取决于合并后的企业对于领导人的选择及领导人的个人魅力。当并购双方都属权力文化类型时，很容易出现激烈的权力纷争，导致并购失败。倘若收购企业属权力文化类型，而目标企业属角色、任务或人本文化类型，则文化吸收或融合将导致严重的文化冲突。倘若收购企业是角色文化，而目标企业是权力文化，则文化吸收很可能会被目标企业接受，因为目标企业的成员会感受到更多的平等和自由，最后的整合效果也会比较好。倘若并购双方都是角色文化，进行文化整合时目标企业不会感到太多的权力限制，最终的文化整合结果也可能比较顺利。倘若收购企业是角色文化，而目标企业是任务文化或人本文化，目标企业需要做出的改变越多，越容易出现剧烈的文化冲突，进而增加文化整合风险，最终导致文化整合失败。倘若收购企业是任务文化，而目标企业是权力文化、角色文化或任务文化中的任何一种，那么文化吸收或融合模式很可能带来较好的文化整合效果。尽管目标企业的一些管理层会由于权力的失去而失落，可是大多数成员会因为一种更加人性化文化的到来而采取欢迎的态度。假设目标企业是人本文化，文化整合则很可能出现问题，因为人本文化更加强调人自身的发展，这种情况可能不是非常有利于团队文化的形成。

当并购双方文化不同而采取文化吸收或融合的整合模式时，可能出现的结果如表 4-3 所示（Cartwright，Cooper，1993）。文化分离的融合模式不需要并购双方做出文化调整，因而不太可能出现文化冲突，所以在上面的分析中未对文化分离的整合模式做过多说明。

表 4-3　不同类型文化整合可能出现的结果

收购企业文化类型	目标企业文化类型	可能出现的结果
权力	权力	可能出现问题
权力	角色、任务、人本	可能损失惨重
角色	权力、任务	潜在效果良好
角色	任务	可能出现问题
角色	人本	可能损失惨重
任务	权力、角色、任务	潜在效果良好
任务	人本	可能出现问题
人本	权力、角色、任务	潜在效果良好

资料来源：Cartwright，Cooper（1993）。

（2）企业文化强度

①愿景。所谓愿景就是告诉人们"企业是什么"，将做成什么样子，它是对企业未来发展的一种期望与描述。愿景是架构企业战略和企业文化的桥梁，一是因为企业战略最重要的是规划企业未来的发展方向，这个方向长远看就是愿景，短期看就是企业的战略目标；二是战略要解决如何走对方向、如何走正确的路以及如何走的问题，文化则是主要解决如何在正确方向指导下凝聚人心、共同奋斗的问题。所以，企业文化建设的首要任务是构建愿景。

②使命。使命就是企业存在的价值、理由或是要解决企业为何存在的问题。它主要包括两个方面的含义：一是企业自身存在的意义；二是企业存在对于社会的意义。通常，良好的使命能就组织的整体定位表明态度，进而吸引组织上下充满激情地参与和投入；能在愿景共识的基础上协调分歧，通过使命认同以减少内外部矛盾冲突；同时使命也为组织确立了社会责任，它阐明了企业应遵循的伦理和经济责任。

③价值观。价值观回答了"企业如何生存"的问题。价值观是企业为追求愿景、实现使命而提炼出来并予以实践的用以指导企业上下形成共同行为模式的精神元素，价值观是企业用以判断企业运行过程中大是大非的根本原则，价值观是关于企业赞赏什么、批判什么、提倡什么、反对什么的真实写照。企业价值观的构建和形成需要企业最高领导层的高度重视、身体力行，同时在日常生产经营活动当中加以贯彻与体现。企业价值观一旦形成并且为广大员工所接受，便会对企业及其员工的行为起到非常有力的导向作用。

④诚信因子。不对称信息经济学的经典理论认为，若卖方难以向买方证明物品的质量，或买方不能承诺履行支付义务，不对称信息将使市场萎缩或消失，此时信誉就成为克服由信息不对称引起的市场失效的重要机制之一。信息是决策的基础，信誉是经营的前提。正如伟大的哲学家苏格拉底所说："好名声是你可能拥有的最宝贵财富，因为声誉就像火种一样，保留火种较为容易，重新点燃火种就有点难了。"周黎安等（2006）发现信誉对物品拍卖成功的概率有显著的正向影响。Madhavan（1996）发现信息披露能够降低股价波动性。信任是降低交易费用的重要机制。一个企

业声誉好、形象好，其交易费用如信息搜寻费用、谈判费用、融资费用会大幅降低。一个信誉良好的企业也容易得到银行的贷款和政府的支持。刘睿智和张鲁秀（2018）认为企业声誉能够提升企业的竞争能力，是企业持续竞争优势的重要来源。换言之，企业想拥有良好的竞争优势，必须建立良好的企业声誉。

⑤文化成熟度。企业文化成熟度是指企业文化发展的阶段。企业文化发展程度与企业的背景、历史、企业规模和企业管理层等因素有很强的关联性，当并购双方企业文化处于不同文化发展阶段时，会选择不同的整合策略和模式，如表4-4所示。并购方企业处于文化发展高级阶段，而目标企业处于低级阶段，多通过吸纳式的整合模式进行文化移植；并购方文化发展阶段处于低级而目标方处于高级阶段，多采用渗透式的方式，相互保留优秀的文化进行补充，形成适合双方的文化；并购双方都处于文化发展较低阶段，多以收购方企业文化为主进行促进式整合，进而吸收目标企业文化中的优秀部分；当并购双方都处于文化发展高级阶段时，则在并购初始时很难进行文化融合，多采用分离的模式。目前，我国参与跨国并购的企业多是有国家资本背景的大型央企、国企和实力雄厚的大型民营企业，这些企业的文化普遍较为成熟，但在并购欧美企业时，因为欧美地区对中国企业文化的认可度低，处于文化逆势，所以多采用先相互适应再逐步渗透的策略。

表4-4   并购双方文化发展阶段所对应的整合模式

| | | 目标企业的文化发展阶段 | |
		低级	高级
并购企业的文化发展阶段	低级	渗透式	促进式
	高级	吸纳式	分离式

资料来源：作者根据资料整理。

（3）文化宽容度

并购双方企业文化匹配性对并购后整合模式选择的影响还表现在并购双方对多元文化的容忍度方面。根据企业对文化差异的包容度，企业文化可以分为单一文化和多元文化两种。单一文化的企业追求文化的统一性与行为方式的一致性，反对组织内成员持有不同的价值观，并且努力消除文化中的差异。单一文化的企业管理者认为，文化差异的存在会造成沟通障碍、增加文化冲突和歧视、减少团队吸引力和归属感等问题，给企业的生存和发展带来威胁，比如给企业运作过程中的效率和有效性造成负面影响等。因此，当并购方企业属于单一文化类型时，由于强调目标、战略和管理经营的统一性，它们极有可能要求被并购方放弃原有文化并全盘接受自己的文化，而采用吸纳式的整合模式。如果并购方文化具有明显的优越性，能吸引对方员工，这种文化灌输可能是有效的；但如果被并购方企业也具有强势型的单一文化，它们就会遭到抵制或导致激烈的文化冲突。多元文化企业追求的是多种文化之间的融合和促进，因此其不仅允许多元文化的存在，还加以有意识地培养和鼓励员工的多元文化。拥有多元文化的企业则认为，文化差异是企业的财富，不同文化主体可以相互学习，文化差异的存在为公司创造了革新的机会并产生了竞争优势。如果并购双方都拥有多元型文化，那么文化整合的最终结果很可能是吸收双方的文化优点而形成一种新的更为优秀的企业文化，以最大限度地实现文化协同效应。

（4）领导集权度

高层领导者是企业的决策制定者，他们参与并监控企业并购的全过程，因此他们的价值判断与行为风格将对企业文化整合模式的选择产生很大影响。依据权力偏好与风险偏好两个维度，我们可以得到以下四种领导风格类型，如图4-3所示。

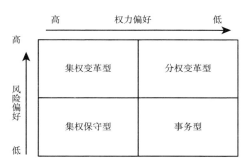

图 4-3　领导风格类型矩阵

资料来源：黎正忠（2006）。

①集权变革型。这种领导风格的领导者具有强烈的权力控制欲，他们领导的企业内部集权程度非常高，作为企业的独裁者，他们很少向下属授权。但与此同时，他们又有着强烈的创新意识与冒险精神，非常容易接受新思想、新事物。

②分权变革型。这类领导者倾向于采用分权式管理，乐于同下属分享决策权，同时他们也拥有高度的创新意识与冒险精神。

③集权保守型。这种类型的企业领导者很看重权力和对下属的控制，他们常常独揽决策大权，同时又谨小慎微，不愿意承担风险，因而他们很少从事组织创新活动。

④事务型。这一风格的领导者能够和下属分享权力，却不喜欢冒险，他们能在既定的目标下以谨慎、稳健的方式管理公司的例行事务。

通过以上对领导风格的划分可以看出，不同领导者对权力和风险的偏好不同。领导者对权力和风险的偏好将直接表现在他们对文化整合模式的选择偏好上（见表4-5）。

表4-5　企业家领导风格与文化整合模式选择

领导风格	偏好的文化整合模式	回避的文化整合模式
集权变革型	注入式、渗透式	分离式
分权变革型	渗透式、分离式	注入式
集权保守型	注入式	渗透式、分离式
事务型	渗透式	注入式、分离式

资料来源：黎正忠（2006）。

我国企业经营者对待企业风险的态度有两种，一种是极度厌恶，另一种则是毫无风险意识；而在西方市场经济国家中，企业强调的是风险与收益相匹配。强势的领导在美国也许会被大家所接受，在日本就不一定会被认同，因为日本更喜欢注重细节并达成共识式的领导风格。所以，在对海外企业并购后整合的过程中，选择符合企业文化整合或变革的要求，并且更能够为海外被并企业所接受的领导人，将对整合效果十分有益。也就是说，我国企业在收购海外企业之后，需要有胆识和魄力聘请国外的企业家来管理新的全球化企业，此举也会使企业文化整合和变革的难度显著下降。在这一方面，联想任命原 IBM 副总裁沃德为新公司的 CEO，就是非常有益的尝试。相反，如若中国企业沿袭过去惯常的做法，是大股东就必须由中国企业的高层领导来担任企业的关键岗位并负责企业的整合，那么其结果可能事倍功半。

第三节　文化协同

并购中的文化协同是并购方企业管理其文化差异的方法，协同作用的解决方法是通过认识并超越并购双方的文化差异来创造管理的新模式。它将企业中的多元文化作为企业的资源与优势加以利用，在保留文化差异的基础上，充分利用其积极的一面，消除、减轻其消极的一面。本部分将主要从文化协同的含义、作用机制以及实现方法三个方面展开具体分析。

一　文化协同的概念

管理学界中首先提出"协同"概念的是美国战略理论研究家 H. Igor. Ansoff，他在 1965 年出版了《公司战略》一书，并提出将协同作为公司战略四要素中的一个要素。其经典公式"1 + 1 > 2"表达了这样一种理念，即公司的整体价值大于各独立组成部分价值的简单总和，这一概念强调了取得有形和无形利益的潜在机会以及这种潜在机会与公司能力间的关系。"当涉及并购领域时，协同被认为是公司与被收购企业之间匹配关系的理想状态，即一个企业通过并购另外一家企业，使整体业绩好于两个企业原来的业绩总和。"他还依据投资收益率公式中的元素，把协同划分为销售协同、运营协同、投资协同和管理协同。

日本战略专家 Itami 等（1987）则把 Ansoff 的协同概念分解成"互补效应"和"协同效应"两大部分。他认为协同就像搭便车，当公司一个部门累积的资源可以被同时并且无成本地应用到其他部门时，就发生了协同效应。互补效应指通过提高实体资产或金融资产的使用效率来节约成本或者增加销售的方式。他们承认互补效应和协同效应经常会同时发生，但是他认为互补效应并不是协同的真正来源，只有当公司开始使用其独特的资源——无形资产（既可能是商标、顾客认知度或是技术专长，也可能是一种可以激发员工强烈认同感的企业文化）时才有可能产生真正的协同效应，并且这种协同效应极难被对手复制，可以给公司带来更为持久的竞争优势。

本书认为，单就文化协同效应而言，应包含两个方面：文化的传播、转移及共享和新文化的创新与衍生。企业文化对并购绩效的积极影响，莫过于文化协同效应的实现，企业文化是并购企业获得"协同效应"的重要因素之一，它与财务协同、管理协同和经营协同一样，都能对企业的资源进行重组和优化配置，使并购价值增加。具体来说，企业的文化协同效应是处于优势的企业文化对稍微处于劣势的企业文化的扩散、注入和消化，从而慢慢达到文化管理上的规模经济效应。或者是通过两种企业文化的相互吸收和融入，择优去劣、要素重组而形成新的强优型文化，从而实现优质文化的增强和放大效应。其实质是建立一种共同的价值理念和行为规范，形成凝聚力和影响力。

文化协同效应形成的基础是一种积极的企业文化对松散文化的可输出性、可重塑性，可能产生强劲的推动力，通过渗透、同化等方式，提高整个企业的文化素质。企业文化协同效应对并购绩效的影响主要表现在以下两个方面。

首先，企业的文化协同可以减少内部摩擦，节约企业内部的沟通成本和监督、代理费用，从而实现并购绩效的优化。一般而言，企业规模与文化协同效应对绩效的贡献是成正比的。也就是说，企业规模越大，绩效的文化协同效应对绩效的拉动作用也就越大。但同规模经济规律类似，这里的规模不是越大越好，而是有限度的，这个限度就是企业文化本身的扩展力和可控力。当企业规模超过企业文化本身的扩展力和可控力时，由于存在企业内部亚文化的冲突和不可控性，文化协同效应也受到限制，内部文化调节成本可能比文化协同带来的效应要高，最终的总成本上升，效率反而下降。

另外，站在企业核心能力的层面来讲，文化协同通过塑造企业核心能力的价值观系统，可以增强企业的文化竞争力。众所周知，优秀的企业离不开优秀的企业文化，优秀的企业文化是企业核心能力的一个重要组成部分。核心能力不仅包括操作层面的，也包括文化层面的，以员工精神、工作理念等形式渗透整个企业。就像巴顿所说的，在由技巧和知识、管理系统、价值观系统等组成的企业核心能力中，价值观系统是核心要素，文化理念是基础。并购企业间文化协同效应的实现是衡量并购绩效的重要指标之一，也是提升并购企业价值的重要途径。

文化协同作为一种管理文化差异的方法，指的是管理人员依据组织成员与顾客个人的文化模式，而非限定其文化差异，以形成组织的战略、策略、结构和管理的过程。这一方法要求管理人员充分认识到构成多元文化的民族之间的相同点与不同点，在管理工作中既不要忽视差异，也不要把差异减少到最小，而是将它看作设计和发展组织的资源。因此，文化协同可以使并购后的企业集团快速发展。

二　文化协同的来源

并购交易中的文化整合是为了实现文化协同效应，文化协同的来源主要基于以下两种观点。

（一）文化资源

并购文化整合的一项重要目的是增加文化差异可能创造的文化价值。企业文化资源观认为，独特的、有价值的、不可复制的企业文化资源是企业持续竞争优势的重要来源。企业文化作为企业内部的一种独特资源，越来越成为决定企业竞争优势的关键因素。在文化资源观的指导下，并购企业双方以了解、理解、学习和借鉴的态度相互看待对方文化，有利于发挥企业文化的协同效应，进而推动文化融合创新、实现文化增值。如若被并购企业成员认为其自身的文化不够优秀，并且有碍组织绩效的发挥，而作为并购一方的企业拥有良好的企业文化，并且有助于改变自身的文化，那么文化差异未必会对并购造成负面影响。学者Nahavandi 和 Malekzadeh（1988，1993）分析指出：在多种原因的驱动下，被并购企业可能为跨国公司的文化所吸引，愿意吸收跨国公司的优秀文化传统。

发展特定企业文化的能力部分依赖于企业所处的国家文化环境，在不同文化国家之间的跨国并购行为非常有研究价值。Barney（1991）分析指出：国家文化距离越大，目标公司就越能够提供一种显著不同于自身的企业文化，而这是难以在并购方的母国进行复制的，反之亦然。由于国家文化存在差异，不同国家的企业在技术创新、战略决策、组织结构和员工培训等方面都会存在工作流程和制度安排上的差异，跨国并购是企业获取外国企业文化资源优势的重要途径。跨国并购企业的文化整合，即"通过两个组织的结合而获取收益的过程"（Zollo，Singh，2004）。

（二）文化契约

企业文化的心理契约观认为，企业文化是成员与企业之间一种隐性的、牢固的心理契约，文化整合就是这一心理契约的重构过程。并购企业的文化整合则主要源于新企业成员在不同文化背景下所产生的文化异质性。这种成员之间的文化异质性不仅体现在企业文化的差异上，还体现在国别、民族以及地域的文化差异上。来自不同文化背景的人，其心理世界有较大差异，而企业文化的本质和核心是价值观念，也正是人们对事物的心理认识。跨国并购企业的文化建设就是要构建全体成员共有的价值观念、信念与行为准则，可见文化整合实质上就是员工心理契约的重构过程。文化契约强调文化作为心理契约的相对稳定性，并以此为逻辑，在建设新企业文化时，注重双方员工的精神与心理需求，凸显"以人为本"的原则，避免文化整合给员工造成心理震荡和发生人力资源流失的情况。

Brouthers 和 Bamossy（2006）认为，心理契约体现为"个人欲有所奉献与组织欲有所获取之间，以及组织针对个人期望收获而有所提供之间的一种匹配"。通过并购而建立起的新企业，其成员文化背景各异，失去了原有心理契约的稳定结构，文化整合首先意味着要改善企业员工的心理契约基础。因此，并购后文化整合的重要任务之一是快速消除员工的心理隔阂与心理障碍，建立合理的激励机制，尽量避免因员工心理纽带断裂而造成人才流失。对并购企业而言，可以通过构建新的心理契约，借助企业文化的自律作用、凝聚作用和导向作用，实现战略、人力资源等方面的优化配置（Christensen et. al，2011）。

三　并购中文化协同的实现

本章认为并购中实现文化协同的方式是通过基于全过程的并购后文化整合来实现的，具体包括静态整合与动态整合模式。除此之外，从并购方与目标方的角度出发，通过并购方的内部自身协调、选择合适的目标方以及加强并购过程中的沟通都有利于双方并购后文化协同的实现，这也是并购获得成功的不可或缺的重要因素。

（一）并购前选择合适的企业

在并购前，企业要充分做好心理准备，适时地推进内部协调工作。企业高层领导可以利用会议、交谈、内部报纸杂志、网站及电视等媒介及时向本企业的各级员工传达并购方案与战略意图，争取在企业内部获取对并购的一致认可与支持，以消除员工对外来企业和成员的敌对与抵触心理。企业高级管理层应当适时制定出并购战略及相关制度，借以缓解和消除原有的企业文化对成员的影响以及成员个人和小团体为维护其既得利益而阻碍并购行为的发生。并购前进行相关文化调查，探寻双方文化的异同点，分析文化整合难易程度，对于企业并购的成败至关重要（刘玉冰，2018）。此外，要认识到协同应该是"承认在多种文化组成的组织中各个民族的差异，不忽视和缩小文化上的差异，而把这些差异看成是构思和组成一个组织的有利因素"。管理层首先要承认和允许多元文化的存在，在对企业进行内部协调时，切忌单纯地对并购企业员工进行"洗脑"，要想办法做到兼收并蓄、取长补短。

考虑到并购后的企业将来的生存和发展，并购时选择合适的企业是非常必要的。每家企业都拥有一定的资源，并购时就会涉及企业之间资源的转移和融合。如表4-6所示，倘若在这一过程中，并购企业对于被并购企业的资源感到陌生或难解时，就有发生负协同效应的潜在危险。从表中可以看出，横向并购较容易达到协同，但如果企业进行纵向及混合并购，就要小心陷入协同陷阱了。同时也要注意对于像行业专属、企业非专属管理人员等资源（这些资源都属于企业文化的一部分）的协同是很难达成的，这也是文化协同在并购中极其重要的原因之一。在这一方面，海尔激活"休克鱼"的并购就是个好例子。

海尔选择那些硬件基础好而经营管理有问题的"鱼"，并购时先从"人"入手，培育企业文化、确立经营理念、形成有效的管理方式，然后有针对性地解决资金、技术等一些实际困难，标本兼治，从而真正激活"休克鱼"。

表4-6　管理资源在不同类型企业并购中的转移情况

	横向并购	纵向并购	混合并购
一般管理资源	可以	可以	可以
行业专属资源	可以	部分可以	不能
企业非专属管理人员的资源	较难	不能	不能

资料来源：〔美〕威斯通（2006）。

（二）并购中重视人的沟通

文化协同最根本的还是"人"的协同，因此参与并购的各方一定要加强交流，清楚掌握并购的目的、流程等，在相互理解和尊重对方的前提下，协商制定各种方案。在这一过程中要注意以下几点：制定针对并购各方的中下层管理者和员工的文化培训方案，互派培训人员组织培训；在各企业内部要建立起方便员工进行文化交流和信息沟通的媒介，从而使员工能逐步了解企业文化上的差异，尽快形成相互谅解和尊重的氛围；高管层应想方设法促进各企业各级员工之间定期进行面对面交流，使员工在确保各自核心能力不受侵害的前提下，分享资源、信息，实现不同文化团队间的协作和融合。

并购各企业要努力营造有利于员工相互交流和吸收对方资源和专业技能的氛围，使并购过程更加融洽、和谐，以实现并购各方企业的战略目标与预期收益。同时并购各方的相互支持、相互退让和信赖、达成共识，可使并购更加顺利。此外，通过制定规章制度和激励机制，保证沟通的正常、有效进行。制度和激励机制是并购的"减压器"，可使协同及控制工作达到事半功倍的效果，从而降低企业并购中的文化协同成本。还可以通过激励和约束机制对员工进行文化的传播和控制。

（三）并购后积极进行整合

企业在并购后还要积极进行文化整合。企业文化整合是否有效直接决定了并购协同效应的大小，要想实现并购后的 "1＋1＞2"，必须首先做到 "1＋1＝1"。所谓 "1＋1＝1" 是指两个企业通过并购成为一个企业后，必须实现一体化，即真正地融为一体。"并购的价值都是在并购交易后创造出来的。" 也就是说，无论事先对外宣称的并购动机是什么，比如获得某些协同、进入新市场，都必须通过整合过程来将其付诸实际，对于文化亦是如此。

有研究认为，如果能在两个组织之间以及被并购企业内部创造一种积极的气氛，就能够淡化企业文化差异的消极影响，促进能力的单向或者双向转移。能力的单向或双向转移是实现协同的主要手段，运营整合是整合的最基本内容，而创造一种积极的气氛，就包含了较好地处理双方文化差异。文化整合是运营整合的基础，做得好可以保障运营整合的顺利实现，做得不好，人与人、组织与组织之间的冲突就会严重阻碍运营整合，因此积极进行文化整合是非常重要的。

文化整合是并购双方互动的过程，并购双方都有自己的打算，但要取得良好的整合效果，必须同时考虑被并购企业员工的认同。对并购企业来说，采用何种模式取决于它的文化宽容度和文化匹配度，即是鼓励还是反对组织内成员持有不同的价值观，还取决于战略相关性，即是相关并购还是不相关并购。

相反，对于被并购企业的员工来说，认同哪种文化整合模式取决于他们对自己文化的态度，是非常认同自己的文化并愿意保持它，还是觉得自己的文化不好并希望抛弃它，以及对并购企业文化的态度，不同的组合决定了他们不同的偏好。如若并购双方倾向于选择文化整合模式一致的，那么整合过程就会比较平稳，因为这是双方都愿意看到的方式，比较容易达成共识。如若存在很大分歧，或者并购方根本没有考虑对方的接受程度，就很容易在整合过程中激发矛盾，引发被并购企业员工的强烈反感与抵触，再想要取得预期的整合效果甚至并购绩效就非常困难了。

第四节　理论框架构建

通过第三章对德尼森企业文化测量模型的运用，我们可以界定企业文化的强度。从参与感、适应性、使命感和一致性四个维度对收购方和目标方的文化进行测量，识别双方的文化差异。

在对文化匹配的分析中，本章从战略资源因子和文化强度两个方面对并购双方的文化进行匹配。战略资源因子差异主要采用了地域性差异、同一控制性差异、同行业性差异、同经济主体差异、同性质性差异五个方面进行比较和衡量差异大小；文化强度主要是依据之后对于文化测量的结果，判定企业的文化强度，并在此基础上，分析并购双方企业的文化匹配程度问题。

通过识别文化差异进行文化匹配，终极目标是实现文化协同，而实现文化协同的方式是文化整合。在对文化匹配分析的基础上，从战略资源因子的差异和并购双方的文化强度这两个方面来进行文化整合模式的选择。第五章主要将文化整合模式分为吸纳式、渗透式、促进式、分离式、消亡式，并依据战略资源因子的差异大小和并购双方的文化强弱分为了 18 种情况进行分析，得出每一种情况下并购方企业所倾向于选择的文化整合模式。

在对文化进行整合之后，并购方企业会建立文化协同机制以实现企业文化的整体提升。在本书中，将文化协同机制的构建分为转移机制、互补机制、冲突消除机制三个方面，分析并购方企业在并购后的整合中对于文化协同的管理内容，并从内部协调、注重沟通等方面建立起企业文化协同的实现机制，以确保文化协同能够在并购方企业中真正发挥作用。

基于全过程并购后整合理念，文化测量与文化差异识别应在整合前评估阶段进行，文化匹配则应在整合规划阶段进行，文化整合模式的选择应在整合实施阶段进行，最终以整合是否达到文化协同为标准来进行整合后评价（见图 4-4）。

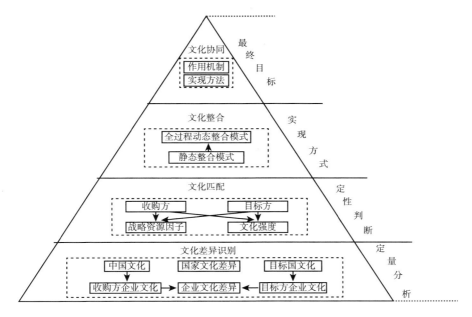

图 4-4　理论框架分析

资料来源：作者根据资料整理。

小　结

正如你不可能两次踏入同一条河，运动是绝对的，静止是相对的；世界上没有一片相同的树叶，差异是绝对的。企业文化差异的客观存在性决定了并购双方企业要充分认识文化差异对并购的影响，测量并对影响方向加以引导。

由不同的国家制度、不同民族、不同地域环境带来的文化差异是客观的，造就了各地域文化的天然差异，在文化的进化过程中，不断地冲突和交融使文化更加复杂和多样性。

文化差异对并购后整合的影响是全面和深远的，因此要正视文化差异的客观性，进而去识别和测量文化差异。文化差异具有两面性，是一把双刃剑，一方面它会为企业带来文化风险，主要包括价值观风险、经营和管理理念风险、制度风险等，极大增加了并购失败的风险；另一方面，它带来的新鲜血液经过成功的并购后整合会形成文化协同，成为企业新的动力源泉。

为尽可能降低并购的文化风险，应谨慎评估并购双方的文化匹配度，以做出科学正确的并购决策和选择合理的并购后整合模式。本章从并购方和目标方两个视角，分析了文化差异的关键要素和并购协同目标，确定了影响并购后整合的文化因素，从而建立起文化匹配评估体系。

基于文化差异与文化匹配，企业最终要实现文化协同。将文化差异作为管理文化的关键性资源，企业可以通过形式描述、文化解释、文化创新及文化协作四个步骤解决问题。并且本章从并购前、中、后三个阶段构建起实现文化协同的路径。

第五章

PMI 动态演进路径

随着经济的不断发展，有一定经济实力的企业开始通过并购进行外部扩张，但纵观国内外投资案例，大多数企业并购没有达到预期的效果，甚至并购是失败的。大量学者的研究发现，并购失败的原因主要是并购后整合不力，并购企业不能产生协同效应，其中，文化整合失败占比达80%以上。因此，并购企业基于双方文化匹配度的文化整合管理显得尤为重要。

本章首先介绍并购后文化协同的作用机制及实现途径，进而从文化整合模式出发，介绍并购双方在不同的文化匹配中，针对不同情况采用不同的文化整合模式，包括吸纳式、渗透式、促进式与分离式四种模式，并通过分析不同文化整合模式所对应的文化协同机制，分析其如何实现文化协同的最终目标。

第一节　并购协同与文化整合

并购中的文化协同是并购方企业管理其文化差异的方法，协同的方法是通过认识并超越并购双方的文化差异以创造管理的新模式，它把企业中的多元文化作为企业的资源和优势加以利用，在保留文化差异的前提下，充分利用其有利的一面，减轻其不利的一面。本部分主要从文化协同的含义、作用机制以及实现方法三个方面展开具体分析。

一 并购协同的内涵

"协同"概念源于20世纪60年代，"协同学"主要研究系统中个体间如何协作，包括系统中产生的时间、空间或功能结构（Haken，1980）。而在管理研究领域中率先提出"协同"一词的是 Ansoff（1965），他将协同定义为：使公司整体效益大于独立组织部分效益总和的效应。从该定义中我们可以发现，他更加强调协同的经济学含义，即整体价值（有形和无形）大于独立组织部分价值之和的效应。

之后，一些大型公司经常在制定多元化战略、策划并购活动中将协同效应作为基本原则。20世纪70年代后，经济领域也开始用协同效应解释企业并购的动因，认为并购发生的目的就是获得协同效应，进而实现股东财富最大化。Itami（1987）在 Ansoff 的基础上对协同效应做了更加深入地分析，将其定义分解为协同效应与互补效应两个部分。互补效应被定义为用增加金融类和实体类资产运营效率的方式来降低成本或者提高销量。

Bradley 等（1983）认为并购的理论与协同作用是一致的，并购使企业有效控制目标企业的资源并进行重新配置，进而提高收益。Buzzel 和 Gale（1987）提出并购双方在并购活动完成后都获得了所需的优势资源，达到了降低经营与管理成本的目的，从而实现规模经济效应，获取正向协同。Bruner（2002）认为协同效应是指并购后给企业带来效率的提升或成本的降低，其实质是通过并购，双方利用资源共享、能力和知识转移达到协同效应，进而创造价值。

二 并购协同的分类

Ansoff（1965）认为，其无法在实践中对协同效应进行定量分析。在其著作《公司战略》一书中，他向我们展示了一种从定性角度评价协同效应的理论框架。他把协同效应从职能领域以及日常管理等领域中进行分类，并对不同类别的协同效应进行定性评价，汇总后形成对一个项目的综合评价。

Weston 等（1990）在 Ansoff 的研究框架下对并购协同效应进行了深入探讨。他们认为并购对整个社会是有益的，主要通过管理、经营、财务三个方面的协同效应进行体现。管理协同，即在管理能力不同的企业之间进行并购，并购后公司绩效将受益于有先进管理经验和优秀管理水平的企业，进而提高综合管理效率，整体绩效大于单独部分绩效之和。经营协同指的是由于经济上的互补性、规模经济或范围经济的存在，企业并购后收益增加或成本降低。财务协同指的是并购出于财务方面的目的，包括并购方充分利用债务的税收优势、成长机会、内部资本市场。

王鑫（2009）在前人的基础上，将并购协同效应分为五类，分别为管理协同、经营协同、财务协同、市场力量协同、营销协同，并进行了案例分析。张优（2008）、徐杰（2003）对并购协同效应及其影响因素进行了研究，并将协同效应分为管理协同、财务协同、经营协同和无形资产协同。徐峻（2004）则从不同角度对并购协同效应进行了分类：从并购协同关系层次领域，将其分为有形协同、无形协同和外部协同；从并购协同活动领域，将其分为管理协同、经营协同和财务协同；从并购协同效应实际影响领域，将其分为正协同效应和负协同效应。

本书认为，文化协同也是并购协同效应体现的重要方面，文化作为并购双方环境与行为差异的重要体现，贯穿于并购整个过程，影响着企业并购后管理协同、经营协同、财务协同和营销协同等各个方面，其实现方式主要是并购后文化整合，根据并购方与目标方文化差异及文化匹配的结果选择适当的文化整合模式，最终通过不同的作用机制达到文化协同的目的。

三　文化整合的协同机制

文化整合是并购整合取得成功的关键因素，而文化整合的重点是选择适合并购双方的文化整合模式。在文化整合的模式上，有代表性的理论当属加拿大著名跨文化心理学家 John W. Berry 教授提出的文化整合模式。Berry（1980）提出了四种文化整合模式，包括注入式、渗透式、分离式、和消亡式。在此基础上，Nahavandi 和 Malekzadeh（1993）又提出了"同化（Assimilation）模式"。本书结合中国企业跨国并购案例，认为我国企业跨国并购文化整合模式分为吸纳式、渗透式、促进式、分离式四种，并且这四种整合模式是通过不同的机制来实现文化协同的。

从协同学的角度上说，协同是一种自组织过程，这种过程不存在以特定方式作用于系统的外力，结构的形成和演化不能用状态变量对外力的响应过程来描述，而是一种内部的自组织过程。假设企业的外部环境作用力是恒定的，仅仅是随机变化，则并购后企业文化的形成过程可近似看作企业系统内部文化的自组织运动过程，其形成和演化是系统内部不同基本文化子系统间互为因果、相互作用、相互影响的结果。

并购后企业文化状态的变化过程是企业文化的一种整体提升过程，是优秀文化取代落后文化的过程，即新结构取代旧结构的过程。一种模式的形成往往意味着原先的状态不再维持，即变成不稳定的结构，这种模式形成现象在协同学中被称为不稳定性。协同学认为不稳定性对企业系统整体结构演化具有积极作用，正是这一特性促使了企业结构的有序演化。

两个企业的文化交融在一起类似于化学物质的碰触，任何反应的发生都会引起两者的变化。文化差异会使企业内部发生转移、互补、冲突、消除等多种非线性作用。然而，随着时间的消逝，系统之间的差异通过对话、协同与共振逐渐转变为合力与动力，推动双方协调发展，并创造出新的文化。总体来看，并购后双方文化的协同机制主要有以下几种。

（一）文化转移机制

并购后，企业内有两种不同的文化，这两种文化的短兵相接为文化的转移提供了可能性，积极的企业文化由于对某些企业的消极文化具有可输出性而存在规模经济的潜能，从而在企业并购活动中可以通过对消极文化的转移、渗透和同化来提高整体效率，产生企业文化的规模效应，从而达到文化协同。一般来说，企业并购的规模越大，这种文化协同效应对效率的贡献越大，但是，源于企业文化协同的规模效应也存在一个适度规模，即规模达到一定的程度而刚好没有超过企业文化的包容度。这里的转移可以大体分为以下两种情况。第一种为并购企业文化向被并购企业的转移。当被并购企业文化处于消极文化时，并购企业需要用积极文化来引导被并购企业文化，让其与并购企业的价值取向和企业精神相衔接，这就需要一种转换机制，把被并购企业文化的价值取向、行为方式、思维模式等转换到并购企业的轨道上来。这样可以消除被并购企业消极文化对企业造成的伤害，达到"1+1>2"的效果。另一种为并购双方的相互转移。当并购双方的文化各有优劣势，并购方可以容忍被并购方的部分优秀文化时，会发生文化的相互转移、渗透，形成一种既具有双方企业文化积极因素，又优于双方企业文化的优质文化，这种新的企业文化能在更大程度上发挥积极作用。

但协同的这种转移机制，又会由于文化的差异性改变路径的依赖性，使这种转移效果打折。从战略并购的目的来看，是向对方寻求战略资源，但根据企业资源理论的研究看战略资源，很难从一方完整地转移到另一方，存在转移效率上的损失。文化转移亦是如此，预期协同与现实协同是有差距的。

（二）文化互补机制

企业文化的互补性是并购的重要动机和协同实现的重要因素，当并购双方文化都优质时，两种优势文化可以形成某种互补性，也会发生文化协同。这种情形一般发生在目标企业也是一个比较成功或在市场上具有强大实力的企业，属于强强联合的并购。在这种情况下，并购双方的企业文化一般是各有优劣，一方的优点正是另一方的缺点，这样可以形成互补之势，使双方相得益彰，但此种情况下文化间的摩擦和冲突可能很明显，所以，这种互补机制的发生需要进行良好的跨文化管理，双方要相互理解，扬长避短。

（三）文化冲突消除机制

冲突消除机制可以有效保障企业文化协同顺利实现，不同的文化通过并购融合在一起，一方面可以如前面所述获得潜在优势，另一方面也可能因为某些原因而发生冲突。如前所述，当文化差异上升到文化冲突时，就有可能损害企业绩效，这种文化冲突是协同过程中的障碍，不仅会导致时间和精力的分散，还会产生过高的协同成本，特别激烈的冲突甚至可能导致整个并购的失败。因此，在文化协同演化的过程中，需要注意消除冲突障碍，以实现协同效应。正确地识别和评价冲突是消除冲突的前提，并购活动完成后首先要确认双方文化冲突的内容和重点。

解决冲突的主要措施有：①弱化冲突的作用空间和时间，放松产生冲突的约束条件，优先满足重要程度较高的任务目标，即采取暂时回避策略，不急于并购后整合，以减少冲突的程度；②协商调解，冲突双方的协作关系和冲突双方利益的影响程度是协商能否成功的关键；③采取渐近的策略，将程度较小、影响较小或敏感度不是很高的冲突放在管理首位，逐步进行。

第二节 PMI模式分析

根据并购双方企业文化的变化程度及并购方获得的企业控制权深度，本书将企业文化整合模式分为吸纳式、渗透式、促进式、分离式四种基本类型。本部分在介绍各个模式基本概念的基础上，进一步依据并购双方的文化匹配度介绍各个整合模式的适用情况，以及为达成文化协同的目标所采用的与之相对应的每种模式下的文化协同机制。

一 吸纳式整合模式

又称注入式、统一式文化差异管理模式，是指并购方将一套完整的企业文化输入到被并购方企业中，被并购方完全放弃原有的价值理念和行为假设，包括核心价值观、企业精神、服务观念、质量观念、人才观等，全盘接受并购方的企业文化，使并购方完全获得企业控制权，从而实现文化整合的模式，如图5-1所示。这种模式适用于并购方的文化非常强大且极其优秀，能赢得被并购企业员工的一致认可，同时被并购企业原有文化又很弱等情况。另外，在横向并购战略的情况下常会考虑选择吸纳式文化整合模式，如海尔集团在进入低成本扩张期、兼并亏损企业时，首先派去的不是市场营销人员，也不是财务人员，而是企业文化部的人员。

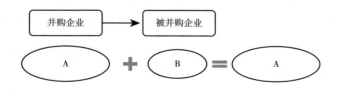

图5-1 吸纳式文化整合模式

资料来源：作者根据资料整理。

(一) 适用情况

根据第四章对文化匹配度的描述,双方企业主要从地域性差异、国家背景差异、企业规模差异、企业性质差异、双方的文化强度、文化宽容度、领导集权度等多个因素进行文化匹配。当国家背景差异较小,如中国与亚洲某些国家,抑或是双方的文化强度差距较大,或者并购双方文化宽容度较大时,本国的企业将文化移植到目标企业较为容易,并购方可以运用文化上的强大影响力,通过业务整合、制度建设等措施在目标企业推进自己的文化。

(二) 协同机制方面

在文化协同的转移机制中,并购方的企业文化可以向被并购方转移,并购企业用积极文化来改革被并购企业文化,让其与并购企业的价值取向和企业精神相衔接,利用这种转移机制,可以把并购企业文化的价值取向、行为方式、思维模式等转移到被并购企业。这样可以消除被并购企业的消极文化对企业造成伤害,实现"1+1>2"的效果。由此可见,在吸纳式的文化整合模式中,并购后整合中的文化协同,主要依靠转移机制来实现。

(三) 表现维度

并购战略类型:在横向并购中,并购方可能自我认为对相关专业的知识熟悉度较高,并且最大可能地挖掘合并的协同效应,这就很可能导致并购方试图对目标企业的文化和实践进行干预。因此,吸纳式的文化并购整合模式大多出现在横向并购这种并购战略类型中。

并购方文化宽容度:如果在企业中,领导者强调组织的文化一致性,不重视文化多样性,并购方就会注重组织内的目标一致性,并激励目标企业也坚持统一的目标、战略及管理和组织的实践,本书称这种文化为单元组织文化。在这种情况下,并购方对于被并购方的文化整合控制较多。因此,吸纳式的文化整合模式在文化宽容度较低的企业中较为多见。

高层领导者的领导风格:如果并购企业领导者倾向采用集权式管理,要求掌握公司失去的直接控制权,这种情况被称为"集权式"。在这种情况下,企业会考虑吸纳式这一文化整合模式。

二　渗透式整合模式

渗透式整合模式，亦称融合式文化差异管理模式，是指在并购后整合中，并购双方将文化差异视作并购后整合的有利因素，在不改变各自文化标准的前提下，并购双方有针对性地吸收对方的优秀文化成果或经验，相互学习，相互渗透，相互同化，从而取长补短，各自进行不同程度的调整，使两种不同的文化最终融合成一种更优秀的新型企业文化，实现协同效应，如图 5 - 2 所示。

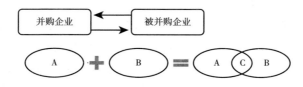

图 5 - 2　渗透式文化整合模式

资料来源：作者根据资料整理。

在此模式中，并购方与被并购方在企业文化上互相渗透，并且不断地调整，最后汲取双方文化的优秀成分，并将其融合成一种新的企业文化，包括对企业原有经营哲学、信仰、行为规范和行为假设的重新定义。

渗透模式强调并购后整合过程中文化渗透过程的重要性，即随着并购方在文化上的有意渗透、业务整合的持续推进，并购双方的企业文化不断碰触，最终形成可能与两者都不尽相同的文化，体现了并购后整合的渐进性和持续性。当并购发生在相关产业且并购方是多元文化企业时，可以考虑选择渗透式文化整合模式。

（一）适用情况

根据第四章对文化匹配度的描述，双方企业主要从地域性差异、国家背景差异、企业规模差异、企业性质差异、文化强度、文化宽容度、领导集权度等多个因素进行文化匹配。在这种模式中，并购双方的企业文化相似，各有所长，谁也不具备替代对方文化的条件，同时并购双方愿意吸收对方所长，调整原有文化中的某些弊端。

通过目前国内跨国并购案例的统计分析可知，企业选择采用渗透式的文化整合模式最重要的是双方的文化宽容度高。Chatterjee 等（1992）的研究证实，过分强调对目标企业的控制会导致企业的效益不符合预期。因此，在此模式中，并购方对于文化多元化应始终持有一种开放与接纳的心态。

另外，渗透式的文化整合模式一般适用于各个方面较为平等的双方企业，不存在一方压倒另一方的情况，如企业规模相当、文化强度差异不大、国家的背景（法律等各个方面）差异较小，这时并购双方在一定程度上都肯定对方的文化，均认为对方的文化有助于创造一种全新的、能够带来竞争优势的企业文化，并且并购方与被并购方的企业文化都具有一定的灵活性，因此采用渗透式的文化整合模式最为合适。

（二）协同机制方面

在并购方选择渗透式的文化整合模式时，说明并购双方的文化都具有各自的优质资源，这时，应该通过文化协同的互补机制，使两种优势文化互补，进而实现文化协同。在此种机制中，并购双方的企业文化各有优缺点，一方的优点正是另一方的缺点，形成互补之势，使双方相得益彰。因此，在渗透式的文化整合模式下，主要通过文化的互补机制，充分发挥双方的优势，实现"$1+1>2$"的文化协同。

（三）表现维度

并购战略类型：在横向并购中，由于产业以及专业知识的相似性，渗透式的文化并购整合模式也会被较多选择；同时，在纵向并购中，存在一定的行业差异和相对较大的风险，并购方在对被并购方的控制程度上也较横向并购更低，为避免风险，大多会采用分权的管理模式，保留被并购方的部分企业文化，因此，渗透式的文化整合模式也会被较多应用。

并购方文化宽容度：如果在企业中，领导者强调组织的文化多元化，允许并鼓励多种文化共同发展，本书定义这种情况为多元组织文化。当两个企业所处行业相同，并且并购者是多元文化企业时，渗透式是最常见的文化整合模式，此时，被收购企业保留一定的自主权和自己的文化，同时双方又能寻求并购的协同效应。

高层领导者的领导风格：并购企业领导者倾向采用分权式管理，乐于同下属分享决策权，本书将这种情况定义为"分权式"。在这种情况下，渗透式是并购企业会考虑的文化整合模式。

三 促进式整合模式

即在并购整合过程中，以一种企业文化为主体，对其他企业文化兼收并蓄的文化整合方式。强文化企业在弱文化企业中培育并引入自身企业文化，使弱文化企业基本放弃了自身的管理模式、制度体系，接受和适应对方企业文化。同时，强文化企业也会有选择性地吸收对方企业文化中的优秀成分。通常表现为当一种强文化受到一种弱文化的侵入和冲击时，强文化能够保持基本模式不变。但引入了一种新文化，强文化也会受到一定影响，主要表现在一些具体文化元素的变化上，从而使原有文化的功能更齐全，结构更完善，更符合目标企业文化发展的本质规定和战略要求，如图 5-3 所示。

图 5-3 促进式文化整合模式

资料来源：作者根据资料整理。

（一）适用情况

根据第四章对于文化匹配度的描述，双方企业主要从地域性差异、国家背景差异、企业规模差异、企业性质差异、双方的文化强度、文化宽容度、领导集权度等多个因素进行文化匹配。通过目前国内跨国并购的案例统计以及分析可知，采用这种模式的并购案例，一般存在于目标企业的文化虽处于弱势，但又不能全盘否定，且存在部分优秀成分的情况。

这种模式的适用情形通常是企业性质差异不大、企业规模存在差异但差异在可控范围，并且并购方企业在面对多元化文化时具有包容性，能够吸收对方先进的企业文化，而弱文化企业员工愿意按照对方的管理思想和操作流程来展开工作，愿意改变原有的文化和管理方式，接受和采纳文化整合方案。

（二）协同机制方面

在促进式的文化整合模式下，并购双方的文化同时存在优劣势，因此，文化需要在双方之间相互转移、渗透，并购方接受被并购方的部分优秀文化，被并购方在保留自身部分优秀文化的基础上，采用并购方的企业文化，双方形成一种既具有双方企业文化积极因素，又优于自身企业文化的优质文化。在这种情况下，双方文化的协同就要依靠文化的转移机制来实现，从而使双方的文化可以相互转移、相互渗透。

（三）表现维度

并购战略类型：在纵向并购中，存在一定的行业差异和较大的风险，并购方对目标企业的控制程度较强，为避免风险，大多会采用分权的管理模式，并购方也会在一定程度上占主导，在这种情况下，促进式的文化整合模式被较多应用。

并购方文化宽容度：如果在企业中，领导者强调组织的文化多元化，企业会考虑采用促进式的文化整合模式以促进文化多元化发展；同时，若并购方要以自身的文化为主导，对被并购方进行管理。在这种单元组织文化的情况下，企业也会考虑应用促进式的文化整合模式。

高层领导者的领导风格：与渗透式的整合模式类似，如果并购企业领导者倾向采用分权式管理，给被并购企业留有一定的自主权。在这种情况下，也会存在促进式的文化整合模式。

四　分离式整合模式

又称独立式、隔离式文化差异管理模式，是指在企业并购后整合中并购双方均具有较强的优质企业文化，且文化差异较大，文化背景截然不同甚至相互排斥或对立，在企业员工不愿文化有所改变，同时并购后双方接触机会不多，不会因文化不一致而产生大的矛盾冲突的前提下，并购双方于一定时期内在文化上保持独立的整合模式，如图5－4所示。之后，随着文化整合的进行，适时地采取相关措施，使双方的业务和文化实现进一步融合。一般情况下，在纵向并购、多元化并购，特别是跨国并购中经常使用分离式文化整合模式。

分离模式不可忽略文化的协同效应，在分离的过程中要根据并购整合的延续情况，对并购双方的文化、业务、人员等进行持续融合，体现了文化整合的动态性特征。

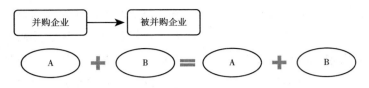

图 5-4 分离式文化整合模式

资料来源：作者根据资料整理。

（一）适用情况

根据第四章对文化匹配度的描述，双方企业主要针对地域性差异、国家背景差异、企业规模差异、企业性质差异、双方的文化强度、文化宽容度、领导集权度等多个因素进行文化匹配。通过目前国内跨国并购的案例统计以及分析可知，在国家背景差异较大的情况下，并购后整合通常会首先考虑分离式的文化整合模式。

从文化差异的角度分析，如果并购双方的企业文化差异过大，甚至相互排斥，并购方文化不能成功引入被并购方，当文化整合的难度和代价均相对较大时，应保持彼此的文化独立，避免产生较大的文化冲突。

就企业规模与性质的差异而言，如若并购活动不是发生在同行业企业或相关产业，或并购双方的业务分处不同市场，员工并不经常接触；或者由于行业文化的差异性，并购方很看重被并购方所在行业的战略业务，期望通过此次并购获得多元化经营的效益，并购方将允许目标企业保留较大的经营自治权和文化独立性。

从并购双方的文化强弱和优劣来说，如果并购双方都拥有强优文化，即双方的员工既不愿意改变自身文化也不接受对方的文化，双方均应保持各自文化的独立，以减少文化冲突。

（二）协同机制方面

在分离式的文化整合模式下，并购双方保留各自的企业文化，这就意味着，双方文化存在形成冲突的可能，这时，若要实现企业文化的协同，就要依赖于文化的冲突消除机制。此种模式下可能存在的文化冲突，不仅会造成时间和精力的分散，还会带来过高的协同成本，甚至可能导致整个并购的失败，因此在实现文化协同的过程中，必须消解冲突障碍，以实现协同效应。冲突消除机制可以使两个各有特点的文化独立存在、并充分发挥作用，分离式的文化整合模式便是主要依赖这种机制来实现文化协同的。

（三）表现维度

并购战略类型：在纵向并购中，并购双方在生产流程和产品方面存在上下游关系，双方业务接触较多，并购方比较了解被并购方的生产流程和经营运作方式，但毕竟存在一定的行业差异和特定风险。混合并购是指不同行业的公司之间的非相关并购，由于并购方对目标企业的经营情况、行业发展现状及前景、行业运作特点等可能不太熟悉，不能将优秀的管理经验引荐给目标企业，通常会采取分权的管理模式。因此，分离式的文化整合模式大多出现在纵向并购或者混合并购中。

并购方文化宽容度：当两个企业的相关性较小，并且并购方是多元组织文化时，由于并购者不具备目标企业所在领域的相关专业知识，被并购方可能会被允许独立经营。在这种情况下，分离式是最常见的文化整合模式。

高层领导者的领导风格：如果并购企业领导者倾向采用分权式管理，给被并购企业留有一定的自主权。在这种情况下，也会采用分离式的文化整合模式。

综上可以看出，吸纳式、渗透式、促进式、分离式的并购后文化整合模式在不同情况的应用下各有千秋，应科学、慎重地选择。在企业文化识别、测量以及考虑文化强度、文化匹配与文化协同的基础上，综合平衡并购双方的地域性差异、国家背景差异、企业规模差异、企业性质差异、文化强度、文化宽容度、领导集权度等多个因素，最终选择适合企业的文化整合模式。

在各种模式相对应的协同机制方面，吸纳式主要通过转移机制实现文化协同的目标，渗透式的文化整合模式通过文化的互补机制实现，促进式的文化整合模式通过文化的转移机制实现，分离式的文化整合模式为消除文化差异的影响，主要通过文化的冲突消除机制来实现。具体如图5-5所示。

同时，总结上文中依据并购双方文化强弱和结合文化协同转移机制所

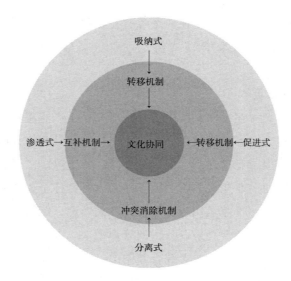

图 5 - 5　并购后文化整合模式作用机理

资料来源：作者根据资料整理。

采用的文化整合模式，我们将上述文化整合模式按照文化强弱和战略资源因子两个方面确定了并购战略类型、文化宽容度、高层领导者的领导风格三个维度的表现形式，具体总结如表 5 -1 所示。

表 5 -1　文化整合模式表现形式分类

	并购战略类型	并购方文化宽容度	领导风格
吸纳式	横向并购	单元组织文化	集权
渗透式	横向并购、纵向并购	多元组织文化	分权
促进式	纵向并购	单元、多元组织文化	分权
分离式	纵向并购、混合并购	多元组织文化	分权

第三节　基于全过程的 PMI 演进路径研究

目前，跨国并购成为我国企业走向国际化的一个重要手段，跨国并购已经成为中国企业"走出去"的主要方式。然而，从跨国并购实践来看，对跨国并购企业的最大考验是文化整合，双方来自不同的国家和地区，在发展过程中形成了自己独特的企业文化，跨国并购后的企业面临民族文化和企业文化的双重文化冲突。然而，近年来逐渐兴起的"文化双融"理论则认为表面上看似不可调和的文化对立，实际上可以通过整合双方优点的方式进行解决，并且达到文化协同的效应。怎样规避由于中西方文化的巨大差异带来的并购风险，渡过整合期，并在全球平台上实现企业进一步的发展，就显得尤为重要。本部分主要从跨国并购的角度出发，具体分析跨国并购中的文化整合模式。

一　并购阶段与文化整合

企业并购是一个复杂的系统过程，其间涉及多方面的利益，各个企业的并购程序也是根据企业的情况而各有不同。从企业产生并购意图到并购活动的成功完成，企业的并购一般包括三个阶段，即并购前期的准备阶段、并购进行中的实施阶段和并购成功后的整合阶段，如表 5 - 2 所示。

表 5 - 2　企业并购的三个阶段

第一阶段:准备阶段	第二阶段:实施阶段	第三阶段:整合阶段
并购战略、并购标准的开发目标企业的搜寻、筛选确定企业战略评估和收购辩论	并购要约战略的发展目标企业财务评估和定价谈判、融资和结束交易	组织适用性和文化的评估整合方法的开发并购者与被并购者之前的战略、组织、文化协调

由表 5 - 2 可知，并购的三个阶段是依次进行、相互联系、相互制约的，因此，在并购活动中单单注重并购后的文化整合是不合理的。由此，本研究提出了企业并购的全过程文化整合思想。

企业并购的全过程文化整合是指从并购活动的过程角度出发，把文化整合分为并购前、并购中、并购后三个阶段，并且这三个阶段的文化整合并非相互独立，而是相互联系、相互影响并相互结合的。并购的全过程文化整合理论认为，并购作为一个系统的活动，其三个过程对并购的成功具有同样重要的作用，而三个阶段文化的管理对文化整合是否成功并最终对并购是否成功的影响也是同样重要。之所以重要，是因为文化整合不仅是一项并购后的工作，我们也可以对其可行性进行事前预测并进行初步检验，这就是在并购前的可行性分析阶段和并购中的谈判阶段实现的。因此，并购活动的成败首先取决于其本身的可行性，然后是并购谈判是否成功进行，最后才是并购后的整合活动是否有效。下面将从并购前、并购中、并购后三个方面展开介绍。

（一）并购前的文化整合

在并购前的准备阶段，并购企业应对目标企业进行全面的了解，结合企业自身状况，对企业内外环境进行相关性预测，从而对并购活动的可行性进行分析。一般企业在评价潜在的并购计划时，通常将研究精力锁定在对目标公司财务状况的调查和并购后生产一体化方面，对目标公司的文化调查往往不充分。而对企业的并购活动来说，企业文化是非常重要的也是不能忽视的关键因素，因此，有必要将目光集中到企业文化上来进行并购的文化分析。

从文化角度来看，并购企业不仅需对目标企业的企业文化有一个全面、深入的了解，还需重新审视本企业的企业文化，从而结合两个企业的企业文化进行系统的整合。

并购前的文化整合，即通常在并购前对并购进行文化方面的可行性分析。这一阶段进行文化整合的必要性主要体现在以下三个方面。

其一，并购双方的文化冲突很有可能在并购前这一阶段就体现出来，如果不对双方的企业文化进行分析而一味地进行可行性分析，很有可能因找不到症结所在而导致并购在这一阶段就宣告失败。

其二，并购前的准备阶段，并购企业必须进行相应的可行性分析，而文化的可行性分析是整个并购可行性分析中必要的也是非常重要的一个部分，因此，并购前的文化整合是非常必要的。在文化可行性分析完成后，将其综合到并购的可行性研究中，进而分析整个并购的可行性，只有这样才能使并购的可行性分析具有实际意义。

其三，并购的实施（谈判）过程及整合阶段的顺利进行，有赖于对双方企业文化进行的相关分析和研究，并购前的文化整合就是对并购双方的企业文化及其差异的分析。这一阶段的文化整合为接下来的并购活动做好了思想上及行为方面的准备，对并购后两个阶段的发展具有重要作用，对并购的顺利实施非常关键。因此，对并购前的准备阶段进行文化分析，即文化整合对整个并购活动起到很关键的作用。

（二）并购中的文化整合

在对并购活动的企业文化可行性进行分析以后，就进入了双方企业的并购谈判阶段。在这一阶段，由于并购双方企业将直接面对对方及双方所代表的文化团体，企业文化所体现的影响较之其他两个阶段更明显，文化整合相比其他两个阶段来说较简单，但其成效更为显著。尤其是当并购活动在不同国家的企业间进行时，谈判的成败在很大程度上取决于双方文化的协调及融合程度。对并购双方的文化差异了解得越多，谈判中的文化整合将越简单；对并购双方文化差异的重视程度越高，这一阶段的文化整合效果将越明显。很多这方面的失败案例在我们身边不断发生，比如海尔并购美国的美泰克失败的案例，据美国权威咨询机构分析，其失败的关键在于海尔在谈判阶段并没有重视中美文化的差异，以致某些行为引起了美国当地居民的反感，从而使谈判陷入僵局，最终并购以失败告终。如果此时海尔意识到了这方面的文化差异并足够重视，不论是尽量避免还是尽早采取措施补救，这次并购也许会取得成功或者至少可以推迟失败的到来。

因此，企业要避免并购活动在谈判阶段陷入困境，其解决方法关键在于并购企业不仅要事先熟悉对方的企业文化，也应对目标企业所在地区（国家）的文化有所了解，并重视因文化差异而导致的矛盾冲突。在并购前对双方企业文化进行初步分析的基础上，分析可能产生的冲突及解决冲突的办法，并结合并购中谈判阶段实际遇到的情况，综合分析并解决由文化引起的冲突和矛盾。在此基础上，使谈判在相互体谅的友好氛围内进行，将文化差异的副作用降至最低，这一阶段的文化整合也就顺利完成了。

（三）并购后的文化整合

当企业顺利完成并购以后，就进入了对目标企业的接管和整合阶段。这一阶段文化整合的对象是由并购双方企业合并而成的新企业，因此，首先就需要从根本上改变两个企业的概念，应将其作为一个完整的整体来进行讨论和分析。

与前期的文化可行性分析类似，这部分的文化整合也需要先对并购后的新企业进行文化分析并确定文化整合的方向，不同的是，前期的可行性分析是建立在初步分析和预测基础上的，相对较简单，而这里的文化分析将更加详细具体，分析结果也将更加准确可靠，更能体现企业的实际文化状况；文化整合方向的确定，也使其依据的来源更精确，因此也将更有实际意义。

从第四章的内容看，本书中所进行的并购双方的文化分析可以从第四章中文化匹配的各个维度进行，主要包括双方的地域性差异、国家背景差异、企业规模差异、企业性质差异、文化强度、文化宽容度、领导集权度等各个方面，对并购双方文化匹配的各个维度进行测量，从而对并购双方的文化进行更加详细具体地分析；从第五章的内容来看，本书中文化整合方向的确定主要是依据各个文化匹配维度的影响情况来确定的，第五章中对各个整合模式的适用情况已有详细介绍，在此不再赘述。但需要特别说明的是，在跨国并购中，由于并购双方文化差异较大，并购后的文化整合很难一步到位，这时在确定文化整合的方向时，就要从时间维度上对不同阶段的文化整合进行分析，确定更为复杂的文化整合方向。

二 整合程度

在对现有研究进行总结的基础上，本书对于跨国并购后整合程度的内涵做出定义，主要是指整合过程中各不同阶段的特点与差异，可以分为整合深度、整合速度两个方面，以下对这两个方面分别进行具体描述。

（一）整合速度

Inkpen（2000）在总结了多个并购案例后指出，快速的文化整合会带来整合成功。同时，例如 Haspeslagh（1991）也持有相同的观点，认为整合速度与并购的成功与否有正相关关系，因为快速的整合能有效降低整合的不确定性。Olie（1995）在经过大量的案例研究后指出，较慢的整合过程有助于降低并购双方之间的冲突。类似地，Ranft 和 Lord（2002）也发现慢速整合有助于建立员工之间的信任。Homburg 和 Bucerius（2005）在前人研究成果的基础上，分析了 232 起并购案例后发现，当企业跨国并购文化整合的潜在收益大于潜在风险时，快速整合是有利的。相反，当跨国并购文化整合的潜在风险高于潜在收益时，快速整合是有害的。

本书认为，跨国并购的文化整合阶段分为引进阶段、融合阶段、全球本土化阶段，在此重点描述具体到不同的文化整合阶段中所对应的整合速度。

在引进阶段中，双方企业并没有涉及任何有关企业文化的事项，只是对管理层进行初步整合，因此，双方企业文化差异的大小影响整合速度的选择。并购双方企业的文化差异越大，潜在的技术转移能力越大，文化对于企业的收益或者管理效益可能产生的影响也就越大，因此在这个阶段文化整合的速度越快越有利于企业的发展。

在融合阶段中，企业文化差异的大小决定了双方企业文化碰撞的激烈程度以及并购后企业文化整合的难度，文化差异越大，也就是并购双方文化匹配度越小，文化整合的难度就会增加，风险也会加大，这个时候就需要适当降低整合速度，充分考虑整合过程中会出现的各种问题，以求风险最小化、效益最大化。

在全球本土化阶段中，主要是形成一种适应当地环境和竞争要求的全新的企业文化，因此，文化整合的速度与并购方国家文化、被并购方国家文化以及企业文化均有联系，企业文化与当地的国家文化差异越大，文化整合的难度就越大，文化整合的速度也就更慢。在这个阶段的整合过程中，需要充分调整企业的价值观、业务流程以及组织结构等，以充分做到适应国际环境，因此，文化整合的速度也较之前两阶段较慢。

（二）整合深度

整合不善是并购失败的主要原因（Kitching，1967），并购后整合深度的选择对于并购目标的实现也就存在至关重要的影响。Pablo（1994）认为，虽然高整合深度理论上促进以相互依赖为基础的潜在协同效应的实现，然而增加协调成本和组织间的冲突会导致产生负面协同效应，恰当规划不同阶段的整合深度至关重要。

整合深度在技术获取型的跨国并购中体现尤为明显，因此在分析文化整合深度的同时，需要更加关注其中的技术整合深度。技术整合深度的选择依赖于组织环境，而并购双方的技术相似性和互补性影响组织环境，从而技术相似性和互补性影响技术整合程度。目前技术整合主要会产生以下两种效应。

第一种是促进协同效应实现。主要认为增加管理层的整合程度有利于并购后并购双方对于技术创新和产品商业化理念的一致性，从而增加新产品理念成功商业化的可能性。增加研发项目的整合程度可以促进重复项目合并而节省成本，此外，不同研发项目的整合也会增加项目创新的可能性。增加技术人员的整合程度促使一些严重影响技术交流的技术人员离职，有利于在技术部门中产生相同的文化以及交流方式从而促进合作以及知识转移（Puranam，2003）。

第二种是阻碍协同效应实现。主要认为增加管理层的整合程度将使目标公司的管理者离任，对目标公司实行并购公司目前采用的激励机制，将大大降低目标公司技术人员的积极性，甚至导致大量关键技术人员离职从而影响并购后技术创新能力。增加研发项目的整合程度会导致研发过程的改变，撤除一些关键研发项目会缩减技术基础从而减弱技术创新能力，而减弱技术应用创新会影响新产品上市的速度（Puranam，2003）。

技术获取型海外并购后采取一定程度的技术整合是必要的。技术整合深度的选择和实施对于并购后协同效应的实现具有重大影响，过低或者过高的技术整合程度都会阻碍协同效应的产生。过低的整合程度会导致无法产生协同效应，过高的整合程度会导致并购公司失去对公司具有重大作用的管理者和技术人员从而破坏协同效应（Cannella，Hambrick，1993；Walsh，Ellwood，1991）。

结合对技术整合深度的分析，本部分将海外并购的文化整合深度界定为低、中、高三个层次。其中，低整合深度是指技术和管理的变化，仅限于财务风险和资源的共享以及促进交流的基础管理系统和过程的标准化。中等整合深度包含诸如实体和知识资源共享、交流的价值链变化。这个程度的管理改变包括报告关系和授权的选择性改变，结构改变包括重新构造决策制定的文化基础。高整合深度是指所有资源（金融、实体、人力资源）的共享，采取并购组织的操作，控制、计划系统和过程，完成被并购公司的结构和文化吸收。

本书将并购后文化整合的阶段划分为引进阶段、融合阶段、全球本土化阶段，三个阶段的相关内容在下一部分展开详细介绍，在此重点描述具体到不同的文化整合阶段中所对应的整合程度。在引进阶段，由于双方企业并没有涉及任何有关企业文化的事项，只是对管理层进行初步整合，因此，整合深度较低。在融合阶段，企业会以追求高运营效率、提高竞争能力、最终产生协同效应为目标，从整体的层面对文化进行具体细致的整合，实现这个任务仅靠管理层是不够的，需要全体员工共同努力，因此，进行中等程度的整合较为合适。在全球本土化阶段，双方文化相互结合，创造全新的企业文化，与国际环境融为一体，这就需要企业在进行全方位整合的基础上，形成自己独特的企业文化，因此，整合深度较高。

三　并购后文化整合的动态演进

在跨国并购中，根据整合战略不同阶段的中心任务和整合策略把文化整合分为三个阶段：引进阶段、融合阶段和全球本土化阶段，三个阶段各有自己的指导思想、中心任务和实现途径，以配合企业整合战略的顺利实施。

（一）引进阶段

引进阶段采用的主要文化整合模式是分离式，保持双方企业文化的独立性，不做全方位的文化整合。这时，主要就是对管理层进行小规模的整合。跨国并购的理论和实践表明，并购后的首要工作是构建一支合适的管理团队，对缺乏国际管理和市场经验的中国企业来说更是如此，管理团队的文化整合是并购成败的关键，如果管理层文化整合失败，企业就失去了发展的基础。管理团队的构成要照顾到双方人员的比例，以使管理团队能吸纳双方的建议和管理经验。

管理层文化整合的关键是团队成员的沟通和理解，在成功沟通的基础上对人员、业务、市场等进行平稳调整，在此阶段企业可以通过正式、非正式两种途径增加沟通手段。正式途径主要有：一是对管理层人员进行跨文化培训，增强管理层成员的跨文化沟通能力，减少管理沟通失败，提高管理层的跨文化管理能力；二是在董事会下设立管理委员会、战略决策委员会等高级决策机构，成员包括双方企业高管、其他战略投资者以及行业内企业高管人员，定期举行会议对公司发展战略和重大问题进行沟通和讨论，使中方高层人员熟悉和理解国外企业的沟通模式和决策方式，减少文化冲突。非正式途径包括组建俱乐部、业余爱好者协会等，培养管理层成员之间的友谊，增加人员对彼此性格、做事风格的理解。最终目的是促进管理层之间的沟通，保证并购初期的高管层稳定，为业务稳定发展打下基础。

（二）融合阶段

此阶段采用的文化整合模式主要是促进式，中心任务是吸纳被并购企业文化中的合理成分，促进全员文化整合。管理层文化整合解决的是稳定问题，但并购的目的是发展，企业发展的重点要转到提高运营效率以及竞争能力上，真正发挥出企业并购的潜力，而要实现这个任务仅靠管理层是不够的，需要全体员工的共同努力。不同国度和文化背景的员工在一个企业里工作，既可能由于文化冲突产生矛盾，也能相互借鉴和碰撞，为企业创造更多的价值。一些有名的国际并购案例之所以失败，都是缺乏有效的手段，双方员工接受此次并购造成文化冲突，中国企业在国际市场和当地市场上的经验弱于对方，应吸纳和借鉴被并购企业的文化精华。此阶段的实现途径主要有：一是对全体员工进行跨文化能力培训；二是组建业务项目组，增加横向、纵向上的沟通，发挥不同文化背景的组合优势，使双方人员尽快熟悉和理解对方的文化内涵，改造自己的思维方式和行为方式，增强对国际当地市场需求的反应能力；三是搭建无边界沟通平台，如内部电子信箱系统、内部网上论坛等，使内部信息和建议畅通无阻，增强全员凝聚力，促进全员文化的整合。

（三）全球本土化阶段

此阶段文化整合的目的主要是创新，中心任务是在双方文化相互结合的基础上，创造全新的企业文化，与国际环境融为一体。面向客户与市场需求构建新型企业文化，把企业文化建立在为全球消费者创造价值这个理念上，这个阶段往往伴随着全球范围内的组织结构调整和业务模式调整，要把这个任务纳入此阶段的文化整合范围，实现组织结构演进、业务模式调整与企业文化创新的良性互动。此阶段的主要途径是参与当地社区建设，积极参加公益活动，强调社会责任，在消费者心目中塑造诚信品牌，提高产品或服务在当地市场的占有率。创新阶段标志着企业文化达到一个新的高度，并得到全球消费者的认可和支持，企业文化的影响力和整合能力得到提升，企业成长为一个成熟的国际企业。

　　综合以上三个阶段的分析可以看出，根据时间演进以及不同的阶段划分，跨国并购采用了不同的文化整合模式，具体如图5-6所示。

图 5 - 6　跨国并购中文化整合模式演进

资料来源：作者根据资料整理。

　　基于并购全过程的文化整合动态演进模型具体如图5-7所示，文化整合的三个阶段相辅相成、层层推进，各个阶段所需要的时间则要视企业的具体情况和整合的进程而定，其中第一阶段的时间不宜太长，时间太长容易使企业经营陷入困境，从而导致并购失败，融合和创新阶段往往伴随着企业组织结构和业务模式的调整，甚至是国际化企业的一种常态，在不断提高自身文化整合能力的进程中逐渐成长为一个真正的国际化企业。

　　同时，中国企业在渐进式文化整合进程中还要区分不同的业务层面和价值环节，适用不同的整合策略，比如产品设计、技术研发等上游价值环节受文化因素影响较少，人员对先进理念接受较快，新标准的建立和实行相对容易，可直接进入融合或全球本土化阶段；而市场调查、营销等下游环节与当地文化的联系比较紧密，可以在相当长的时间内维持引进模式；而在财务、人事、生产、管理等价值环节上，需要双方一段时间的磨合，可以在模式的动态演进过程中逐步探索合适的文化整合策略，只有在文化整合进程中把握不同的业务层面和价值环节，才能最大限度地降低整合风险，实现文化整合的成功。

第四节　案例分析：联想并购 IBM PC 的演进路径

　　2004 年，仅仅拥有 20 年历史、营业收入不超过 30 亿美元的联想，

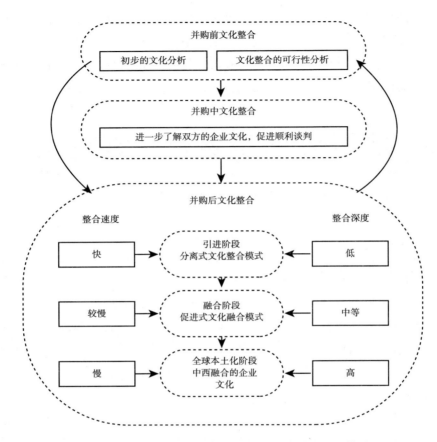

图 5 – 7　基于全过程的跨国并购文化整合动态演进模型

资料来源：作者根据资料整理。

收购了创立于 1911 年、营业额高达 90 亿美元的 IBM PC 事业部，拉开了跨国文化整合的序幕。经过多年的整合，一方面联想的销售量快速增长，其在 2010 年所披露的财务报告显示，全年营业收入为 215.9 亿美元，同比增长 30%，税前利润为 3.58 亿美元，较 2009 年增长 122%；另一方面，其产品销售至全球 160 多个国家和地区，同时在日本大和研究所，中国北京、上海、深圳，美国北卡罗来纳州的罗利都有一流的世界级研发团队，其品牌的国际知名度和影响力不断扩大，成功转换为卓越的国际性企业。

联想通过多年的摸索，逐渐形成了一套动态演进文化整合方法，积累了丰富的经验。

一　并购背景

并购背景主要从双方公司的简介和并购动机两个方面展开。

（一）公司简介

联想集团的前身是成立于 1984 年的中国科学院计算技术研究所新技术发展公司，由中科院 11 名科技人员投资 20 万元人民币创立。成功推出联想汉卡后，于 1989 年成立北京联想集团，并于 1994 年在香港上市。自1996 年起，连续 5 年获得 PC 业务中国市场第一，1999 年联想成为亚太市场顶级电脑商，在全国电子百强中名列第一。2001 年，受全球经济影响，特别是全球 IT 产业衰退及互联网泡沫破灭影响，中国 IT 市场增长速度逐渐放缓，联想制定了多元化战略，但 2001～2003 年的经营状况使联想的多元化业务陷入困境。2001 年，杨元庆出任联想总裁兼 CEO 并提出在未来三年实施多元化战略，以谋求实现公司转型。2003 年，联想宣布使用新标识"Lenovo"，为进军海外市场做准备。2004 年，联想多元化战略失败，重新将个人电脑业务确立为自身的核心竞争力，并确立了专业化、国际化的战略，迈出了国际化的步伐。2004 年，联想收购 IBM 笔记本电脑部门，并于 2009 年宣布收购成功。之后联想加快了并购的进程，2009 年11 月，收购联想移动通信技术有限公司；2011 年 6 月，收购德国 Medion AG；2011 年 1 月，与 NEC 公司宣布成立合资公司并于 7 月完成对合资公司 51% 股权的控制，如今联想已成为全球一大笔记本品牌厂商。

IBM（International Business Machines Corporation）于 1911 年在美国创立，是全球最大的信息技术和业务解决方案公司。创立后，其业务逐渐由最初的商用打字机转向文字处理机，最后转到计算机和相关服务上来。1981 年，IBM 开始将个人电脑带入普通人的生活，从此个人电脑成为企业和消费者的主流消费产品。IBM 是计算机产业长期的领导者，在大型机、小型机和便携机方面取得了重要成就。其创立的个人计算机标准，至今仍被不断地沿用和发展。进入 20 世纪 50 年代，IBM 席卷了全球计算机市场尤其是大型计算机市场，成为高端技术的象征。20 世纪 90 年代之后，公司将重点逐渐放在推动企业咨询、服务及软件上，尤其是硬件和高价值的芯片技术，逐渐淡化了利润微薄的 PC 业务。在战略调整过程中，笔记本电脑业务在总收入中的比例逐渐下降：2003 年 IBM 总收入为891.3 亿美元，其中，个人电脑业务的收入为 115.6 亿美元，仅占其总收入的 12.97%。与此同时，其 PC 业务的连年亏损使公司高层更加坚定抛售笔记本电脑部门的想法。该公司 PC 部门 2001 年亏损状况为 3.97 亿美元，2002 年为 1.71 亿美元，2003 年为 2.58 亿美元，而 2004 年仅上半年就亏损 1.39 亿美元。

（二）并购动机

2000 年初，面对国内市场的激烈竞争，联想本着扩展海外业务、获取世界一流品牌的目的，计划并购 IBM 的 PC 业务。

1. 多元化战略受阻

2001 年中国 IT 市场增长缓慢，联想作为上市公司，主营业务单一，面对国内电脑市场持续打价格战的情况，杨元庆提出了发展新战略——高科技的联想、服务化的联想、国际化的联想，开始了多元化的进程。联想从互联网、IT 咨询服务及手机业务方面多管齐下。

在互联网方面，联想耗资 2500 万美元与 AOL 合作打造 FM365 网站，最终却无奈关闭，部门解散；斥资 3500 万美元收购"赢时通"构建的财经网站一年后就宣告失败，亏损超过两亿港元；出资 3000 万元与北大附中合作建立的北大附中远程教育网和投资 5000 万元与新东方合作建立的新东方教育在线也退出视野。

在 IT 咨询服务方面，联想于 2002 年 3 月以 5500 万港元入驻汉普，结局是联想将汉普的 IT 咨询服务作价 3 亿元转让给亚信。

在手机业务方面，联想在 2002 年出资 9000 万元与厦华合资成立移动通信公司，2003 年业绩报告显示上半年的实际销售量仅为 70 万部，与预期全年 150 万~200 万部的销售量相差甚远。联想的多元化战略没有取得预期效果，2003 年之后杨元庆转换战略视角，放弃多元化战略。

2. 国内竞争激烈

国内的激烈竞争来自几种力量的综合作用。首先是客户需求，面对市场上众多的电脑品牌和服务，消费者的选择逐渐多样化，且愈加成熟，消费者拥有较强的讨价还价能力；其次是供货方，为电脑行业提供主要部件的几大厂商控制着关键的技术和生产，他们提供的产品质量直接影响到

PC 的产出质量，供货方的供货价格又影响整个电脑行业的走势，这些寡头公司在价格上拥有话语权；再次是潜在进入者，诸如传统家电厂商、电子部件厂商，都有可能利用自身优势以低价进入电脑行业；最后是行业内已有竞争者，国内厂商的数量众多，价格优势使其主攻中低端市场，欧美厂商有先进的技术优势，并凭借其品牌占据高端市场。联想主要业务集中在亚太地区，巩固和突破市场，在激烈的行业竞争下显得尤为重要。

3. 国际化战略需要

追求国际化一直是联想的战略目标，虽然杨元庆在 2003 年放弃了多元化战略，转而主攻 PC 业务，但国际化依然是联想奋斗的目标。推进国际化战略需要拥有相关的资源与能力储备。在技术方面，联想缺乏 PC 领域的核心技术，难以发展高端产品；在国际化方面，联想缺乏国际化运作经验及能力，国际化进程缓慢，品牌知名度较低，联想在国内市场积累的低成本控制、高附加值等优势难以在全球范围市场中推广。以联想现有的资源与能力，支持国际化战略明显不足。

随着全球 PC 市场的激烈竞争，IBM 的 PC 电脑的市场竞争地位逐渐降低，同时 IBM 的主业信息服务也出现了边际利润下滑趋势。为了集中资源发展核心业务，IBM 决定出售 PC 业务部。

联想希望借助 IBM 的品牌提升自己的国际地位，获取 IBM 一流的国际化管理团队和独特的领先技术，并获得 IBM 遍布全球的渠道和销售体系及国际化公司的先进管理经验和市场运作能力。

二　交易过程简介

2003 年，联想集团聘请麦肯锡作为战略顾问，全面了解 IBM 的 PC 业务和判断整合的可能性。经过 13 个多月的艰难谈判，双方在 2004 年 12 月 8 日达成了最终的并购协议。2005 年 3 月 9 日，美国外国投资委员会（CFIUS）提前完成了对该项收购计划的批准，交易正式生效。交易自生效起至 5 月 1 日全部完成。联想为此次交易花费了 12.5 亿美元。其中包括支付的 6.5 亿美元现金以及价值 6 亿美元的联想集团普通股，同时将承担 IBM 全球 PC 业务部门 5 亿美元的债务。联想集团的中方股东在交易完成之后拥有 45% 左右的股份，IBM 则拥有联想 18.9% 的股权。另外，联想将在五年内有权根据有关协议使用 IBM 的品牌，并且完全获得商标及相关技术。

联想的资金来源主要有两个：一是 20 家中外银行提供的为期 5 年 6 亿美元的贷款。牵头银行为工银亚洲、法国巴黎银行、荷兰银行及渣打银行总计贷款 2.55 亿美元，而另外 3.25 亿美元贷款来源于 16 家中国内地和香港及欧洲、亚洲和美国的银行。二是全球三大私人股权投资公司将共同斥资 3.5 亿美元入股联想集团，进行战略投资，三者将拥有新联想 12.4% 的股权。分别是得克萨斯太平洋集团 Texas Pacific 占 2 亿美元、General Atlantic 占 1 亿美元以及美国新桥投资集团 Newbridge Capital LLC 占 5000 万美元，并约定其中 1.5 亿美元用作收购，剩余资金用于新联想日常运营以及一般企业用途。

三 动态演进下的并购后文化整合

根据整合战略不同阶段的中心任务和整合策略，联想并购 IBM PC 业务的文化整合分为引进阶段、融合阶段和全球本土化阶段，实行动态演进。

（一）引进阶段的分离式整合

引进阶段主要是从 2005 年 5 月 1 日联想集团并购 IBM PC 业务交易完成开始，到 2005 年 10 月结束。在此阶段中双方均保持企业文化的独立性，中心任务为管理层文化整合。并购最初由杨元庆担任董事长，IBM 公司高管史蒂芬·沃德担任 CEO，这有助于稳定整合初期 IBM 的队伍及国际市场份额。经过双方的沟通和妥协，在新联想的高级管理者中，原联想和 IBM 公司 PC 部的管理者所占比例为 7∶6，与双方股权的比例相似。

1. 组建文化融合团队，对双方文化进行了解评估

整合的关键在于彼此的交流沟通，只有通过深入交流才能产生真正的理解与认同。并购初期，杨元庆和沃德领导成立了一支由老联想和原 IBM 不同部门的人员组成的文化融合团队，由比尔·马特森（Bill Matson）和乔健任组长，执行组长由具有深厚跨文化管理背景的联想人力资源部学习总监伊敏担任；团队成员由联想、IBM、麦肯锡三方的战略和文化专家组成。所成立的文化融合团队力求深入研究双方的历史文化，在深刻理解新

公司战略的基础上，运用先进的跨文化整合工具与方法，收集和整理来自公司各部门员工的意见，并在此基础上对新联想的文化进行诠释。文化融合团队帮助 IBM 的人员了解联想。并购初期，联想企业推广部赠送给 IBM PC 业务部 1000 本英文版联想历史，发送到每一位经理手中。随后，IBM PC 业务部将联想历史的英文网络版放在自己的内部网站上，帮助全体员工了解联想 20 年的历史。同时，文化整合小组还专门定做了 1 万个联想奥运五环标徽，发给所有新加盟联想的员工。在联想方面的提议下，IBM PC 业务部成立了联想接待小组，专门学习和研讨接待来自中国同事的礼仪，保障中国同事到美国的接待、住宿、餐饮。并购消息宣布后，PC 业务部众多员工开始主动地对新公司提出创意和期望，联想都能够耐心地聆听和接受。

为了向新联想的文化和远景提供确切依据，文化融合团队邀请部分员工参加访谈、座谈和抽样问卷调查活动，聆听员工对新文化的想法和建议。文化融合团队尊重和认真对待每个人的想法和建议，所有意见都被收集和分析，并送交会议讨论，最终作为确定公司核心价值观的参考。

2. 文化差异大，管理层文化冲突

柳传志 2010 年在写给《理财周报》的文章中提到，并购活动完成后，联想先后引入了 IBM 文化和戴尔文化，但这是一个极其艰辛的过程。其中，双方管理层的文化冲突尤为明显，具体表现为：①中国高管遇到矛盾时通常报告上级，上级会进行平衡和沟通，而美国老板倾向让下属独立解决；②中国高管较少对员工进行口头表扬，美国老板则习惯于口头表扬下属，两者的激励效用差异较大；③美国高管提出公司不能依赖老板，公司应该依靠机制进行有效运转，中国高管则认为老板应该为公司运转付出更多努力；④中国高管很少主动提出加薪，但是美国人习惯于直接找老板交谈关于自己加薪的理由，只要理由充分合理，一般会得到满足，这使美国高管领导下的中国员工心理不平衡。此外，还有公司会议上的发言、核心员工离职时的保留奖金等文化冲突问题。在整合期间，无论是沃德、阿梅里奥还是杨元庆任职 CEO，新联想高管团队中老联想高管与外籍高管人数均相当。因此，两类高管团队成员之间的价值观差异很容易引起文化冲突，导致双方互不满意。

从文化差异的角度分析，因为联想和 IBM 并购双方的企业文化差异过大，甚至相互排斥，联想的企业文化不能成功植入 IBM PC 事业部，文化整合的难度和代价相对较大，在此情况下，联想选择保持彼此的文化独立，避免激烈的文化冲突，因此在本阶段采取了分离式的整合模式。

3. 尊重 IBM 的文化差异，特殊化管理

并购前，原 IBM 的 Think 中国团队的办公室处于城市核心区，而老联想的办公室位于城市郊区，两者的繁华程度及便利程度差别很大。如果让原 IBM 员工从"城市"搬到"农村"，极可能造成 Think 团队产生抵触心理，影响业务。为此，老联想专门安排了一系列沟通活动，发现 Think 中国团队具有以下特征：一是心态上不甘于从 IBM"下嫁"到联想，想方设法让世人知道"我们是联想国际的"，不是"国内的"，甚至想成立"联想国际俱乐部"；二是担心未来能否被接受和自己的发展，比较随意和松散，纪律性差；三是不太关心业界动态，内部较少进行经验分享；四是没有销售技巧，想借鉴联想的做法但不愿请教。鉴于这种心理特征，在 Think 中国团队搬迁到联想办公的决策中，老联想高层充分实践了"坦诚、尊重、妥协"的整合方针，给予 Think 中国团队一些特殊的政策，比如针对 Think 中国团队划出了特殊的区域进行重新装修，为每人配备了豪华椅子，每月给予每位 Think 成员特殊的交通补贴，并可以实施"弹性上班"制度，不必像联想老员工一样上班打卡等。

这些特殊的政策，在整合的初期起到了至关重要的作用，保证了原 IBM PC 业务团队的平稳过渡和业务的顺利合并。由此可见，在整合初期双方企业文化尚未融合时，联想尽力包容 IBM PC 事业部的文化，并且给予了 IBM Think 中国团队一些特殊待遇，这两种文化的相互影响利于系统稳定，为进一步统一价值观奠定了基础。无论从价值观的确定，还是从价值观的推广来看，新联想一直尽可能地减小并购双方的文化冲突，努力将双方价值观融合成统一的新联想价值观，从而消除文化冲突的根源，保证新联想系统的稳定

4. 求同存异，初步分离式整合

此阶段联想整合的主要思路是明确总部职能，进行初步整合。董事会

成员及公司高级管理人员大量引入外国人，在新联想的13位集团管理层中，来自IBM的人士占了6席，包括CEO、全球首席运营官、首席市场官、产品开发负责人等重要职位均有原IBM PC事业部高层担任，使联想的商业运营基本上摆脱了在中国市场形成的惯性方式，融入了全球的管理实践当中。与此同时，联想还引进了多家战略投资者，从整体上提升了联想的公司治理水平。

并购初期，人力资源整合的重点是保留原IBM员工，联想保留PC业务的主要负责人，任命原IBM高级副总裁为新任CEO。一方面，新联想管理层通过及时向员工发布与并购相关的信息，从而使员工随时都可以了解到并购最新的进展状况。同时，通过深切地沟通交流，使他们认识到和联想的合作实际上是为员工提供了更广泛的事业发展空间，从而缓解了员工的压力。另一方面，通过介绍联想公司历史、价值观、行为准则，促成原IBM员工对新联想的认同感，一步步建立其归属感。

保持员工的日常工作方式、习惯及与员工利益紧密相关的薪酬福利，为了减少原IBM员工内心的不安，新联想承诺三年内原薪酬水平不变。为了平衡国内员工和国际员工的收入水平差距，薪酬调整的大方向是：针对原联想员工，下调可变薪酬的比例，提高固定工资的比例；对于原IBM员工，则相反。采取渐进的措施来上调联想员工的整体收入水平，从而实现全体员工的薪酬一体化。大多数的原IBM员工基本能够认同和接受并购，原IBM员工流失率控制得非常好，总体没有超过2%。

但是在此阶段，新联想采取相互独立的销售渠道，即联想卖联想的产品，IBM卖IBM的产品。因为新联想本阶段面临的困难是，由于部分并购，IBM的各个环节依然与其原有的体系相连，又要与联想的组织架构整合，两个架构的体系及行为方式存在很大差异，员工之间合作存在障碍，效率低下、供货速度慢是顾客抱怨的重点；联想原有的管理模式只支持在中国的运行，无法支持IBM原有的模式，联想自由的系统不能满足全球业务的需要，IT运营及支持流程也不能满足全球业务的需要。因此引进阶段仅整合了老联想和IBM PC的财务、法务、人力资源等职能，其他如供应链、产品、生产、销售等业务职能都分开运作，各自独立，这一阶段整合速度快，但整合深度不够，主要采取分离式的整合模式。

根据截至 2005 年 9 月 30 日联想公布的中期业绩报告，整合 IBM PC 事业部的工作及全球总部内部职能建设较计划提前完成，这标志着整合引进阶段的结束。

（二）融合阶段的促进式整合

随着引进阶段整合的完成，联想于 2005 年 10 月进入融合阶段的整合，并于 2009 年 2 月结束。中心任务是吸纳被并购企业文化中的优秀成分，促进全员文化整合。

1. 加速文化融合

2006 年 6 月 26 日开始，为了加速内部的文化融合，联想启动文化"鸡尾酒行动"，开始专注、系统地进行内部的文化整合工作，此次也是联想整合过程中范围最广、时间最长、最为系统、参与人数最多的一次文化整合行动。"鸡尾酒行动"包括三个主要方面：一是案例征集，包括与外籍同事工作的感受、故事等，对中国与外国文化种种不同的体察，对各式各样的文化及文化中的差异和冲突的体验与认识等；二是网上大讨论，通过记叙、议论等方式，鼓励员工亮出自己的思想与主张；三是趣味文化活动，包括中外礼仪文化、饮食文化、社交文化等讲座与论坛，还有鸡尾酒晚会等。2007 年 8 月，联想发布了全球新文化，包括三大方面：一是核心价值观，成就客户、创业创新、诚信正直、多元共赢；二是联想的行为，追求绩效、赢得态度、拥抱变革、坦诚沟通；三是要达到的成就，优秀可靠的产品，国际及业内领先的地位，不断成长的业务，不断增长的市场份额，"赢"得全球团队与文化。

2. 深化团队整合

出于"营利性增长的考虑"，2006 年开始，联想进入了新 CEO 阿梅里奥时代。利用三年时间，联想借鉴了很多国际先进的组织构架和管理方式，例如空降了一系列戴尔或 IBM 原高管。在之后的三年间，阿梅里奥采取一系列的管理途径，带领联想进入了一个高速发展的轨道，不断推高联想业绩。但阿梅里奥过于"职业经理人"了，而不是把自己当作企业的主人来经营，没有考虑联想的发展，他过多地注重短期业绩，忽略了集团长期发展的战略。在 2008 年金融危机到来时，联想面临巨额亏损，联想又一次站在了岔路口上，这也标志着阿梅里奥时代的终结。联想为了把握战略方向，解决职业经理人目光短浅的问题，让柳传志重新出山，接替董事会主席一职，让杨元庆出任 CEO，并调整 CFO 等职位的人选。

2009 年 2 月，新的 8 人执行委员会由 4 位外国人和 4 位中国人组成，杨元庆任 CEO。杨元庆继承联想管理传统，采取完全不同于前任的领导方式，通过每个月执委会 8 人集中于世界的某个地方连续开会三天的模式，充分讨论和交流公司的重大问题，由虚到实地制定公司战略。以市场增长率和利润率为两个维度，形成了中国、欧美、新兴商务和新兴交易四个细分市场，形成了清晰的战略对策，执行力大大增强。半年之内，公司业绩有很大提升，外国高管如约拿到了奖励，工作积极性大增。

在人员整合方面，2006 年 3 月的调整计划显示，联想在美洲、亚太和欧洲削减了 1000 份全职工作岗位。通过本次人员调整，联想实现了降本增效，巩固了集团的全球竞争地位。人员调整是对联想战略布局以及组织结构调整的直接反应，更是联想实现战略目标的重要条件。通过一系列的人力资源部署，联想将自己原有的人员优势嫁接到了新的组织中。

3. 实现品牌整合

按照交易协议，自收购日起五年内，新联想集团将无偿使用 IBM 品牌，并获得 "Think" 系列商标和相关技术。其中分为两个阶段，第一个阶段是前 18 个月，为 IBM 的 PC 部分单独使用阶段；第二阶段是 18 个月到五年间，为 IBM 和联想双品牌运营阶段。五年后，主打联想品牌。与 IBM 品牌相比，联想在国内外市场均不具备 IBM 的王者风范。在这种情况下，并购后联想借用 IBM 高品牌价值、高科技含量的形象，以 ThinkPad（笔记本）和 Think Center 桌面产品为主打产品进军国际市场；针对国内市场，则实行以 Lenovo 品牌产品主打家用市场，以 IBM 品牌产品主打商用市场。采用两种产品、两个市场的策略，以 IBM 品牌效应带动 Lenovo 品牌的拓展，扩大市场份额。同时，抓住都灵和北京奥运的契机，提高 Lenovo 品牌在全球市场的知名度，加快 Lenovo 向世界性品牌的过渡，使其成功转变成占有全球第一大市场份额的国际性公司。

4. 进行全面整合

一是供应链的整合。联想中国与联想国际进行供应链整合，形成全球供应链（GSC）。联想整合自己原有及 IBM 的 ERP 系统，并建立新的大企业供应链管理系统，以达到全球统一的目的。2006 年 6 月，联想新的供应链管理系统成功上线，使双方的 ERP 系统整合成功，实现了无缝对接，极大地提高了新联想的运营效率。

二是销售系统的整合。2006 年 3 月，联想建立新的联想业务伙伴网，并将合作伙伴作为向全球中小企业销售产品的主要销售渠道；联想中国的销售系统、部分营销系统和服务系统，与联想国际中国区合并，成立联想大中国区；实现联想中国各职能系统与全球总部职能垂直整合。

三是研发系统的整合。设置三大研发中心，并在产品研发上做统一协同。另外建立联想中国平台，加强大本营建设。

这个阶段最重要的是成立三个全新的组织：全球产品集团（负责开发和经营所有联想品牌产品，是新构架里面的核心发动机）、全球供应链组织（实现供应链各个环节的整合，是新构架的循环系统）和重建五大区域（美洲区、EMEA 区域——欧洲和远东、亚太区、印度区和中国区，根据不同区域的特点，采取不同的战略，扩展交易型和关系型业务模式，进而提高不同地区客户的满意度）。这个阶段最大的特点就是充分发挥了美国人在构建跨国大型企业组织结构方面的优势，从而保障了整个集团良好有效地运作。

本阶段联想进入深度整合阶段，整合周期较长。这一阶段联想鼓励组织文化的多元化，在对 IBM 进行管理的过程中，联想的文化起到越来越重要的作用，因此本阶段采用的文化整合模式主要是促进式，对文化、团队、品牌、供应链、销售系统和研发系统等进行了全面的整合。2009 年全年营业收入 166 亿美元，较 2008 年增长 56%，税前利润 1.61 亿美元，较 2008 年增长 50%，柳传志也随即宣布联想收购 IBM PC 事业部取得成功。

（三）全球本土化阶段的中西融合

全球本土化阶段从 2010 年开始至今仍在进行之中。此阶段的文化整合目的主要是创新，中心任务是在双方文化结合的基础上，创造全新的企业文化，与国际环境融为一体。

1. 中西融合下的新文化

柳传志重新担任董事长之后对联想的文化提出了新的要求，最终通过项目组共同努力确定了联想之道：联想的基础是战略 + 核心价值观（成就客户、创业创新、诚信正直、多元共赢）；联想的原则是说到做到、尽心尽力；联想的结果是卓越执行（速度—纪律—效率）、成就目标（持续增长—超越界限—基业长青）。柳传志希望把员工个人的追求融入联想的长远发展之中。在价值观实现统一的过程中，新联想非常重视双方高管团队的沟通。新联想聘请国际咨询公司开发了名为"当东方遇到西方"的文化融合课程，通过系统的培训和沟通，双方高管都认识到行为差异背后的社会、历史、文化因素，而且对于日常工作中出现的摩擦，大家也都能理解和释然。

在此基础上，新联想组织双方高管学习和讨论双方如何互相信任，并制订了很多具体的行动公约。在"说到做到"这个文化要求上，老联想员工在定目标之前要明确界定自己的资源和目标是否匹配，不轻易承诺，但是一旦承诺就会想方设法去保证目标的实现。但是，美国人并不将目标放在首位，他们会寻找很多未能实现目标的客观原因，并且不影响上下级之间的信任关系。通过柳传志和杨元庆的不断强调和推进，在高管层面上，终于把"说到做到"的诚信文化真正在海外推行起来。这说明两家公司的员工已经开始互相认可对方的管理风格，并在很多方面达成了共识。

2. Lenovo Think 品牌推广

在品牌整合方面，在柳传志的领导下联想提前放弃 IBM 品牌，将 IBM Think 品牌转化为 Lenovo Think 品牌，联想将 Lenovo 作为公司母品牌，并细分面向行业和大企业客户市场的"Think"系列，以及面向消费用户市场的"Idea"系列的品牌；同时针对不同的用户群体区分不同的产品线，Think 产品组别主要针对商用客户，Idea 产品组别则专注消费客户；柳传志在巩固中国市场后开始加劲开拓俄罗斯、印度尼西亚等国际市场，并取得了突破。

通过品牌创新、新市场开拓以及核心竞争力的形成，联想在技术与销售渠道方面获得了较大的优势，通过这些优势整合，联想完成了一次成功的并购。2011 年的财报显示，联想连续两年位列全球 PC 供应商之首，市场份额超越戴尔成为全球第二大 PC 制造商。

2011 年 5 月 26 日，新联想公布的 2010 财年业绩显示，全年营业收入

215.9 亿美元，同比增长 30%，税前利润 3.58 亿美元，同比增长 122%，全球市场份额达到 10.2%，占据世界第二位置。2013 年 11 月 7 日，联想发布了截至 2013 年 9 月 30 日的第二季度（自然年第三季度）财务报告。报告显示，联想在全球 PC 市场的份额达 17.7%，连续两个季度成为全球最大个人电脑供应商，同比上升 2.0 个百分点。

这一阶段文化间相互渗透与融合，经过一个非常漫长的过程，形成了新联想的文化。

四　案例启示

自 2005 年联想完成对 IBM PC 事业部的并购直至今日，新联想的运行十分有效。综合全文分析可以看出联想并购 IBM PC 事业部是成功的，联想的成功在于其并购后推进了文化融合。与所有海外并购一样，联想面临着文化的巨大挑战。联想文化与 IBM 差异巨大，各具鲜明的特点。联想文化遵从我国的创业进取型文化，而 IBM 遵从美国的制度性文化。联想并购 IBM PC 业务部之后充分尊重彼此的文化，求同存异，积极推动文化的融合，并致力于打造联想新文化。联想并购 IBM PC 事业部的文化整合主要给我们以下几点启示。

一是不同阶段，并购后矛盾的核心会有所不同，解决问题的侧重点也会有所不同，因此需要进行阶段式的文化整合模式。这样可以避免矛盾的集中爆发，降低解决问题的难度。

二是文化整合引进阶段、融合阶段和全球本土化阶段是相辅相成、层层推进的，其中第一阶段比较快速，且主要是以人员和财务等形式为主的整合。第二阶段文化的进一步融合往往伴随着企业组织结构和业务模式的调整，在不断提高自身文化整合能力的进程中逐渐成长为一个真正的国际企业。第三阶段全球本土化阶段主要是文化和品牌的创新与推广，这需要一个漫长的过程。

小　结

并购方对于并购双方的文化差异进行有效的整合，是并购企业进行成功运营的保证，可以解决企业在进行并购后整合的操作过程中的诸多问题，避免因为文化差异而在运营过程中出现重大失误。而且，并购方企业的领导者在并购后整合的过程中应用的一条适合本企业发展的文化整合模式，对并购企业实现自身的战略目标具有现实意义。

并购后整合的模式有吸纳式、渗透式、促进式、分离式四种，并购后文化整合模式在不同情况的应用下各有千秋，应科学地慎重选择。在企业文化识别、测量以及考虑文化强度、文化匹配与文化协同的基础上，综合平衡并购双方的地域性差异、国家背景差异、企业规模差异、企业性质差异、双方的文化强度、文化宽容度、领导集权度等多个因素，最终选择适合企业的文化整合模式。

并购方企业要建立相应的文化协同机制以实现企业文化的整体提升。文化协同机制分为转移机制、互补机制、冲突消除机制三个方面，分析了并购方企业在并购后的整合中对于文化协同的管理内容，管理层可以运用文化形势描述、文化的解释和文化的创造力的方法，并从内部协调、注重沟通等方面分析了企业文化协同的实现机制，以确保文化协同能够在并购方企业中真正地发挥作用。

跨国并购的文化整合阶段划分为引进阶段、融合阶段、全球本土化阶段三个阶段。引进阶段采用的主要文化整合模式是分离式，保持双方企业文化的独立性，不做全方位的文化整合。融合阶段采用的文化整合模式主要是促进式，中心任务是吸纳被并购企业文化中的合理成分，促进全员文化整合；全球本土化阶段的文化整合目的主要是创新，中心任务是在双方文化相互结合的基础上，创造全新的企业文化，与全球环境融为一体。

通过对并购双方文化强度、文化匹配度的分析，选择科学、合理的文化管控模式，以达到降低风险、形成协同的目的，文化整合的三个阶段要根据具体的文化分析状况选择进入阶段。三个阶段相辅相成、层层推进，融合和创新阶段往往伴随着企业组织结构和业务模式的调整，在不断提高自身文化整合能力的进程中逐渐成长为一个真正的国际化企业。

第六章

四阶段 PMI 管控模型构建

全过程的并购后整合（PMI）管理模型是基于并购整合理论和项目管理思想构建的全过程、动态整合模型，是一系列步骤的集合，主要为 PMI "四阶段"管理模型，具体包括整合前评估、整合规划、整合实施以及整合后评价。本章从文化视角切入，以基于全过程的并购后整合（PMI）模型为基础，详细介绍了企业并购后文化整合实践。

第一节　基于全过程的 PMI 管控模型概述

一　管理控制概述

管理控制主要是通过影响成员的行为来实现组织的整体目标（Abernethy，Chua，1996）。管理控制系统能用来统一组织成员的目标、实施组织的战略、实现组织的可靠运行，帮助组织适应外部环境变化以及达成组织的目标。组织的控制机制设计必须关注如何让具有不同目标的个体进行合作（Ouchi，1979）。如果组织的所有成员都能按照最有利于组织的方式行动，那么控制甚至管理将不再需要（Merchant，1982）。然而，通常情况下，个体无法或不愿意按最有利于组织利益的方式行事，因此需要一套管理控制系统以防止员工的不当行为，鼓励员工的有利行为（彭家钧，2014）。

管理控制系统以控制实施者角度进行分类可以分为内部控制与外部控制，相较于以社会控制为主的外部控制，内部控制逐渐成为企业关注的焦点问题。2008 年，财政部等部委联合发布《企业内部控制基本规范》（财会〔2008〕7 号），2015 年财政部发布《关于加强企业内部控制工作的若干意见》，中国政府和企业对内部控制的关注度也逐渐提升。

内部控制是在一定的环境下，单位为了提高经营效率、充分有效地获得和使用各种资源，达到既定管理目标，而在单位内部实施的各种制约和调节的组织、计划、程序、方法。根据《企业内部控制基本规范》，内部控制包括五大目标：合理保证企业经营管理合法合规、资产安全、财务报告及相关信息真实完整、提高经营效率和效果、促进企业实现发展战略。其中报告目标指对内对外报告的可靠性；经营目标指对风险做出适当反应，促进经营的效率与效益；合规目标指符合法律法规、商业行为的内部政策。内部控制包括以下五个要素：一是控制环境，二是风险评估过程，三是信息与沟通，四是控制活动，五是内部监督。

控制环境包括治理职能与管理职能，以及治理层和管理层对内部控制及其重要性的态度、认识和措施。控制环境决定了企业的基调，影响企业员工的控制意识。它是实施内部控制的基础，提供了基本规则和构架。控制环境的重要影响因素包括：员工的诚信度、道德观和能力；管理哲学和经营风格；管理层授权和职责分工、人员组织和发展方式；董事会的重视程度和提供的指导。其中，控制环境的重要组成部分之一就是员工的诚信度以及道德观，它直接关联着业务流程是否能有效控制、设计以及运行。沟通与落实诚信和道德价值观念包括：被审计单位是否有书面的行为规范并向所有员工传达；被审计单位的企业文化是否强调诚信和道德价值观念的重要性；管理层是否身体力行，高级管理人员是否起表率作用；对违反有关政策和行为规范的情况，管理层是否采取适当的惩罚措施。例如，管理层在行为规范中指出，员工不允许从供货商手中获取超过一定金额的礼品或者某种形式的好处，超过部分必须向上层报告并退回。虽然该行为规范并不能绝对保证每一位员工都身体力行，但至少代表着管理层已对此进行明确规定，它连同章程或其他程序构成了一个有效的预防机制。

企业的风险评估过程包括对经营风险、财务风险等识别，并针对风险采取一系列应对措施。任何企业、任何组织都会在日常经营生产活动中面临形形色色的风险，对其生产经营、竞争甚至生存能力带来无法预知的影响。现实中许多风险并不能完全被企业及时识别和有效控制，但管理层应当确定其正常范围内可承受的风险水平，利用某些手段做到尽早地识别可控风险。

信息与沟通是指企业为了提高管理经营效率，促进员工全面履行职责而收集、识别各种内部和外部信息并进行充分有效的沟通交流，是实施内部控制的重要条件之一。主要包括：信息系统、沟通。企业在生产经营过程中，需要按照某种形式识别、获取正确且有价值的信息，并进行沟通，以使员工能够履行其职责。企业所有员工必须从最高管理层清楚地获取承担控制责任的信息，而且必须不断向上级部门汇报和沟通重要信息的方法，同时与外界利息相关者，如客户、供应商、政府相关部门以及股东、债权人等进行有效的沟通。

控制活动根据风险评估结果，采用相应的控制措施，将风险控制在可承受度之内。包括授权、业绩评价与考核、信息处理、实物控制和职责分离等相关活动。授权在于确保交易在管理层的授权范围内开展；业绩评价在于计算实际业绩与预算业绩二者的差异，比较内部数据与外部获取的信息来源，综合分析财务数据与业务数据之间的关联性；检查各种类型交易的准确性、完整性和是否在授权范围内进行；对资产和记录采取适当的安全保护措施，对访问计算机程序和数据文件设置权限，定期进行盘点等。常见的内部控制活动有：不相容职务分离控制；授权审批控制；会计系统控制；调节和复核；财产保护控制；预算控制；营运分析控制；绩效考评控制。

管理层的重要职责之一就是设计、有效运行和维护内部控制，并对内部控制施加监督，即由一定的人员，在合适、及时的基础上，评估控制系统的设计、运行及维护情况，并向管理层实时报告。

综上所述，在企业并购后整合过程中，要始终坚持管理控制的思想，将内部控制的报告目标、经营目标以及合规目标充分贯穿于整合前评估、整合规划、整合实施与整合后评价四个阶段。基于以上三个目标，在 PMI 四阶段中需要充分关注并购双方的战略、经营、人力资源及财务整合，具体内容将在本章进行详细介绍。

二　基于全过程的 PMI 理念

并购后整合并不是一个独立的阶段，而是贯穿于企业并购全过程的、动态的整合流程，它体现在并购各个阶段——并购决策、并购接管、并购整合及并购评价。正是由于并购双方文化的差异性，才需要基于不同的文化背景，在并购后整合全过程中选用适当的方式。本书认为：我国并购后整合要实现并购后的价值提升，必须基于并购的全过程，注重文化的整合。对应并购的四阶段，并购后整合也分为四个部分，分别是整合前评估、整合规划、整合实施和整合后评价。

综合前期大量的文献阅读积累以及企业实地调研访谈结果，本书将并购活动划分为决策、接管、整合及评价四阶段。并购决策阶段是指包括从并购战略制定开始直至并购协议签订成功为止的整个决策活动，涉及并购前期准备、并购审慎性调查和并购交易谈判及并购实施阶段。并购接管涉及产权界定、董事会变更，高管团队的重新组建和相关工商手续的变更办理，该阶段以并购协议的签订为起点，以相关的法律文件、工商营业执照变更的完成为结束。并购整合阶段较其他阶段而言，很难在短期内结束，这一环节是个循序渐进的过程。并购评价阶段对企业并购的整个过程，即并购决策、并购接管、并购整合以及企业内部控制进行全方位的评价，以期发现并购过程中存在的缺点与不足并进行修正。

并购后整合是一个动态、反复的过程，在这一过程中要坚持全过程的理念，注重并购双方企业文化的融合。在并购决策阶段要进行整合前评估，管理工作组在整合指导委员会指导下通过尽职调查识别并购风险，制定初步整合计划书。并购接管期要进行整合规划，整合规划帮助企业熟悉被并购企业的情况并制定整合计划书，为后续开展整合工作提供指引。并购整合期真正实施并购后整合，它将整合计划付诸实现，同时提供反馈信息，实时修改整合计划。在并购评价阶段要进行整合后评价，通过并购后整合评价，可以衡量整合活动的目标是否有效完成，并进一步观察并购整合完成后企业的经营活动情况。全过程理念如图 6 - 1 所示。

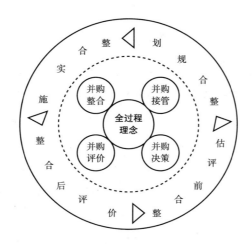

图 6 – 1　基于全过程的 PMI 理念

资料来源：作者根据资料整理所得。

三　文化视角下的 PMI 四阶段介绍

并购对于企业来说是一次涉及各方面利益的重大变革，而不是简单的改良，并购后整合是指并购企业在获得目标企业的资产所有权、股权或经营控制权之后进行的资产、人力资源、管理系统、组织结构、文化等企业资源要素的整体系统性安排，从而使并购后的企业按照一定的并购目标、方针和战略组织运营，以达到提升合并整体价值的目的（崔永梅，2010）。PMI 对企业并购后的绩效以及业务战略产生直接的影响，甚至关系到企业未来的生存。大多数企业并购后整合实施的成功与否很大程度上取决于公司高级管理人员的战略规划、业务联系。一般来说，大多数企业在整合中往往缺乏明确的规范制度。波士顿咨询集团的一项研究表明，在收购目标企业之前，只有不到 20% 的并购企业会考虑整合过程中可能存在的问题并制定相应的整合规划。

整合过程通常划分为四个阶段：整合前评估、整合规划、整合实施和整合后评价。这四个阶段是相互联系、相互渗透的。整合前评估阶段是整合工作的基础，是整个整合过程的前奏，是指充分利用整合前全面评估阶段对目标企业全面评价的成果，从并购准备阶段的尽职调查开始直至完成并购协议的签订，由整合指导委员会加以指导，由整合经理具体执行，关注并比较并购双方的文化、组织战略、业务经营、财务以及人力资源等的匹配程度，促进双方的优势互补，能迅速为并购后的企业带来管理协同和技术协同，促进双方的一体化进程。整合规划阶段是整合工作的关键阶段，是指从并购协议签订完成到工商行政手续发生变更阶段，这一阶段组建整合管理工作组，任命管理经理，在整合管理工作组的指导下，明确整合过程，按照相关要求及方法制订整合计划书，对整合内容的推进程序建立一个清晰的准则，确立整合后目标公司的管理人员的结构及继任计划，设定相应的原则及规范制度，确保人、岗及职责明确对应，制定各方面具体的整合战略与计划。整合实施阶段是整合工作的核心阶段，是完成接管后的实施过程，在这一阶段必须进行阶段性评估，并用反馈的信息调整整合计划，同时，通过双方企业的沟通来促进整合的进程，包括相关利益者整合、财务及运营整合等，是不断修正和反馈的过程。整合后评价阶段是整合工作的保障，是整合活动的一体化阶段，也是收尾阶段，工作重点在于评估整合管理的效果，并平稳地进入企业正常的运作时期，由企业内部审计人员牵头组建评价小组，制度评价指标，根据评估程序衡量整合活动的效果，并学习并购的经验积累。下面对各阶段包含的内容进行详细介绍。

整合前评估阶段。一个成功的并购整合，早期便介入整合思维是必不可少的。若两个业务组合无法提升核心竞争力和实现协同效应，应尽快终止。整合前评估阶段是并购整合的基础，是整个过程的前奏。关键控制点表现为以下四方面。

（1）起点和终点。本书认为，整合前评估阶段应从尽职调查开始，为整合做好准备，组建整合管理工作小组，并任命整合工作小组的经理。充分利用企业内部和外部的尽职调查对目标企业的现状进行全面的评估，确保对并购企业整合目标有一个清晰的定位；对目标企业可能带来的资源价值以及收购放所能提供的资源和管理支持进行评估，有利于在前期阶段尽早识别整合风险。

（2）任命整合经理。整合是一项极其复杂又富于挑战的任务，麦肯锡的研究表明，整合不良的一个重要原因是整合经理的不当选择和任命。整合经理不单单是整个整合工作组的工作统筹和领导者，更是整个团队的协调者，是 PMI 系统的核心。整合经理应该自尽职调查阶段开始充分参与。

（3）匹配性分析。使用尽职调查数据来阐明匹配标准，并从整合的角度分析交易的可行性。并购整合行为是建立在提高核心竞争力和实现并购动机的基础上的，因此应该从文化、组织、战略、经营、人力资源等方面进行全面分析。

（4）初步整合计划。经过尽职调查，整合工作小组应制定一份合适的"初步整合计划"。运用项目管理思想进行分析，界定整合范围，明确并购整合目标，明晰关键路径，评估资源成本，并进行风险分析。

整合规划阶段。整合工作必须根据整合计划书贯彻落实，包括战略整合计划、业务整合计划、文化整合计划、人力资源整合计划和财务整合计划。整合规划阶段需要完善相应的组织和原则，确保人、岗和职责相互对应，提高组织沟通和交流效率，保证并购整合工作的有序开展。关键为以下三点。

（1）制定原则。整合计划书的制定并非是由一个部门或者一个工作小组完成的，涉及多个部门、多个领域。整合计划需要综合考虑各种因素相互的作用。因此，在制定整合计划书时，要对目标进行分解，突出重点，通力协作。

（2）制定方法。整合计划的制定有两种方式，一种是并购整合团队根据公司战略和前期对目标企业尽职调查的结果设计制定出一套完整的整合计划，另一种是并购整合团队与目标企业的一些关键人员一起协作。双方充分沟通，共同制定一个综合计划。

（3）全面沟通，建立反馈机制。加强并购双方不同层级之间的思想和信息的沟通交流，一方面可以减少误解和矛盾，另一方面可以为企业未来的整合提供指导和方向。若事先没有与关键利益攸关方进行有效沟通，很有可能直接导致整合失败。

整合实施阶段。整合实施阶段应遵循循序渐进、先易后难的原则，目标企业应及时协助整合活动的开展与进行，实时跟踪检查、整合计划的执行进度，及时纠正和出谋划策，保证企业在整合过程中的稳定性。具体表现在以下三点。

（1）各部门协调配合。整合实施阶段不是单单靠一个部门的力量，而是涉及所有相关部门之间相互扶持、相互促进、相辅相成。整合过程若缺失任何一方，都会损耗公司的整体价值。除此之外，企业还应建立自上而下的决策传递渠道和自下而上的汇报反馈渠道。将目标分解落实到各相关部门，循序推进，互相配合，共同实现协同效应。

（2）要特别注重利益相关者的整合工作。如何解决人的问题是并购整合过程面临的一大挑战。就员工角度而言，并购企业只有深入了解目标企业员工的需求、恐慌及担忧，才能有效地消除员工的顾虑和不安，才能有效地整合沟通以促进企业日后的经营管理。

（3）要做好业务整合工作，必须从两方面入手，一是促进整合，二是促进经营管理。以抓好整合促经营，以抓好经营保整合。有关部门的业务能力、双方的协同合作能力，会对整合期间的经营效果产生较大影响。

整合后评价阶段，是指在企业并购整合活动完成后对全过程进行全面评估，以便发现整合过程中存在的缺点和不足，并进行不断完善。整合后评估阶段一般由公司内部审计人员主导，组建评估团队，评估整合活动是否达到计划目标，并对整合实施后公司的业务活动进行监控，确保并购活动能够创造价值。一是制定评价指标。PMI 涉及面广，所面临的风险也是多种多样的。因此，对于整合后的评估，团队应针对具体风险制定适当的评估指标和方法。二是整合经验的学习与沟通。在评价结果的基础上，对并购整合活动中存在的缺点和不足进行纠正，并不断加以改进和完善。

第二节　整合前评估与规划

整合前评估阶段是企业并购整合流程的第一个阶段，是从尽职调查开始到签订并购协议为止，具体包括并购双方的战略匹配、业务匹配、文化匹配、财务匹配等方面；整合规划自工商注册登记开始，至正式接管之前完成。在此期间，整合团队要全面深入地收集信息，熟悉被并购企业的情况，找出双方的互补性和冲突性，最终形成整合计划书。

一 整合前评估概述

并购作为一项风险性很高、对企业发展战略影响极大的投资活动，任何企业在实施并购前都应该进行细致的摸底调查。整合是一个全过程的工作，并不是仅仅开始于并购交易完成之后。在产生并购意向的时点，开始筹备整合工作，对并购双方进行匹配性分析，匹配的维度包含战略匹配、经营匹配与财务匹配。根据匹配分析的结果来分析并购整合中存在的风险，若不能很好地匹配，则说明存在较大风险，并购企业应权衡利弊，要谨慎周全地考虑。

（一）战略匹配

所谓战略匹配，是指将并购企业的内部资源和技能等要素与目标企业的要素，结合外部因素造成的机会与风险、威胁进行匹配，以期实现资源互共享、优势互补，在此基础上实现 $1+1>2$ 的协同效应。通过战略的匹配性分析，更准确地判断双方是否适宜进行并购。整合前评估阶段的战略匹配标准以并购前的综合目标能否实现作为匹配程度的衡量标准。在实际操作中，为避免目标制定不科学而导致的衡量标准主观性太强，对事前标准的选择应注意客观原则。

综合目标的核心有两点：一是对并购双方而言，能够实现协同；二是对并购双方所形成的新企业而言，能够建立竞争优势。并购企业的战略目标反映了收购方关于业务范围及业务相关性的战略意图，如是否进入目标方所从事的业务，新收购的业务与收购方已有业务间是否存在协同的可能性等。还有并购双方和并购是否能在静态或动态上获得增长，所谓静态增长是并购双方合并后能立即获得的增长，如市场份额扩大，服务网络扩大等。所谓动态增长是指并购双方合并后虽然不能立即获得明显的优势，但新形成的优势会逐渐促进业务的成长，并在预定期限内达到企业的业务成长目标，它可用业务成长性指标来反映，如收入增长率、利润增长率等。

在实际并购中，部分企业没有形成并购战略，而是由于某种特殊动因的推动或者某种特殊环境的影响被迫或者盲目进行并购。双方战略匹配程度较低，难以实现双方的资源共享、优势互补，可能导致 $1+1<2$ 的局面。

（二）经营匹配

并购与被并购企业在完成了战略匹配后，应该在并购战略的指导下，进行双方的经营匹配分析，分析双方业务的互补性、产业链的完整性以及整合的可能性，主要包括以下内容：

1. 产品匹配分析

对目标公司产品进行评估是并购整合的基础，通过评估才能明确已有产品与目标公司产品的差异，进而决定它们是否能够消除公司的产品或服务存在的障碍，或者是否能增强公司已经具有的产品优势。主要分析它的品牌、销售能力、产品质量和客户服务。

一是品牌分析。对目标公司的产品品牌进行分析，可以知道其能否为公司带来额外的收益，是否长期具有价值。这就要明确以下几个方面：这一品牌是代表公司的过去，还是代表公司的将来？与竞争对手产品品牌的知名度相比，目标公司的产品知名度如何体现？消费者对该品牌是否忠诚？

二是销售能力分析。目标公司的销售能力可以从其销售计划、销售信息沟通和销售支持等方面来评价。分析目标公司的销售计划的过程及其业绩，才能确定这些技能能否运用到合并后的公司中去。销售信息沟通就是公司通过广告、公共关系、促销活动和人员推销等方式向市场传递公司的产品和服务的信息，这对产品进入市场是至关重要的。销售人员的销售工作在很大程度上要依赖公司的整个销售组织的工作效率，只有公司的销售组织才能支持和促进公司的销售工作。

三是产品质量分析。一个企业生产的产品品质最能够说明该企业的经营能力。虽然现代管理理念往往是营销导向型的，但是产品的品质是一切销售活动的基础。目标公司的产品品质可以完整地表现出目标公司产品开发设计、生产工艺、生产管理、质量检测等方面的能力，这些能力对于整合后的产品组合同样重要。消费者的购买意愿通常是建立在对不同品牌产品质量的比较之后。只有质量好的产品才能使公司定出较高的价格，增加客户的重复购买率，提高消费者的忠诚度。

四是客户服务分析。在评估目标企业产品质量的同时，也要评估其服务品质。产品质量和服务品质二者在本质上是一个整体，紧密而不可分。

从消费者建议、资金供应、配送安排、产品保修和质量保证等方面来评价客户服务质量。

2. 市场匹配分析

并购和被并购企业都有自己的市场营销策略和运营管理模式，其中包括市场细分、渠道管理、销售策略等。对市场匹配进行分析是极为关键的，因为只有向客户提供经过整合的产品和服务，满足顾客的需求，才会实现市场营销的价值。

一是市场细分。在并购之前，并购公司与目标公司双方有各自的市场定位和目标市场，双方服务的顾客群体不同。对二者的市场细分和客户群体进行评估和分析，在评估和分析的基础上，决定并购后双方新的市场定位。例如，青岛啤酒厂在收购崂山啤酒厂时，对市场进行重新细分，青岛啤酒继续定位于中高档市场，崂山啤酒则专注服务于中低档市场，市场定位的精准细分能为并购后带来更好的业绩。

二是分销渠道。分销渠道的起点是生产者，终点是消费者。并购双方产品特点不同，市场细化不一，客户定位不同，资源能力也不在同一水平线，故整合时亟须对并购双方各自拥有的分销渠道进行匹配分析，主要包括：

对经销商的匹配分析。经销商的分销能力是决定分销渠道的决定因素。这里的匹配分析侧重三个方面。首先是经销商的合理布局；其次是经销商的忠诚度要高，要有战略同盟意识；最后是经销商经营风险的受控程度。

对信息的匹配分析。来自市场的信息反馈对并购双方显得尤为重要，因为它直接影响对产品和市场竞争的决策效率和决策质量。重点控制以下几点：一是市场信息分布的合理性；二是市场信息的真实性；三是市场信息的传递程度；四是市场信息的代表性；五是不能漏报重大市场机会、涉及产品批量质量的事故、来自竞争对手的重大市场竞争策略等关键信息。

对物流的匹配分析。这是提高市场响应能力和提高用户满意度的重要指标。这里一是要考虑提高交货期的准确率；二是要降低物流成本；三是要考虑产品的安全性；四是要降低交易成本，包括库存占用等。

（三）财务匹配

财务整合作为并购整合活动中最基本的整合活动，对于并购完成后的新设企业，保证财务管理的统一以及体系健全的财务运作方式，才能确保并购的战略意图被有效执行。

财务管理整合的目标与企业目标相一致，即实现公司价值的最大化。实现价值增值主要是通过对业务的规划和管理来完成。财务政策是实现业务规划和管理的主要手段，因此，对财务管理目标的匹配，应该重点从财务管理制度来探讨。

并购中所涉及的财务风险包含融资风险和支付风险。融资风险主要是指并购资金来源和资本结构，一方面是指资金是否在数量上和时间上得到保证、融资错配是否会影响企业正常的生产运营等。支付风险主要是指选择不同的支付方式所带来的风险，并购企业选择不同的支付方式，其相应的风险表现形式不同。主要表现在三个方面：一是现金支付方式产生的资金流动性风险和破产风险；二是股票或股权支付方式引起的股权稀释风险，从而降低对目标企业的控制力度；三是杠杆支付产生的偿债风险。

二　文化与整合前评估

并购前阶段指并购双方初步接触，就合并与收购的可能性进行不断讨论，直至并购交易结束后的一段时间。这个时期双方管理层分析将来两家公司合并后如何实现共同的愿景。审慎调查要更广泛地包括双方的文化、战略和其他商务方面，尤其是文化方面是否能相互融合，文化包括国家文化和企业文化之间的差异，这些因素会影响整合后企业的价值实现。在并购前的准备阶段，并购企业应对目标企业进行全面的尽职调查以便充分了解，结合企业自身内部要素以及外部机会、威胁等因素进行预测从而对并购活动的可行性进行全面分析。不要局限于传统财务方面的分析，要全面审慎双方的文化。因此，并购企业不仅需要对目标企业的文化有一个全面深入的了解，还需要重新审视本企业的文化。

并购前的文化整合，主要是指对并购双方进行文化可行性分析。进行文化可行性分析的重要性在于：首先，文化作为企业的固有属性，并购双方的文化冲突在并购前就会体现，如果忽视企业文化因素，则会为并购后文化整合埋下隐患；其次，在并购前的准备阶段，并购企业需要进行可行性分析，如果不将文化纳入可行性分析范围内，没有把所有文化审慎调查的结果和并购整体战略、商业计划、整合计划、整体沟通计划等一起考虑分析，会导致整个并购的可行性判断出现重大失误；最后，并购的接管过程及整合阶段能否顺利开展，依赖于前期对双方企业文化进行大量且细致的审慎调查、分析和可行性研究。如果分析后，两个企业因为文化原因，无法实现并购整体整合计划，并购行动应该放弃，反之，则继续执行并购行动。

（一）文化冲突的体现

文化匹配被定义为并购双方管理风格、计划方式、历史和发展定位等方面相似的程度。文化匹配程度越高，整合所经历的麻烦就越少。从文化的角度来看，企业并购作为企业发展的一种模式，既是原有的企业文化模式被打破的过程，又是新的企业文化模式形成和发展的过程，同时也是两种企业文化相互交融、整合的过程，是企业群体的共同意识、共同价值观调整、再造的过程（胡峰，2003）。在这个过程中，妥善处理并购与被并购企业的文化冲突是关系到企业并购整合成败的关键。根据国内学者张麟（2009）的相关研究，本书认为文化冲突的表现主要有以下方面。

1. 经营理念方面的冲突

优秀企业往往着眼于长远，在制定远景战略规划时更注重国际化、品牌化和产品的创新能力，在制定市场经营策略时把产品质量、价格定位、售后服务、企业诚信放在首位，追求的是"双赢"或"多赢"。而有些企业只注重短期利益，忽视长期发展，生产经营过程中热衷于一次性获利，不顾企业信誉，品牌意识淡薄，品牌战略缺失，更谈不上企业品牌的积累。因此，企业并购后可能在经营理念上差距较大，从而产生冲突。

2. 决策机制方面的冲突

决策者的经营思想和管理方式不同，导致企业的决策机制迥异。有的企业长期以来习惯于集体决策，集体分享成功和失败；有的企业则强调分层决策，独立决断，个人负责和集权管理，以适应市场快速多变的要求。这种决策机制的冲突，在来自不同管理体制的领导层中表现得尤为突出。

3. 价值观方面的冲突

共同的价值观是企业文化的核心，价值观方面的冲突往往表现为更深层次和更大范围的矛盾。价值观具有极强的主观性，它决定人们的行为准则，也是构成企业文化的核心内容。不同国家和民族有不同的价值观体系，每个人也会在长期的生活实践中形成独特的价值观。企业并购时的文化冲突首先集中反映在员工个体不同的价值观上。具有差异性的价值观必然相互摩擦、相互碰撞。每一个体都会出于本能极力维护自己长期形成的价值观，轻视别人的价值观，使之难以形成统一的行为准则。

（二）文化匹配考虑的因素

对于文化匹配，并不是说只有文化相似的企业才是匹配的。例如，当被并购方发现并购方的文化能够提供更多的自由或自主权时，其员工更可能倾向于融入并购方，因此，文化匹配关键在于人员的融合。

首先，管理工作组必须考虑并购双方的战略定位。文化的匹配分析必须放在企业大的背景和环境下，结合企业的战略，明确文化融合的目标和方向。如果双方战略不匹配，文化匹配就无从谈起。

其次，在符合战略匹配要求后，管理工作组要对双方的文化类型进行判别。文化类型的判别主要分为四种：权力文化、任务文化、角色文化、个人文化，如表 6-1 所示。

最后，在了解各种类型文化特点后，可以根据这些特点设计调查问卷，通过调查来判断企业文化类型。这是进行文化匹配测量的基础。

Cartwright 和 Cooper（1996）在此基础上提出，成功的并购必须满足如下条件：第一，并购方具有个人发展文化；第二，并购方具有角色文化，被并购方具有权力或角色文化；第三，并购方是任务文化，而从属方不是个人发展文化。

在并购整合过程中，文化整合问题是仅次于战略问题的首要问题。文化冲突可能来自并购双方管理风格、历史和发展定位等方面的不一致。因此，文化冲突会对并购整合产生巨大影响，更重要的是，文化体现在并购双方员工的思想中并支配他们的活动。注重文化方面的尽职调查，采取恰当的方式来避免文化冲突带来的风险，达到双方文化的融合。

表 6 - 1　文化类型的判别

对比因素＼类型	权力文化	角色文化	任务文化	个人文化
组织结构	典型的中央集权型	典型的专业分工的等级制结构	矩阵结构,有专长的成员组成团队	为满足个人利益而组成的松散组织
控制系统	一个人或少数人的小团体支配组织运行	重视职位描述、逐级控制,沟通依赖与规章制度	高层对经营保持控制,个人对自己的具体工作有高度自主权	各自为政,相互认同为重要而控制机制或管理等级不重要
决策方式	权力中心决策,专家或被过度依赖,或不被重视	高级经理组成的小团体做最后决策,谨慎对待专家意见	决策权在团队内,高度重视专家意见	个人决策,组织依赖于个人存在
管理风格	可能呈现强悍和敢于冒险的作风	等级森严、官僚作风,但深思熟虑	团队文化,高度灵活	无显著风格,随个人特性
适应变化的能力	一般能迅速反应	反应迟缓甚至抵制变化	接受并欢迎变化	取决于个人
适应的环境类型	创新性小企业	稳定的环境	竞争性的动态环境	小型组织
员工行为模式	根据指示行事	根据规章行事	强调团队合作	员工自作主张
价值导向	离权力中心越近越得到尊重	做好分内的事,职权之外的事不被鼓励	获得的尊重来自能力	每个人都是明星

资料来源：Cartwright, S. Cooper, C. L. *Mergers and acquisitions*：*The Human Factor* Butterworth – Heinemann. 1992.

（三）企业并购的文化可行性分析

在企业并购进行文化可行性分析的过程中，首先要在前期的调研、分析工作的基础上，预测并购后企业文化的发展方向，并在此基础上分析双方的企业文化特性是否支持这一方向的发展，即文化的可行性分析。

一旦确定了企业文化整合的方向，也就确定了文化整合的方式，下一步便是进行文化的可行性分析。前面已经介绍过，通常我们将文化整合分为吸纳式、渗透式、分离式和消亡式四种模式。而本书所讨论的包括吸纳式、渗透式、促进式和分离式四种。其中，吸纳式和渗透式从其变化的本质上来说，都是改变一个企业的企业文化使之变成另一个企业的企业文化，因此我们在这里将其归为一类进行讨论，称为单变式。而另一种就是消亡式。不管文化整合方向确定的社交性和团结性之间的组合有几种，文化整合的方式都从单变式和消亡式两种方式讨论，从而判断在文化方面并购活动是否可行。

第一种是单变式。单变式是指并购双方其中一方的企业文化不变，另一方的企业文化变化并向第一方的企业文化发展的情形。单变式主要是吸纳式和促进式的文化整合模式。假设两企业参与并购，其文化分别为 A 和 B，这种情况就是 A—B 或 B—A。在这种情况下，首先判断双方企业的文化类型；其次是判断 A 文化能接受的改变程度，B 文化对其他文化的包容程度，即双方企业能接受的融合度；再次分析当 A—B 发展时，我们要回答社交性和团结性发生的变化幅度是多少、这样的变化幅度对双方企业意味着什么、将造成多大的影响等一系列问题；最后判断双方企业能否进行这种类型的文化整合。例如，假设一方是网络型文化，另一方是直线型文化，根据文化整合方向，我们需要判断网络型文化向直线型文化变化是否可行，首先我们要分析网络型文化的企业对文化改变的容忍程度，究竟它是否能接受改变，能接受多大程度的改变；另一方面，还要分析直线型文化的企业对异文化进入的排斥程度，然后对实际的网络型向直线型文化发展中面对的改变程度进行分析，这种变化对双方都意味着什么，是否在各自的容忍范围之内。综合对上面这些问题的回答，就是对文化可行性的判断。

第二种是渗透式。渗透式是指改变并购双方的企业文化使之变成另一种与双方都不同的文化，表示为 A—C 和 B—C。对这种文化整合方式的可行性分析首先是要对双方的企业文化及最后的新的企业文化有所了解，在此基础上分析双方企业文化对文化改变的接受程度，最后分析 A、B 文化与 C 文化之间的差异所代表的改变程度是否在双方文化的接受程度之内，即判断了文化整合的可行性。

之后是分离式。即并购双方文化差异较大，文化强度与战略因子差异大，在并购后短期内难以进行整合，或主动并购一方在企业文化上相较于另一方不够成熟，则在并购后初期多采用分离式模式，例如，我国民营企业跨国并购后多采用分离式模式。需要主并购企业在并购前阶段认真调查对方企业的文化强度和各战略因子，并透彻分析双方的文化差异。

这里还需说明的一点是，本书仅从文化角度来分析企业的并购活动，在实际的操作过程中，应从各个方面对并购进行全面系统的分析。比如这一阶段我们仅从文化角度分析并购的可行性，并购企业还要从财务等其他方面对各自的可行性进行分析，最后综合各方面的可行性分析结果判断并购是否可行。

企业文化是企业与文化融合的结晶，它通常被看作一个企业的灵魂，每个企业在其发展过程中都会形成自己独特的文化，拥有优秀绩效的企业文化，能够为企业创造巨大的凝聚力和驱动力，同时孕育无限的创造力。事实证明，良好的企业文化能使全体员工产生由衷的自豪感。同时，还可激发员工的积极性、创造性和主观能动性，并让员工和管理者并肩作战。企业并购过程中产生的大量冲突就是来自企业文化的差异性，它对并购的成功与否有重要的影响。认识并购中的差异和冲突，并采取有效的文化整合措施，是文化匹配的目的。

三　整合规划

整合规划自工商注册登记开始，至正式接管之前完成。在此期间，整合团队要全面深入地收集信息，熟悉被并购企业的情况，找出双方的互补性和冲突性，由相应的整合任务小组考虑风险防范要点后制定出战略整合计划、业务整合计划、财务整合计划和人力资源整合计划，并形成最终的整合计划书。整合计划书不仅包括企业整合的长期规划，更包括即将执行的现阶段计划。整合团队需要将整合规划及时对外公布并接收反馈，所有小组根据计划的反馈情况，对各自部分整合规划进行相应的完善，制定最终整合的优先顺序，共同商讨，最终形成整合计划书。

（一）整合计划

整合计划的制定需要整合团队依据前期整合前评估中尽职调查的结果，而且并购方要和目标方的某些关键人员充分沟通和协商。沟通后要建立反馈机制，尽量减少误会和冲突，主要包括战略整合、经营整合、组织整合与财务整合四个部分。

1. 战略整合计划

战略整合计划是确定并购企业的战略目标，并围绕战略目标制定相应的安排和调整计划。它用来指导企业的各项经营业务活动，以期实现战略协同，增强企业的核心竞争力，实现利润的持续性提高和增长。战略整合是企业并购整合过程的根基，贯穿于并购的全过程，只有根基稳固，才能实现并购的成功。一般来说，战略整合计划内容主要包括四部分：企业使命与目标的整合计划、企业总体战略的整合计划、企业经营战略的整合计划、企业组织的整合计划。

（1）企业使命与目标的整合计划

战略整合计划的首要任务是由整合经理及战略整合任务小组根据企业使命和目标制定相应的整合计划。企业的使命和目标具有极强的针对性，不可能在交易刚结束的短时期内确定，因此要尽早着手制定，最终目的是确定一个清晰和现实的战略愿景，这也是并购后整合成功的前提条件。

并购的使命和目标是建立在并购双方的使命和目标基础上的。首先，战略整合任务小组应全面分析并购双方的目标、任务、性质、发展方向、市场目标等，识别双方在上述各方面的差异，找出双方相似和互补的部分；其次，由于任何一个企业的经营都是通过为用户提供产品或者服务来获取目标顾客的市场份额，因此还要从用户、产品、服务、市场等多方面比较分析并购双方各自原有的特性和优势，并对这些方面能否执行有效整合进行可行性分析，如果不可行则应当被放弃；最后，战略整合任务小组需要结合目前新企业资源、产品特性和服务品质以及结合外部环境，重新确定合并后企业的愿景、使命和目标，并融合于战略整合计划。

（2）企业总体战略的整合计划

总体战略整合计划在充分考虑企业当前的发展现状以及外部环境的机会、威胁等因素的基础上，旨在解决企业的经营范围、发展方向以及发展路径。包括战略环境分析、总体战略分析和整合计划制定等。

①战略环境分析。战略环境分析是确定战略整合方案计划的基础，可以采用 SWOT 分析法。战略环境分析包括：第一，宏观环境分析。掌握未来一段时期政治法律环境、经济环境、社会文化环境以及技术环境的发展趋势，认清产业、市场现状和竞争情况，识别目前所面临的主要机会和威胁，以便掌握最新趋势并制定正确的战略来实现企业的战略目标。第二，产业环境分析。分析行业竞争的本质、潜在利润、运营管理的差异以

及这些差异与其战略地位的关系。

②总体战略分析。明确并购双方的业务范围、经营策略、发展路径以及采取的战略，将并购企业与目标企业双方的战略进行匹配，寻求资源共享、优势互补的路径，找出可能阻碍实现协同效应的各方面的因素，并尽可能地设法避免。

③整合计划拟定。在并购企业的使命和目标的指导下，结合企业的战略目标和并购动机，根据对战略环境分析成果和并购双方战略的相容性整理拟定对以上企业总体战略整合计划。制定整合计划还有成果评价的指标。一般可以选取各项工作的完成程度与效果反馈作为评价指标。这样，这种具体表述的计划才具有可评估性，才能便于控制战略整合的全过程。

（3）企业经营战略的整合计划

企业经营战略整合计划是根据企业面对激烈变化、严峻挑战的环境，为求得长期生存和不断发展而进行的总体性谋划。根据企业总体战略对生产经营活动进行规划，旨在解决如何在特定的行业或市场中去参与竞争，并赢得核心竞争力。换言之，并购企业与目标企业双方合并后对经营战略进行调整、融合与重构，合理进行资源配置，提升企业整体的核心竞争能力。

制定经营战略整合计划首先需要对经营环境进行分析，其包含两方面的内容：一方面，分析行业竞争力，并确定企业在行业内的竞争优势及竞争地位；另一方面，对竞争对手以及潜在威胁对手进行分析，分析其发展现状、竞争优势，并明确竞争对手在产业中的地位及对本企业所造成的威胁，预测竞争对手可能采取的竞争手段的变化，制定应对计划。

其次，需要分析并购企业双方的基本活动和辅助活动。分析它们的相容性及其优势和劣势，明确它们在行业中所处的地位以及发挥的市场作用，对相容性部分以及优势部分进行融合。

最后，时刻掌握市场行业发展最新动态，牢牢把握战略选择的时机，以企业总体战略为基础，拟定经营战略整合计划，列出对以上各项活动合理且具体的经营战略。

（4）风险防范点

企业在整合计划制定前必须做到"知己知彼"，全面分析企业自身和目标公司在市场竞争中的地位、优劣势，明确整合的战略目标，保证总体目标的正确性和统一性。如果总体战略不正确、不统一，后续各方面的整合就无法成功计划与实施。还要注意分清是同业并购还是非同业并购。如果是同业并购，则可以实现规模与协同效应。此时，战略整合计划应该以扩大市场份额、有效进行资源配置、更好地发挥协同效应为目标。如果是非同业并购，其战略整合计划就是要围绕提高企业核心竞争力以及资源整合而展开，注意着重加强对被整合企业的控制。

2. 经营整合计划

企业经营整合活动是并购后整合中不可缺少的企业行为。并购后的企业合并某些能产生协同效应的业务，包括生产线、研发活动、销售渠道等，同时根据总体战略会不免放弃一些冗余的业务，如多余的生产活动，并协调各种业务活动的衔接。业务整合计划主要包括三部分：产品整合、产业链整合和市场整合三部分。

（1）产品整合计划

首先，针对经营业务进行分析，选择确定参与整合的产品。若公司是一家国有控股企业，在本区域内拥有较好的政府关系，进行产品选择时可以充分借用政府的力量，尽量选择与区域经济发展相结合的产品，对区域内不适应的产业应尽早放弃。要选取与现有资源能力的强项相匹配的产品，充分发挥企业现有资源能力的强项，防止出现不切实际的、超越自身实际承受能力的盲目投资，避免陷入多元化发展陷阱。

其次，针对已选取的产品的制造流程进一步分析，确定整合顺序，选择适当的方法进行整合。具体方法有消除业务群中不必要的过程、消除重复性任务、消除不必要的监督和控制岗位等；根据被并购方的实际情况，把并购方采用的较为优秀的流程融合到被并购公司中，或者从已经进行的流程改进成果中挖掘可用的工具和方法，在并购后流程整合中继续使用。将过去烦琐的、庞杂的作业任务通过制度设计、信息技术等手段和方式，去繁就简，抓住关键，强化关键作业，从而做到核心主业的强化。

（2）产业链整合计划

产业链整合计划是完成企业对外围企业的业务，或对产业上下游的关联业务、优势资源之间进行的调整合并过程，目的是增强企业竞争实力，加强对产业控制力。

首先，确立双赢的理念。随着社会的发展，公司逐渐成为社会的公司。企业社会责任这个主题越来越受到企业界、学术界乃至社会各界的重视。任何一个公司的发展都离不开各种利益相关者的投入或参与，比如股东、政府、债权人、雇员、消费者、供应商，甚至是社区居民，企业不仅要为股东利益服务，也要维持其他利益相关者的利益。并购后的企业只有将其置身于社会这个大系统中才能够达到其制定的目标，才能够持久地发展。

其次，选择产业链整合模式。产业链整合模式包含三种类型，分别是横向整合，纵向整合以及混合整合。横向整合是指通过对产业链上相同类型企业的并购整合，这种整合模式是企业获取自己不具备的优势资产、削减成本、扩大市场份额、进入新的市场领域的一种快捷方式。纵向整合是指产业链上的企业通过对上下游企业施加纵向约束，即生产过程或经营环节相互衔接、密切联系的企业之间，或者具有纵向协作关系的专业化企业之间的并购。纵向整合的企业之间不是直接的竞争关系，而是供应商和需求商之间的关系。混合整合又称为斜向整合，它既包括了横向整合又包括了纵向整合，是两者的结合。企业应该根据并购双方的具体情况，选择合适的整合模式。

最后，处理好上下游关联业务的整合关系。整合需要为外部带来价值，通过分析产业链，找出薄弱部分，进而达到完善产业链的目的。

值得注意的是，企业在进行业务整合计划制定中，应及时与关联业务方沟通整合计划制定情况，听取关联业务方的意见并做好解释工作，处理好与关联业务方的关系是至关重要的。

（3）市场整合计划

并购完成后，并购者实际上拥有了自身和目标公司两条产品销售渠道，因此也就可以考虑如何综合利用这些分销渠道以提高销售效率。另外，并购者和目标公司的销售规划也要放在一个整体上进行考虑，由于并购后拥有了更为广泛的资源，销售计划也要做相应改变。在整合时需要考虑以下方面：①确定分销策略，进而决定分销渠道每一层上需要的代理数目；②零售商怎样确定他们的目标市场，怎样定价和促销他们代理的产品；③对零售代理商进行规划，确保他们不会发生地域、产品等方面的冲突；④与销售人员建立正式的业务关系和激励计划。

并购后，并购者同时获得了并购双方的两个客户群。如何维护并扩大这些客户资源是在并购谈判前就应该考虑的问题。事实上在很多并购案中，并购双方都有把过多精力集中在并购案上的问题，以致双方的客户都有损失。除了维护和扩大客户资源以外，并购可能使销售人员重新组合，从而导致跟某个客户联系的销售人员发生变化。此时并购者就要从以下方面来考虑怎样与客户建立良好的关系：①制定处理客户的抱怨和不满的策略；②制定公司的客户服务代表，通过定期的面访、电话回访或特定媒介定期与客户保持联络的策略；③制定能够加强与客户之间关系的计划。

（4）风险防范点

业务整合计划目的是提升企业价值，需要结合企业的整体发展战略，以企业的战略目标为导向。在此部分计划的制定中尤其注意要优先选择和重点关注那些对并购后企业核心竞争力影响最大的关键业务流程，然后以此为目标，合理地确定重点计划。一个好的业务整合计划可以向全员传达一个强有力的信息。而且业务整合计划的设计应该保持不断地改善、调整、规范和优化，以最终达到提升企业价值的目的。

3. 人力资源整合计划

企业并购是个复杂过程，文化整合是整合的重点，而并购后的人力资源整合是文化整合的重要组成部分。人力资源整合的成败决定着文化整合是否能够成功，无效的人力资源整合必然导致并购失败。

企业人力资源政策的制定会影响企业中每一个人的业绩和表现。良好的人力资源政策，可以提高企业员工的素质，更好地贯彻和执行内部控制，也能促使企业并购的顺利完成。这个计划主要涉及四部分：沟通机制计划的制定、培训机制计划的制定、激励机制计划的制定以及人才战略计划的制定。

（1）沟通机制

人力资源整合计划中要包括沟通机制计划的制定，由整合经理及人力资源整合任务小组商讨决定。此部分计划包括以下两个方面。

一是建立一个适宜双方原有员工的沟通体系，即共同的语言、符号系统。并购整合前期，为保证沟通的便利与便于信息传递，可在并购企业中建立电子邮件系统以及电话语音信箱系统，使信息能及时地自上而下、自下而上以及在同级职能部门、员工间以及不同层级间进行传递。为能够准确获取双方都能共同理解的符号及语言，可将信息横向、纵向并经过反复多次地传递，以便减少信息交流中的误差。

二是管理层要定期及时与员工对话。告诉员工新企业的发展目标、整合的基本原则、新企业将如何决策和开始变革、过渡时期的业务将如何运作、总体的聘用计划和政策、薪酬制度的调整等。多汲取被并购企业员工的想法与建议，了解他们对并购整合的看法。并购双方的对话和讨论一定是处于平等地位的，尤其是并购方的管理层，一定要以最诚恳的态度尊重被并方管理层及员工们提出的意见和建议，有利于消除被并购企业员工的敌意心理，避免因此引起的大量员工离职现象，确保平稳过渡整合过程。

（2）培训机制

人力资源整合计划的第二个方面是由整合经理及人力资源整合任务小组商讨确定如何建立培训机制，计划包括培训的时间、目标、内容以及形式。并购企业应定期对员工进行培训，目的是通过培训提高员工素质，让其感受到企业对自己的重视和企业的发展，从而产生对企业的归属感，提高忠诚度。培训可以使来自各个企业的员工的思想和行为一体化。通过训练，让员工了解进行企业整合的必要性、整合构建对员工的要求、怎样进行企业文化建设、与不同企业员工交往的技巧等。

①心理培训。主要是帮助员工正确对待并购与整合中的人事调整，发现并消除存在于新同事之间的不协调和冲突，改变对待整合的不良心理状态。为员工介绍企业整合的愿景，并购双方的历史发展背景，新企业的产品、客户和市场以及共同的发展战略目标，这些都有利于员工之间的相互了解，并且有利于增加员工信心以及对公司的认同感。并购后，并购方可能把自己的文化移植于被购并企业，也可能两种文化融合再形成一种新的企业文化。不管是哪种情况，都要进行企业文化培训，在并购后的企业里创造一种良好的文化氛围。

②业务技能培训。并购双方企业的生产业务未必相同，因而可能相当一部分被并购方的员工一时难以适应新的工作岗位，为此并购方必须对这些员工进行新的技能培训。对于尚需进行技能培训的被并购方的员工，可以安排他们到母公司去学习先进的技术和管理方法。

③员工培训形式的选择。选择可多样化的员工培训形式，如公开课、

主题讲座、才艺比赛、技能竞赛等。将培训计划与企业人才战略发展及所处的外部环境相结合，更要注重近期培训与远期培训的结合，使培训工作扎实有效地进行。

（3）激励机制

企业整合要取得成功，人力资源的整合是一个关键，尽量做到大多数想留下的员工在并购方与被并购方磨合期结束后能够留下来，以实现人力资源的合理配置和优化组合，这就要求整合计划中的决策尽可能减少企业并购给人力资源带来的冲击和波动。这部分的问题主要聚焦在薪酬、职位，以及遗留关系问题上。所以注意人力资源整合计划要做到：选择适当的整合方式策略防止或尽量减少人力资源的流失，消除或缓解并购给双方人员带来的心理冲击和压力以及由此产生的消极行为；避免或尽量减少并购双方的冲突，增进双方的了解、信任、协作及知识在组织之间的流动；平衡双方组织中的监督、约束和激励政策，充分释放人力资源的潜力。

（4）人才战略

为尽快妥善地安排被并购企业的员工乃至高管，往往在并购整合中制定人才战略。将被并购企业中的高层管理者和技术人才安排到适当岗位，做到人尽其才，尽可能发挥其最大的优势；对普通员工也应安排到最能发挥他们作用的工作岗位上，并提供培训和交流的机会，互融互通，确保企业并购后能正常运行；对非留用人员，企业应遵照并购协议以及国家社会保障的相关政策、法规，给予一定的经济补偿，或推荐员工到其他企业就业，对员工做妥善的安排。

企业必须从整合开始之前就争取员工的积极参与和全力支持。企业可以在并购项目小组中吸收员工代表，听取员工的合理化建议。许多有关程序公平性的研究结果表明，员工参与企业的管理决策，会增强他们对企业决策公平性的认同。此部分计划主要包括留任高层管理者、筛选各部门负责人、公开裁员准则、制定合同终止补偿条例、帮助重新就业及运用其他方式代替裁员等。

4. 财务整合计划

企业整合团队在并购完成后应着手尽快完成全面的财务整合计划设

计。并购后的财务整合是最基础性的整合，为其他业务整合的成功提供强有力的保障。计划的制定必须以企业价值最大化为出发点，以企业并购的发展战略为依据，协调各利益相关者的关系，此部分计划主要包括三个部分：财务目标的统一计划、财务绩效考核评价体系的建立计划以及财务组织框架的建立计划。

（1）财务整合的目标

财务目标的统一包括两方面：一是保证财务目标与企业目标的步调一致。只有当财务目标与企业生产经营目标协调一致时，财务才能对企业的日常生产经营发挥积极作用；二是保证财务子目标与总目标步调一致。并购完成后，企业规模扩大，组织结构也随之更加复杂。多数企业在完成并购后都会将管理层划分为若干层级。不同层级之间，必须保证每个子目标都依据企业的总体目标贯彻落实，这样才能保证总目标的实现。

因此，首先应当分析双方企业原有财务目标，找出财务目标中双方企业不同的方面；其次，在计划中列示分析双方不同的目标方面，并针对不同的被并购企业目标予以改变，必要时可以采取强制注入的方式，实现以上两方面的统一，并最终使被并购方与并购方的财务目标相一致。当然，财务整合的目标不应是一成不变的，在确立了财务整合计划中的财务目标以后，为尽快实现企业目标，财务整合目标会随着具体环境及企业内部经营情况的变化实时做出调整。

（2）财务整合的内容

整合经理及财务整合任务小组应当计划财务组织框架的构建，具体包括以下内容。

一是财务控制体系的整合方法。财务控制体系的整合归根结底是企业所实行的一系列的财务政策的选择。由于财务政策是一种自主选择性的政策，而并购后各方合并为一个企业群体，在总体目标上具有一致性，因此，在选择财务政策时不能再仅仅从单个企业的角度出发，而应当以并购后整个集团的利益和目标为基点来选择或制定财务政策。对于财务控制体系的整合方法分以下情况予以分析：当被并购方的管理体系尤其是财务控制体系混乱，而并购方企业有着科学完善且行之有效的财务管理体系时，或者并购方为了迅速扩大自身的规模，一次性地并购多家企业时，就可以按并购方的财务控制体系或者是根据被并购方的具体情况，应当参照并购方的财务控制体系设计被并购方的财务控制体系，这样不仅会有效地改善被并购方的财务控制状况，还可以加快整合的进程。

如果并购的双方处于均势的地位，简单地把并购方的财务制度体系强加给被并购企业，势必严重地影响企业并购整合的正常顺利进行，甚至有可能导致并购的失败。而且，如果是纵向并购，其涉及不同的产业部门和不同的经营行为，很难找到一套既适应于并购公司，又适应于各个被并购公司的财务制度体系。所以我们在这种情况下可以将并购后原有企业的财务制度中的先进性和科学性等加以吸收和融合，选取这个方法形成新的财务制度管理体系。

二是统一会计核算体系。财务控制体系的整合使财务政策得到统一，而建立统一的会计政策可以通过统一会计核算体系的方法来实现，会计核算体系的统一可以满足利益相关者对会计信息的需求。在整合过程中，首先要选取合适的现代化的信息管理手段，统一 ERP 系统。然后对基础要素如会计凭证、会计科目等进行整合，进一步对会计核算程序、会计报表编制等进行整合。从而使财务政策得到统一。

三是财务管理人员及财务组织机构的设置。在计划中明确被并购公司财务管理人员的设置方式及人员责任。一般并购公司可以实行财务委派制，亲自对被并购企业财务负责人实施严格的选拔、任命、考核和制定奖惩制度，赋予其足够的职责，这样的设置方式能使所有者监督落实到企业的日常经营活动与财务收支之中。

四是在计划中列示对财务组织机构的设置。财务组织机构内部的各个部门以及所有员工，要明确岗位职责，做到部门之间、员工之间的人、岗位、职责清晰明确。同时，财务组织机构的设置应该尽量精简，防止一人多岗或一岗多人，避免低效率的工作和高成本的浪费。实施统一的财务组织机构，既可以调动各部门以及员工的主动性、创造性，又能合理配置各项经济资源。

（3）财务整合的绩效考核

财务绩效考核体系的整合是并购公司对财务运用指标体系的重新优化

与组合。并购方应根据被并购方的实际经营建立一整套财务绩效考核评价体系，包括定量指标和定性指标，既考核各自的经营情况，也包括对母公司绩效的贡献，考核定期举行。

通常，该考核的方法与内容可分为两个层次制定：第一，对财务经理和财务人员的绩效考核财务经理和财务人员所从事的是服务、协调性质的工作，由于考核起来比较简单，可以采用计分考核法考核他们的绩效。可以使计分考核法的分值分布于以下几个方面：完成任务的时间、报表完成的质量、工作态度与责任心、工作的创造性。定期测算他们的分数，根据分数排名，实行末位淘汰或根据测评获得分数与标准总分的比例发放工资，以发挥激励作用。第二，对子公司经营者的绩效考核，理论上讲应该仅考核由子公司经营者的能力、努力所创造的绩效，但这样做成本很高也很有难度。企业集团母公司作为下属子公司的出资者，其首要的目标是实现出资的保值增值，所以评价子公司经营者业绩的财务类指标应着眼于盈利能力指标和资产安全性指标，对这两方面指标定期予以汇总测评，对指标反映的问题进行合理的调整控制。

(4) 风险防范点

在制定企业的财务整合计划前，要注意考虑在准备阶段已经进行的对双方企业资源和管理能力的审查，通过审查可以发现被并购企业财务存在的问题，这样可以使整合计划的制定有的放矢，提高效率。注意在计划时从战略的角度，尽量实现最大程度的协同效应，全局考虑集团的利益，制定适合集团战略的财务管理目标，完善财务管理组织体制。计划要注意使公司内部总公司、子公司间的财务关系得到妥善处理，协调好纵向各层次的财务目标和财务行为，合理划分财务职责范围，并能相互制约，做到责、权、利分明，控制有力。

(二) 整合计划书

根据以上制定的战略整合计划、经营整合计划、财务整合计划以及人力资源整合计划，通过与管理层、员工、股东、债权人、政府等利益相关者对计划进行交流和反馈，整理、组织最终得到完整的整合计划书。根据行业和情况的不同，整合计划书的内容会有所差异，总体框架如图 6 - 2 所示。

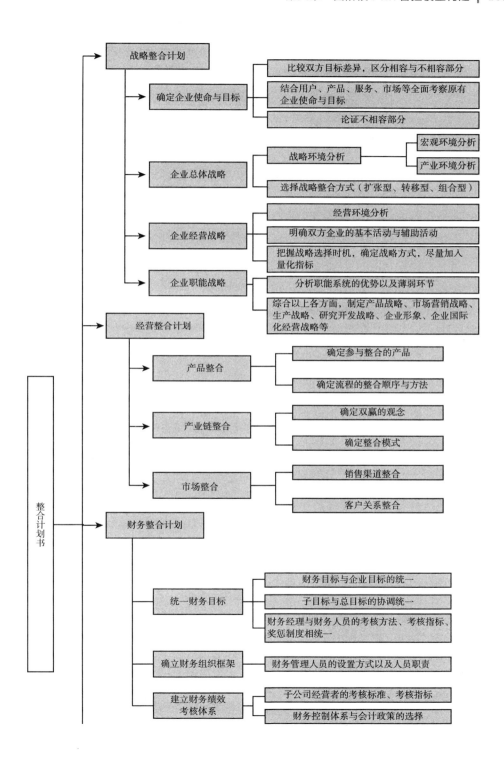

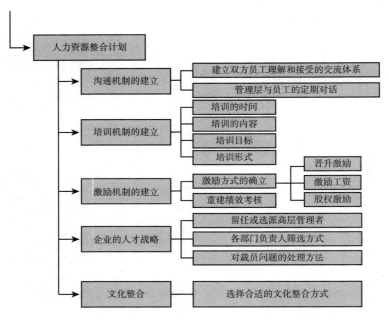

图6-2 整合计划书框架

资料来源：作者根据资料整理。

　　最终形成的整合计划书在总体层次上涵盖了四个部分，即战略整合计划、业务整合计划、财务整合计划、人力资源整合计划。这四大部分又各自向下延伸，分别形成各自部分的一系列纲要性文件，最终把这些文件整合在一起，就形成了一份整合计划书。通过整合计划书，可以明确了解何时和怎样整合并购双方的主要资源、资产、业务流程以及责任等，以顺利达到整合的最终目的。值得注意的是，整合计划书在整合中起着举足轻重的作用，可以提高整合实施的效率。但由于它建立在实施前有限的真实信息基础之上，也就意味着实施前的整合计划通常不得不为了适应现实而修改。

　　具体来说，在战略整合部分形成的计划中，又分为确定企业使命与目标计划、企业总体战略计划、企业经营战略计划以及企业职能战略计划的制定。在企业使命与目标计划部分，通过分析相容性确定整合后企业的使命与目标；在企业总体战略计划部分，完成对企业宏观环境以及产业环境的分析并且选择出合适的整合方式；在企业经营战略计划部分，完成对经营环境以及双方活动的分析，确定经营战略选择的时机、方式；在企业职能战略计划部分，完成对职能系统优劣势的分析，制定诸如产品、营销、生产、研发、国际化等一系列的战略。在经营整合部分形成的计划中又分为产品整合、产业链整合和市场整合。在财务整合部分形成的计划中，又分为统一财务目标的计划、确立财务组织框架的计划以及建立财务绩效考核体系的计划的制定。在财务目标统一的计划中，要明确各类财务人员的考核方法、指标、奖惩制度，还要使财务目标得到全方位的统一；在财务组织框架整合计划部分中，明确财务管理人员的设置方式与人员职责；在财务绩效考核体系的计划中，要明确子公司经营者的考核标准与指标，明确财务控制体系与会计政策。在人力资源整合部分形成的计划中，又分为沟通机制建立的计划、培训机制建立的计划、激励机制建立的计划以及企业的人才战略计划的制定。在沟通机制的建立计划中，要注意完成建立双方员工的交流体系以及保证管理层与员工定期对话的进行；在培训机制的建立计划中，要确定培训的时间、内容、目标以及形式等；在激励机制的建立计划中，要确立合适的激励方式并且完成绩效考核重建；在企业人才战略计划中，则要完成对高层管理者以及各部门负责人的确定以及对裁员问题妥善的处理方法的确定等。至此，整合计划书得以形成。

将被并购企业纳入一体化的框架内的过程是一个错综复杂的系统工程，必须对整合的内容程序进行清晰的规划。而以上形成的整合计划书正是满足了这一要求，从而推动了整个整合过程顺利演进。

整合计划在制定过程中以及公布后，会接收到管理层、员工、股东、债权人、政府等利益相关者对计划的反馈。在接收到反馈后，整合团队要及时予以处理，这是制定成功的整合计划不可缺少的部分。

对同样的企业行为，往往不同的人会有不同的看法。整合团队对整合计划的看法反映在整合计划书上并予以公布，而其他人员可能对企业的整合计划有另外的看法，因此，必须建立一条顺畅的正式沟通渠道与反馈者进行沟通以达成一致，这样才能制定下一步的整合计划改进。

与重要反馈提出者进行沟通后，区分适宜与不适宜的反馈。对于不适宜的反馈，应当向反馈者予以耐心的解释与沟通，讲明理由，而对于适宜的反馈整合小组应予以采纳。

当整合团队与反馈者双方对整合计划反馈的结果达成一致意见之后，双方可以在沟通的过程中一同制订改进计划。通过对反馈的沟通，双方可以充分讨论关于改进计划的方法并制订相应的具体计划。每次计划修改完成后，都应当尽快向相关各方予以公布，以便尽早接收意见并做出反馈，然后针对再反馈对计划进行再一次的调整，直至最终统一，形成完整的整合计划。

第三节　整合实施

并购后整合实施阶段主要从战略整合、经营整合、管理整合、财务整合和研发整合五个方面进行。本章在梳理各部分整合内容的同时，侧重于实操层面整合具体关键点的分析。在不同文化状态下的并购后整合，特别对基于文化差异下的各方面并购后整合模式的选择进行了一一分析。

一　战略整合

战略整合的基本内容包括使命和目标整合、整体战略整合、经营战略整合以及职能战略整合，针对并购后战略整合的基本内容，本部分结合前文提出的文化整合模型，分析不同文化整合模式对并购后战略整合的影响及其特点。

（一）战略整合概述

企业战略可分为四个层次。第一层次是企业的使命和目标，即基本战略导向。企业使命阐述企业组织的根本性质和存在理由，即企业为什么而存在，企业在未来将成为一个什么样的组织，企业要为顾客提供什么样的价值取向等。企业目标是企业使命的具体化，是企业在一定时期内，为实现其使命确立的具体发展方向。第二层次是企业的整体发展战略，是对企业全局的长远性谋划，主要确定整个组织的经营范围，从结构和财务的角度考虑如何经营、如何将资源合理分配等问题。第三层次是经营战略，主要涉及在市场中如何通过改善自身的竞争地位来获得竞争优势，从而击败竞争对手，获得较高的市场占有率。与整体发展战略不同之处在于，竞争战略更关注整体中的某个单位。第四层次是职能战略，关心的是企业不同职能（生产、营销、研发、人力资源等）如何为其他各级战略服务的问题。

1. 企业使命和目标整合

并购企业管理整合的首要任务是企业使命和目标的整合，这一工作开始于并购交易之前。企业的使命和目标具有极强的个性，使企业拥有独特的形象和发展道路，确定企业的发展方向。并购行为使具有不同使命的企业走到一起组合成一个新的企业，如果不及时确定新企业的使命和目标，会有两种不同的发展方向牵引着原并购各方的员工向着不同的经营目标努力，企业没有整体凝聚力，经营将陷入一片混乱。但企业的使命和目标决定着企业未来长远发展方向，不可能在交易刚结束的短时期内确定，因此，在并购交易前就确立一个明确和现实的新企业的战略愿景，可以使企业经受得起变化的影响，利用每一个可能面对的机会，对未来的发展握有更大的控制权。确定一个清晰和现实的战略愿景是并购后整合成功的必要条件。

2. 企业整体战略整合

企业整体战略，是对企业全局的长远性谋划，主要是解决企业的经营范围、方向和发展道路问题。由于并购后企业所面对的内外部条件都发生了变化，因此要保持企业与外部环境的动态平衡，必须对并购企业双方的总体战略进行整合，把目标公司目前运行状况及正在出现的新机会和潜在威胁纳入战略调整的考虑范围。企业整体战略整合，简单地说，就是并购企业与目标企业合并以后总体战略的调整、融合与重构。

3. 企业经营战略整合

企业经营战略是根据企业的总体战略而对企业生产经营活动所做的谋划，主要是解决如何在特定的产业或市场中去参与竞争，改善自身的竞争地位，赢得竞争优势，所以，实际上是一种竞争战略。而企业经营战略整合，简单地说，就是并购企业与目标企业合并后经营战略的调整、融合与重构。不同的企业，其经营战略也是不一样的。企业并购后，并购企业所面对的环境条件已经发生了变化，要保持并购后生产经营活动的正常进行，就必须整合内部与外部环境的关系，以便提高企业在特定的产业或市场中的竞争优势，也可以防止因并购企业与目标企业的经营战略的不匹配而出现摩擦、冲突。

4. 企业职能战略整合

企业职能战略是在企业总体战略和经营战略指导下，由各职能系统分别制定的战略，包括产品战略、市场营销战略、生产战略、研究与开发战略、人力资源战略、财务战略等。由于职能战略一般是在前三方面的影响下制定出来的，因此，职能战略制定不可避免地受到它们的影响，并购双方企业的职能战略必然出现不匹配。可见，并购后并购企业与目标企业的职能战略会出现不匹配的特性。职能战略出现冲突，不仅是职能战略之间有矛盾，也可能有更深层次的原因，即并购双方的使命与目标、总体战略、经营战略融合出了问题。所以，职能战略整合必须根据并购后新企业的使命与目标、总体战略、职能战略来进行融合。

（二）不同文化整合模式影响下的战略整合

整合模式的选择取决于并购双方之间的相互依赖程度。根据并购企业与目标企业在战略关联性与组织关联性需求程度的不同，可以采取不同的整合模式。

战略匹配是企业并购成功的基础。战略匹配即战略关联性，是指目标企业在产业、市场或技术方面增进、补充并购战略的程度。战略关联性决定企业价值创造的潜力，即决定企业能力转移、扩散、发展与运用的潜力，进而决定企业并购模式的选择。美国著名的管理大师 Drucker（1988）在《管理的前沿》一书中对战略匹配的重要性做了精彩阐述："只有并购方彻底考虑了能够为所要购买的目标企业做出什么贡献，而不是目标企业能为并购方做什么贡献，并购才会成功。"Porter（1985）认为：竞争优势来源于协同效应，协同效应来源于战略业务单位之间的关联。因此，并购双方的战略匹配是企业并购成功的基础，也是企业通过并购赢得竞争优势的前提。

组织匹配状况直接决定并购风险产生的可能性。组织匹配又称"组织适应"或"组织关联"，组织关联决定并购双方组织融合的难易程度，影响并购后两个企业间的业务整合，进而决定价值创造的难易程度。文化是企业的灵魂，人是企业中最活跃的因素，管理是企业运转的纽带，忽视组织间和文化间的摩擦冲突，往往给并购过程及并购后的实际运作带来意想不到的困难，增加并购中的不确定因素，尤其是并购后高层管理人员和关键岗位人员的更换往往会带来震动。

良好的组织适应是并购成功的保障。良好的组织适应包括目标企业与并购企业在管理、文化、员工和组织结构上的适应性。文化上的适应性使并购后的企业有了一个灵魂，员工上的适应性可以减少并购后的摩擦，管理上的适应性有助于并购后的企业协调运转。Drucker（1988）认为，"要想通过购并成功地开展多角经营，需要一个共同的团结核心，这不仅表现于生产经验、技能专长、财务上的联结，最重要的是必须具有共同的文化"，"并购方企业必须能够向被并购企业提供高层管理人员"，"展示出并购过程为管理人员提供了个人发展的机会"。这表明，组织适应是实现并购目标不可或缺的重要因素。

1. 吸纳式文化整合模式影响下的战略整合

吸纳式文化整合模式是整合程度最高的类型，指并购企业以主导者的姿态将自己的管理思想、企业文化甚至一些物化资源强制性地注入被并购企业，对被并购企业的经营管理进行全方位的更新，要求两个企业完全融合，实现经营资源的共享，主要适用于行业相关性并购，目标企业资产通用性较强，易于实现资源的转移。在横向兼并战略中，并购方往往会将自己部分或全部的文化注入被并购企业以寻求经营协同效应，通过有形资源和无形资源的相互转移和调整，获取战略性的资产，对资源稀缺和资源过剩进行调节，实现规模收益的动态转化，培育或强化并购企业的核心能力。并购双方的战略依赖性较强，对目标企业的组织独立性要求不高，可以对并购后组织结构进行重新调整。在吸纳式文化整合模式下，并购企业主要关注的是如何将自己的经营理念和资源注入被并购企业当中和如何重构被并购企业的组织与经营方案，这种模式主要适用于"强弱型并购"，也就是说并购双方的主从地位非常明显，被并购企业对并购企业高度依赖，对组织独立性要求低。在吸纳式文化整合模式下，并购企业有以下两种方式可供选择。

（1）单纯命令模式

在单纯命令模式下，并购企业只是为被并购企业设计实际经营战略，但不参与被并购企业经营战略的具体执行。单纯的命令模式假设战略在执行过程中不存在任何障碍，被并购企业的战略执行者与并购企业保持高度一致，在这种情况下，并购企业的管理者重点在战略设计而不是战略执行。不过这种假设可能过于理想化，在实践中往往会因为被并购企业对并购企业信息的错误理解而导致战略不能明确，或者虽然能够明确，但因为被并购企业的阻力因素而导致战略无法得到有效执行。

（2）参与模式

在参与模式下，并购企业不仅需要为被并购企业设计经营战略，同时还要实际操作，参与被并购企业战略的执行。与单纯的命令模式不同的是，参与模式更加重视战略的执行。这种整合模式假设并购企业拥有被并购企业决策所需的充分的决策信息，并购企业与被并购企业在战略执行过程中对战略设计以及战略执行有相同的理解。当并购双方企业对战略设计与战略执行理解不同的时候，两个企业之间就会产生组织摩擦，这种摩擦导致的后果可能就是战略整合的失败。不过参与模式也要解决的问题包括并购企业参与战略执行的干预程度，以及参与效果究竟如何。

2. 渗透式文化整合模式影响下的战略整合

渗透式文化整合模式中整合过程是逐渐演进的，并购双方在生产经营上各自拥有自己的独特能力与优势资源，战略依赖性较强，目标企业组织的独立性要求较高，两个企业开始时同时并存，重组力度不大，并购双方企业处于平等的地位，无明显的主次之分，两个企业仍然保持各自的边界和各自独立的企业文化，并购双方在总体发展战略相同的情况下，各自的生产制造、市场销售、商标品牌等依然维持原来的状态。但并不意味着并购双方完全的独立，要求有一定的可渗透性，产品开发、物流管理和生产技术等能通过企业边界得以扩散和转移。这种情况下，并购企业的核心能力多处于成熟状态或向成熟状态过渡，通过并购整合使企业的核心能力得以强化或进一步拓展。

在渗透式文化整合模式下，并购企业与被并购企业进行充分协商后在民主的基础上来制订被并购企业的经营战略，双方平等地推动被并购企业战略的执行。在这种模式下，可以解决并购企业对被并购企业的战略决策支持信息掌握不足和战略理解等问题，可以减少战略执行过程中的阻力，但是这种模式也存在一定的局限性，主要表现在：被并购企业与并购企业之间的博弈难以解决。企业并购后往往会有一定的组织和人员变动，这种变动往往在名义上是以企业战略的变化来进行的。组织和人事变动无疑会影响到两个企业组织中权力和利益的重新分配，在权力和利益重新分配的过程中组织中的个人特别是管理层人员可能会将更多的精力用来建立个人同盟，并在战略整合过程中使用多样化的博弈手段来获取个人与团体利益，这无疑会给战略整合带来困难。要得以有效进行，就必须依赖双方的充分沟通与充分信任。

3. 分离式文化整合模式影响下的战略整合

分离式文化整合模式中整合程度较低，指并购企业以保护者的姿态对被并购企业的现有资源和能力进行恰当的修正，在保持总体发展战略统一的情况下，给予被并购企业足够发挥空间的一种整合模式。分离式整合模式下被并购企业对并购企业存在较低的依赖性，同时组织结构又具有较高的独立性需求。虽然被并购企业具有相当实力，但是这种相对实力与并购企业可能存在一定的差距，所以在分离式整合模式下并购企业在整合过程中重点在于保护被并购企业组织结构的相对稳定性和企业能力的相对完整，这种情况多见于两个大企业之间的并购，其目的在于实现强强联合，在激烈的市场竞争中强化竞争优势。

在分离式文化整合模式下，并购企业的战略整合力度相对要小一些。并购企业并不参与被并购企业的经营战略的具体制订和执行，只是对被并购企业组织文化和影响企业战略决策的信息、人员等资源进行过滤性支持，通过促进利于发展本企业偏好战略的组织文化与决策信息、人员等资源的发展，逐渐提升偏好战略在被并购企业中的地位与影响力，从而通过"和平演变"的形式来达到战略整合的目的。这种模式对被并购企业的组织冲击是很小的，避免了在并购战略整合过程中被并购企业的剧烈的组织变动。但是需要花费的时间较长，同时还要依赖于被并购企业本身组织文化和决策资源存在变化倾向，在需要短时间内完成战略整合的情况下，这种模式往往难以适应。

4. 促进式文化整合模式影响下的战略整合

促进式整合模式中整合程度非常低，主要适用于目标企业被并购企业控股而丧失绝大部分自治权，但此时并购企业的核心能力已经处于成熟状态，并购企业的目的主要在于进行多角化经营，通过控股而获得其他产业的较高利润或经营风险及财务协同效应，以维持并购企业的核心能力，在市场竞争中保持其竞争优势。在这种整合模式下，要求并购企业为被并购企业确定战略设计与战略执行的行为边界，并要保证边界的有效性。

在跨行业并购中，并购企业往往缺乏被并购企业经营行业的决策信息与决策背景知识，要为被并购企业设计出战略执行范围也是比较困难的。公司战略涉及被并购企业的经营事业在并购后的整个企业集团中的经营份额，这需要充分了解被并购企业的内外部环境，并购企业恰恰缺乏这些，所以在为被并购企业确定战略的时候要决定战略的执行边界，保证边界既不要过宽也不能过窄，需要依赖于并购双方管理团体在经营理念、对特定资源的具体看法等重要方面保持一致。此外在战略执行过程中要保证战略执行的边界的长期有效性，还需要依靠被并购企业的合作。一些不可预测因素和突发事件也常常导致战略执行边界的失效。

本节在分析了并购双方的各种情况后，提出了四种不同文化整合模式影响下的战略整合，需要指出的是，模式中参数的选取并不能涵盖所有的情况，因为影响并购整合决策的因素极其复杂，同时每种模式的选取也并不意味着一定要符合所有的适用条件。因此，在进行整合时还要结合实际情况具体分析，针对具体的整合因素的现实情况也需要采取不同的战略整合方法。四种文化整合模式不是截然对立的，而是相通的，互补性的运用多种模式可能使整合效果更好。但最终的目的仍然在于通过整合获得新的核心能力或进一步强化和拓展企业已经具备的竞争优势。

四种文化整合模式影响下的战略整合对比分析如表 6-2 所示。

表 6-2 战略整合的模式分析

	双方战略依赖性	目标企业组织独立性	并购目的	资产特性	并购类型
吸纳式	较强	较低	获取战略性的资产培育或进一步强化核心能力	双方自愿互补性强	横向并购 纵向并购
渗透式	较强	较高	转移资源和能力强化或拓展核心能力	双方资产具有通用性	横向并购 纵向并购

续表

	双方战略依赖性	目标企业组织独立性	并购目的	资产特性	并购类型
分离式	较弱	较高	强强联合，增强核心能力	目标企业资产专用性较高	各种类型
促进式	较弱	较低	进行多角化经营，维持核心能力	目标企业资产专用性较强	混合并购

资料来源：作者根据资料整理。

二　经营整合

本部分首先介绍经营整合的三个基本内容，之后针对并其基本内容分析文化对经营整合的影响；最后结合基于文化协同的并购后整合模型，阐述不同文化整合模式影响下的并购后经营整合。

（一）经营整合概述

在并购后整合中，经营整合主要分为价值链整合、业务整合、信息化整合和技术与研发整合等几个方面。

1. 价值链整合

企业价值链指企业为了让自己所负责的业务领域更广泛、更直接，将企业价值链活动范围后向扩展到供应源或前向扩展到最终产品的消费者。荷兰学者 Aurik 等（2003）把业务能力要素称为企业基因，认为每个业务能力要素都是企业价值链中对企业产出有独特贡献的一个组成部分。所谓价值链就是指从原材料采购开始，经过运输、储存、计划生产、储存、质检、销售和服务、售后等一系列环节，直到站在顾客角度实现价值增值的一系列活动和业务流程。

这个过程是由物流、商流、服务流和信息流相结合而组成，价值链中的每一个要素都同时拥有信息和物质成分。波特认为："一个企业的价值链和它所从事的单个活动的方式反映了其历史、战略、推行战略的途径以及这些活动本身的根本经济效益。"

2. 业务整合

在并购整合计划和准备阶段，并购双方就彼此的业务等进行了初步的匹配和分析，在整合实施阶段要进一步深入分析，促进并购整合实施的顺利完成。业务整合的重点主要在于核心主业强化、采购营销协同、研发力量提高以及品牌对接融合。并购后企业作为一个新的整体，需要对整个公司涉及影响核心业务能力的几个相关方面进行深入分析，在空间上对并购后公司有一个新的定位。

企业明确自己的核心业务，以便树立一个企业发展的方向，着力打造并购后企业支柱产业。并购可以使企业比其他对手更具有成本优势，降低采购成本和营销成本。企业要充分利用优势，进行市场采购和营销渠道的整合。同时，并购后公司还会面临采购和营销渠道冲突的问题，产品销售覆盖地域相互重合，品种质量同质化，可能面临市场交叉或真空的状态。

3. 信息化整合

在以网络和信息化为平台的第六次并购浪潮中，企业并购是否成功，还要依托企业信息化。并购后一项不可忽视的整合就是并购后企业 ERP 或者类似的信息系统的整合。并购前企业的财务管理和业务流程往往并不一致，并购后会使管理更加复杂。运用信息化服务于管理，提升管理效率，实现管理方式和手段的现代化，可以帮助企业解决整合中遇到的问题。

信息化整合的成功应该达到满足功能协调数据共享的要求，保障高效及时的传递有关财务数据；整个企业信息化的后台运作正常；确保客户和供应商的需求，并购后各个公司之间的相互需求都能满足；IT 资源将深入所有职能部门，并确保各职能部门间的系统依存关系。

（二）不同文化整合模式影响下的经营整合

第五章提出了四种文化整合模式，分别为吸纳式、渗透式、促进式和分离式，在不同文化整合模式影响之下，并购后的经营整合也会呈现不同特点。

1. 吸纳式文化整合模式影响下的经营整合

吸纳式文化整合模式是指将一套完整的企业文化输入另一个企业中，包括核心价值观、企业精神、服务观念、质量观念、人才观等，同化或取代该企业的文化，从而实现文化整合的模式。在这种文化整合模式影响之下，并购后经营整合涉及范围较大，一般会涉及流程和智能层次。在这种模式影响之下，企业知识获取后进行转移、消化、融合与吸收，来提升并购后企业的核心能力。典型例子有青岛海尔兼并红星电器、娃哈哈集团兼并杭州罐头厂等。

以我国造纸行业龙头企业山东晨鸣纸业股份有限公司为例，自 1997 年以来，晨鸣纸业连续并购并组建了武汉晨鸣、齐河晨鸣、吉林晨鸣等七家造纸企业。由于是同行业并购，且双方实力悬殊，晨鸣纸业在并购完成之后全方位地对被兼并企业进行经营整合，而且整合的幅度很大，晨鸣集团大部分成功的业务流程与管理制度直接嫁接到被兼并企业。首先，晨鸣集团利用对被并购企业的控股地位，派出董事长、财务总监等关键岗位干部，对经理层适当地进行调整，并把战略管理流程与财务管理流程嫁接到被兼并企业。其次，将分配制度与用人制度转嫁到被兼并企业，打破了多数被兼并企业的传统的人事制度，实行"绩效工资"及"末位淘汰"等制度，并迅速将企业文化融合到新的公司中。再次，晨鸣集团总部供应公司，统一整合全国供应资源，对采购流程进行整合，并对集团各子公司的产品实行一体化销售，即统一整合市场资源、统一销售价格、统一品牌、统一调度产品供给，对销售流程与采购流程进行统一整合。最后，把晨鸣纸业成功的产品研发，生产等方面的流程也运用到被兼并企业，对其进行了脱胎换骨的改造。

2. 渗透式文化整合模式影响下的经营整合

渗透式文化整合模式是指在并购后整合中，并购双方视文化差异为整合的有利因素，企业文化虽有差异，但总体上都积极进取，富于竞争性，有较强凝聚力。此时，在不改变各自文化标准的前提下，两种优秀文化应互相补充、互相渗透、互相融合，成员企业有目的地吸纳对方企业的优良文化成果或文化经验，确认各自的文化差异，以寻求新企业文化生长的共同点，达到文化共识，在此基础上构造新企业的文化体系，实现协同效应。在这种模式影响之下，并购后经营整合涉及范围较大，整合幅度适中，并购双方的核心技术是逐渐转化的，逐渐把优势资源注入对方公司，消化融合后形成新的经营模式。该模式适合于双方实力相当的相关并购。例如美国波音公司兼并当时国际飞机制造业最大的三家公司之一的麦道公司、美国两大石油公司埃克森和美孚公司合并以及东风日产的并购等。当第一辆款克莱斯勒敞篷汽车从戴姆勒克莱斯勒装配工厂的生产线上下线时，由于共享了梅赛德斯—奔驰与克莱斯勒的所有最好的生产流程、工艺流程与制造技术，公司减少了近亿美元的生产成本。

3. 分离式文化整合模式影响下的经营整合

分离式文化整合模式是指在企业并购后整合中并购双方均具有较强的优质企业文化、文化差异较大、文化背景截然不同甚至相互排斥或对立，在企业员工不愿文化有所改变，同时并购后双方接触机会不多，不会因文化不一致而产生大的矛盾冲突的前提下，并购双方在一定时期内在文化上保持独立的整合模式。该模式适合于以多元化发展为战略，以实现协同效应为目的的非相关并购，尤其是双方实力差距不大的情况。在该模式影响之下，并购后经营整合范围较小，整合幅度也相对较小，尽量保持并购双方原有的经营模式。例如华润创业与北京市华远房地产股份有限公司并购案例，香港华创主营业务为物业投资、货仓储运和冷藏业及策略投资业，而北京华远主营业务为产地产开发。香港华创是一个经营和业务优良的公司，北京华远同样也是一个优良的地产企业，两者在基础服务方面有着协同的潜力。为保持北京华远公司战略的持续稳定发展，香港华创把并购后的北京华远的主营业务房地产开发仍然作为并购后北京华远的主营业务，实现了战略的延续，并经过广泛调研并与原北京华远控股股东协商，公司董事长、总经理不变，两者的并购后整合不是仅仅停留在战略与财务方面，不是简单的移植，而是优势互补的新建。港方基本不参与公司日常的经营管理，与日常经营有关的流程维持不变，这样从制度上稳定了北京华远的经营管理团队。

4. 促进式文化整合模式影响下的经营整合

促进式文化整合模式是指在并购整合过程中，以一种企业文化为主体，对其他企业文化兼收并蓄的文化整合方式。强文化企业在弱文化企业中培育、植入自身企业文化，弱文化企业基本放弃了原有管理模式、制度体系，接受和适应对方企业文化。在该模式影响之下，经营整合往往范围比较小，但整合幅度较大。促进式文化整合模式主要适合于以强并弱的非相关性并购，并购双方在某些基础服务，如财务管理、信息系统、公共关系等方面可以共享。比如香烟生产商的莫里斯集团转向餐饮业，进行大量并购活动，虽然这不是同行业并购，但是香烟产业与餐饮业有很多可以共享，比如销售渠道，信息系统等。此类并购活动是属于不同行业的非相关并购，且两者的实力悬殊比较大，并购后的企业文化仍然以莫里斯集团文化为主，同时吸收餐饮业被并购企业的优秀文化。又如春兰集团并购南京东风，并购之后，春兰集团虽然只对南京东风的战略管理流程、财务管理流程、人力资源管理流程进行了整合，且整合的幅度比较大。通过新的战略管理流程的运作，制定出一系列切实有效的企业战略，进行技术改造，以生产中高档中、重型卡车为主，以使其尽快摆脱了困境。

三 人力资源整合

（一）人力资源整合概述

企业并购的最大目标是利用资源整合的机会来形成更为强大的竞争优势，面临的最大难题是人力资源的整合。作为企业成长扩张的重要手段，并购活动通过改变企业的产权分布形式实现资源的重新配置，从而释放出双方企业的更大效率，实现企业的战略发展。这种改变对物质资产是简便易行的，而就企业中最重要也最特殊的资源——人力资源而言，则是最难操作的。两家企业在产业性质、文化背景和观念、作业程序等方面存在的不同，会对被并购或并购企业的组织与员工造成较大的影响或冲击。因此，对并购目标企业的人力资源整合要有计划、有策略地进行。

企业文化整合是人力资源整合的基础。企业并购的最大目标是利用资源重组的机会来形成更强大的竞争优势，其正面价值在于获得低成本的生产资源，获得优秀的人力资源。一般而言，企业在其实施并购战略以后，势必要面对一定程度上的文化差别，以及由此带来的企业文化冲突。如果此时缺少企业文化的整合，则处理不好企业文化冲突，企业内常常会充满矛盾和帮派，造成内耗，员工会重新考虑与组织之间的交换关系，这冲击了原有的心理契约稳定结构的基础，增强了它朝不稳定状态转变的趋势，从而给并购中的人力资源整合造成一定的影响。这种影响主要有以下两个方面。

一是对人力资源管理模式的影响。这种影响主要表现在企业并购后，因文化特质的差异，被并购企业的员工可能不适应并购后企业的人力资源管理模式，如并购企业整合后薪酬管理、绩效管理等管理模式与原有的企业不一样，可能不会对其产生有效的激励和约束作用，甚至可能适得其反，使员工产生抵制和排斥的消极态度，从而影响了并购后人力资源整合的作用。二是对沟通的影响。企业并购将具有不同文化的企业整合到一起，企业的员工长期受原有企业文化的熏陶和影响，其原有的理念和价值观根深蒂固，不可能因一时的环境改变而改变，虽然企业并购行为使不同的员工整合在同一工作环境里，但他们的思想和行为还是受到原来的理念和价值观影响，工作中难免会产生不一致，甚至是频繁的碰撞和冲突，在员工中产生抵触的心理，使正常的沟通工作也无法实施，这样会严重阻碍人力资源的整合过程。

另外，人力资源整合所包含的组织结构的整合、薪酬的整合以及激励机制的建立等方面的整合，无不体现着企业文化的作用：组织结构整合，高级管理团队的整合和留住关键人才等，发挥了企业文化的凝聚功能；薪酬的整合，体现了企业的价值观，反映了企业文化的导向功能；新的激励机制的建立，也与企业文化的约束功能和激励功能分不开。

由此可见，人力资源的整合是与企业文化分不开的，企业文化的整合做不好，人力资源的整合是很难成功的。做好并购企业的企业文化整合，是人力资源整合成功的基础。显而易见，"人"是文化的载体，抛开了"人"的概念，企业文化也就无从谈起。同样道理，在并购整合中，没有人力资源的相关整合，企业文化的整合也无法实现：企业价值观的整合——企业的价值观，是企业全体员工共同的价值准则，决定着员工行为的取向，对并购企业首先要通过人力资源的整合，形成一个新的人员组织结构及人员管理体系，才能有的放矢地进行企业价值观的整合；企业制度文化的整合——企业制度作为职工行为规范的模式，使个人的活动得以合理进行，内外人际关系得以协调，员工的共同利益受到保护，是使企业有序地组织起来为实现企业目标的保证，如果对并购企业没有进行人力资源的整合，企业制度文化的整合还有何意义；企业物质文化的整合——物质层面的一些文化要素是为了进一步强化企业员工的协同感和对企业深层观念文化的理解，如果并购企业缺少了对人力资源的整合，企业物质文化的整合将失去其目的。

因此，并购企业只有对人力资源进行了整合，才能实施企业文化的整合。反过来，企业文化的整合，如上所述的企业价值观的整合、企业制度文化的整合、企业物质文化的整合等，也只有通过人力资源的整合后才能表现出来，反映出企业并购整合后的新的企业文化。企业并购后的人力资源整合对企业文化的整合起到了桥梁的作用。

（二）不同文化整合模式影响下的人力资源整合

根据前文分析，对于企业并购中的文化整合模式我们已经有了一个比较清晰的概念，在此基础上我们结合并购后的人力资源整合管理，从整合过程前期、中期、后期三个时间段，对不同模式下产生的人力整合差异性进行分析。

1. 吸纳式文化整合模式的影响

对于吸纳式的文化整合模式，由于整合的大量工作集中于并购整合的准备阶段，故文化整合参与度较低。相对并购整合比较激烈，会大大增加不确定性风险。如宏基收购西门子引发的员工示威游行就属于这种。

2. 渗透式文化整合模式的影响

对于渗透式的文化整合模式，并购整合的难度相当高，因此文化融合几乎渗透整合的全过程，因此应该格外谨慎。除此之外，并购后仍留在公司的员工们往往会对他们心理上造成难以磨灭的阴影，很可能在很长时间内无法与新企业相融合，文化整合难度整体较高。

3. 分离式文化整合模式的影响

对于分离式的文化整合模式，由于并购企业之间的人员调整幅度较小，所以整合前期相对比较容易，在此模式下，可能不存在直接的文化冲突和矛盾，由此而产生的文化整合困难和风险较小；在整合中期，仅会涉及调整少量的整合方案，不会涉及大规模裁减员工，便于操作，由此而产生的矛盾亦较少；但这种模式下的整合后期往往是最容易引发问题的阶段，风险性可能较大。

4. 促进式文化整合模式的影响

促进式的文化整合模式与渗透式的文化整合模式下的人力资源整合较为类似，并购整合的难度较高，文化融合存在于整合的每一步，所以应当特别谨慎小心。在促进式的文化整合模式下与在渗透式的文化整合模式下的人力资源整合管理的不同主要在于，在促进式的整合模式下并购企业进入被并购企业的人员较多，对于人员的管控在一定程度上较强。与渗透式的模式类似，留存并购后公司的"幸存者"往往存在心里阴影，文化整合难度较高。

四　财务整合

本部分首先对并购后财务整合进行整体概述；之后针对财务整合的五个主要内容分析文化对财务整合的影响；最后结合基于文化协同的并购后整合模型，阐述不同文化整合模式影响下的并购后财务整合特征。

（一）财务整合概述

财务整合是企业并购后整合的一个重要环节，它主要是指并购方对被并购方的财务制度体系、内部控制体系、会计核算体系、资产和负债等方面进行资源整合以及对其相关的财务管理活动进行统一监管的过程。

企业并购后，通过财务市场的力量、内部资本市场的多样化，联合获得和配置资本，降低风险，实现资本成本的降低。经并购后，大部分企业形成企业集团，企业集团的财务特征是多级法人、多层级组织、多功能、跨地区与跨国运营。这些财务特征既决定了企业集团内部财务资源的多样化，也决定了企业集团财务管理活动的复杂化。

成功的财务整合可以有效利用并购后财务资源多样化的特点，将复杂的财务管理活动化繁为简，实现财务的一体化。同时，财务一体化的实现也极大地保证了企业并购所具有的"协同效应"可以发挥作用，使并购企业对被并购企业实现统一控制，为企业有效地实施战略、有效地配置资源、创造更具竞争力的企业价值提供良好的基础。因此，财务整合对于企业并购的成败至关重要，企业必须加强对财务整合的重视。

（二）不同文化整合模式影响下的财务整合

1. 吸纳式文化整合模式影响下的财务整合

吸纳式文化整合模式是指将并购方的企业文化适时、全面地移植到被并购企业中，强制性地要求被并购方贯彻执行。这种模式主要发生在并购企业强势对被并购企业弱势的并购整合中。该文化模式对财务整合的影响主要适应于以下几种情况。

被并购方的管理体系尤其是财务控制体系混乱，严重影响了被并购企业的发展，而并购方企业有着科学完善且行之有效的财务管理体系。在这种情况下参照并购方的财务控制体系设计新的财务控制体系，采用强制性的注入方式，直接注入被并购企业，这样不仅会有效改善被并购方的财务控制状况，还可以加快整合的进程。

并购方为了迅速扩大自身的规模，一次性地并购多家企业。在此种情况下，就可以把并购方的财务控制体制直接移植到被并购的各个企业当中，这样有利于并购后整个企业集团业务的开展。

2. 渗透式文化整合模式影响下的财务整合

渗透式文化整合的特点是并购双方企业文化相互渗透、相互融合、取长补短。在该模式影响之下，财务整合表现为并购方企业的财务控制体系与被并购方的财务控制体系相互融合，形成一个新的财务管理体系。它的最大特点就是并购双方的财务管理体系互相渗透和学习。这种情况发生在强势的企业并购整合中。由于行业或者企业性质的不同，每个企业都有自己独特的财务控制体系。如果贸然地强行进行财务整合，会损害目标公司的财务运作流程，降低企业的并购价值，甚至导致并购失败。因此并购要循序渐进，在不影响目标公司财务管理效率的前提下，加强财务控制，使其融入并购公司的财务控制体系中。

3. 分离式文化整合模式影响下的财务整合

分离式文化整合模式的特点是并购双方文化相互独立，保持双方原有稳定的企业文化。在该文化整合模式的影响下，并购完成后并购双方的财务控制体系基本不动，仍在财务控制上保持相对的独立。运用这种控制模式的前提是并购双方都有较完善的财务控制体系，并且双方的直接关联比较少。这种企业并购后财务整合模式主要适应于以资本为核心的财务并购中，在这种并购体系，并购企业只对被并购企业的一些财务核心内容进行控制，而不涉及被并购企业的具体财务管理体系。例如中国五矿集团并购澳大利亚第三大矿业公司 OZ 集团的案例，在并购成功实施之后，中国五矿集团只从国内派出财务总监到 OZ 集团，主要负责财务工作的汇报与信息传递，公司原有的财务管理体系并没有发生变化。

4. 促进式文化整合模式影响下的财务整合

在该文化整合模式的影响下，财务整合中的并购方在保持原有的财务控制模式的同时吸收被并购方财务控制体系的优秀成分，提高控制效率。一般企业并购是优秀企业利用自身的优势并购在某些方面不够完善的企业，因而这种情况在现实中比较少见。

第四节　整合后评价

整合后评价是指在企业并购整合阶段完成后，对企业并购整合整个过程——整合前评估、整合规划以及整合实施阶段，也包括评价本身的控制过程、控制结果进行综合性的评价，从而发现整合过程中存在的缺点与不足而进行修正的过程。整合后评价是一种事后评价，即在完成并购整合活动后而进行的评价，通过内部审计部门对并购整合过程中的各项制度和执行情况进行审查、评价，可以发现企业并购整合过程的缺陷和薄弱环节，并有针对性地提出改进意见和建议，从而促进并购整合制度的进一步加强和完善。

一　整合后评价概述

与一般企业的项目评价相比，企业并购整合后评价主要有以下两个特点。

第一，由于并购整合活动中企业面临的风险更大，因此评价过程更为复杂，正如前面几节的论述，企业并购整合活动无论是准备、计划还是整合实施阶段都面临巨大的风险，并且这些风险是多元化的，要评价其优劣，必须针对特定的风险设定评价指标与方法。

第二，评价活动需要并购双方共同参与，企业并购从决策阶段到接管阶段再到整合阶段都是并购双方共同参与的活动，需要双方共同的努力。如果有一方对于评价的重视程度不够，都可能导致评价活动的失败，进而影响企业并购的绩效。

目前，并购整合后评价研究正处于起步阶段，还存在许多问题。对于大多数企业并购整合来说，制度体系可能还不完善，但管理者们已经开始对此问题投以了极大的关注，并且这种关注程度越来越高。目前企业并购整合评价活动主要存在管理者关注程度不够、评价体系不完善、评价结果无反馈等问题。

很多企业并购失败的根源在于并购后整合的失败。如美国著名管理学家彼得·德鲁克认为，企业并购只有在整合上取得了成功，才能成为一个成功的并购，否则只是在财务上的操纵，这将导致业务和财务上的双重失败。要清楚企业并购后的整合是否达到了预期目的，则需要对企业并购后的整合效率进行评价。通过评价，可使企业认识到并购后企业整合的发展状况，了解整合过程中相对薄弱和亟待加强的部分环节，对整合做出导向性的预测，进而采取相应的措施。

没有并购整合后评价，就无法衡量并购整合过程中的执行情况，更无法对并购整合的控制体系进行修正。企业并购整合后评价是企业并购活动的重要组成部分，也是企业并购战略得以实现的重要步骤，更是企业可持续发展的重要保证。并购整合后评价的意义主要有以下几点。

一是保证并购价值实现。进行整合后评价可以监控并购交易完成后公司的经营活动，进一步确保并购的成果。在整合过程中，并购双方在人员、文化、战略、财务等方面进一步融合并趋于一致，为协同效应的实现创造良好的环境，从而保证并购价值的实现。

二是改进整合的控制体系。进行并购整合后评价的目的之一就是改善并购整合的控制体系。并购整合后评价结果的反馈过程，不仅是对前一次整合结果的总结，也是为下一次整合创造良好的条件。在整合结果的评价过程中，可以发现整合过程中存在的一些问题，从而进行下一步的战略规划。此评价报告以及战略规划将为下一步经营活动的监控提供依据并积累经验。

三是提高整合工作效率。通过对并购整合的评价，了解企业相关制度是否健全，是否在业务活动中得以贯彻落实，执行中存在哪些缺陷和薄弱环节。通过这些分析、测试和评价，从薄弱环节入手，迅速有效地明确工作重点和方向。整合后评价有利于迅速有效地明确评价重点和方向，使评价效率与效果得以提升。

四是提高并购绩效。企业并购整合活动中存在各种风险，这些风险导致企业并购结果的不确定性。在企业并购整合过程中进行整合后评价，有助于改进企业并购的内部控制制度体系，帮助企业规避并购整合过程中的各种风险，提高企业的并购实施能力，从而提高并购绩效。

二　整合后文化评价体系

本书所阐述的并购后整合模型是基于全过程的理念而建立的，是一系列并购整合步骤的集合，包括并购前、并购中以及并购后的文化整合，那么与之相匹配的文化整合评价体系同样基于全过程的角度，将评价整体细分为并购前、中、后三部分，并且为了增强评价体系的全面性，部分分析完之后将对文化整合整体协同效应进行描述评价，具体分为并购前整合评价、并购中整合评价、并购后整合评价、文化协同效应分析。

1. 并购前整合评价

在本章第二节已经强调了并购前对目标企业进行可行性分析的必要性，尤其对其文化层面的调查往往并不充分，所以我们在进行评价时，重点在于企业在并购前是否进行了全面系统的并购前可行性调查，为了突出企业文化匹配程度对于并购整合的重要性，将对其单独进行评价。

不同企业所处的社会文化背景（地区、民族、宗教等）、企业自身的性质以及企业家（管理者）精神、组织的不同，有着明显差异又各具特色的文化，再加上文化属于意识形态，不同企业、不同组织有着自身的特性，因此并购后文化整合是一个涉及面广、操作难度大的过程，也是一个需要循序渐进的融合过程。双方企业存在的不可避免的文化冲突是不得不解决的现实障碍，所以对目标企业进行文化差异分析是企业并购整合的基础。

选取目标企业是一项科学又严谨的任务，对一系列符合标准的企业进行层层筛选，并对这些筛选后的企业进行不同层面的比较，具体分析它们各方面的优劣势以及找到最适合本企业并购的目标企业，以利于企业并购的顺利实施。

对于可行性分析的评价可以从产业状况分析、财务状况分析、人力资源分析、研发与市场营销分析等方面展开。

产业状况分析质量评价。在评价其分析质量时主要从对目标企业所处产业信息了解全面度入手，主要包括产业所处的发展阶段、产业在社会经济中的地位和作用以及产业的基本状况等。评价标准在于企业是否全面、准确地了解了目标企业所处产业状况以及其在产业中所处的位置。

财务状况分析质量评价。财务分析的关键在于是否针对目标企业年终报表等相关报告分析，对其财务状况进行全面性的了解。比如利用财务数据进行比率计算，如偿债能力比率、资产管理（周转）比率、资本结构比率和盈利能力比率等。

人力资源分析质量评价。人力资源管理的终极目的是要提高员工的工作效率，进一步提升企业的经济和社会效益，对企业高层管理者以及企业技术人员的分析是人力资源质量分析最主要的内容。企业的高层管理者决定着目标企业的发展方向，其作风习惯、精神品质所形成的管理和决策方式往往在并购实施过程中表现突出。故在实施并购时，需对高管各方面能力与素质（比如经营能力、身体素质等）以及思想、人际关系等方面进行分析。企业技术人员分析主要包括技术人员的数量、占全体职工的比例以及近年来技术工作的绩效奖惩情况等。

研发与市场营销分析质量评价。企业是否对目标企业进行了以下方面的分析，并且分析深度是否能够了解以下内容：研发资金投入、技术、人才，以及销售渠道是否健全，是否具有合理且有效的激励机制。

2. 并购中整合评价

并购中整合是双方企业的谈判阶段，企业要避免并购活动在谈判阶段陷入困境，其解决方法关键在于并购企业不仅要事先熟悉对方的企业文化，也应对目标企业所在地区（国家）的文化有所了解，并重视因文化差异而导致的矛盾冲突。

在并购前整合评价中已经对目标企业文化差异分析质量进行了评价，那么在此基础上，并购中整合评价的重点就是是否针对文化差异可能造成的冲突设计了有效的解决方案，如果方案能够将文化差异的副作用降至最低，那么对并购中整合的质量给予肯定。

3. 并购后整合评价

并购后文化整合的内容，本书第六章中已经说明，其主要内容与前期的文化可行性分析类似，但是需要立足于并购完成的时点，对正在整合的新企业进行文化分析，并确定其文化整合的方向。相对前期的可行性分析而言，这部分内容会更加具体，其分析结果也会更加可靠。基于以上分析，并购后整合评价的重点在于新企业的文化整合方向是否利于企业的长远发展，是否能够达到文化协同，形成协同效应。

三　整合后文化评价指标

并购整合后评价指标选择和设计的合理与否直接关系到评价体系功能发挥的大小。在绩效评价中，无论是财务指标还是非财务指标，其关注的对象都是行为的结果，而在并购整合后评价中，不仅要关心整合结果的好坏，还要评估整合手段的优劣。常用的评价指标分为措施型指标和结果型指标。措施型指标是指与各种整合手段相对应的评价指标，而结果型指标是针对内部整合的实施效果制定的评价指标。

本部分构建的整合后文化评价模型属于措施型指标，将整合指标分为精神文化、制度文化、物质文化和行为文化四个维度，从四个维度出发进行评价。

企业的精神文化，即指企业文化的精神层。用以指导企业开展生产经营活动的各种行为规范、群体意识和价值观念，是以企业精神为核心的价值体系。集中体现为一个企业独特的、鲜明的经营思想和个性风格，反映着企业的信念和追求，是企业群体意识的集中体现。本书可以把企业的精神文化概括为三个方面，即企业价值观、企业目标和企业道德。

企业的制度文化，即指企业文化的制度层。它是企业生产经营的活动中应建立一种广大员工能够自我管理、自我约束的制度机制。为保证各项活动有序进行而制定的规章、规程和规范，集中体现了企业理念对员工和企业组织的行为要求。

企业物质文化，即企业文化的物质层。它是一种看得见、摸得着的，用来反映物体价值观的一种载体。它是一种实物文化，由生产设施和企业生产的各种产品组成。大体可以概括为：企业的写字楼、企业的机械设备以及企业生产的产品等。

企业的行为文化，即企业文化的行为层。它是指企业在社会主义市场经济的实践中，逐步形成的为全体员工所认同、遵守，并带有本企业特色的价值观念、经营准则、经营作风、企业精神、道德规范、发展目标的总和。企业的行为文化大体分为两个方面：企业家行为和企业员工行为。具体评价维度如表 6 - 3 所示。

表 6 - 3 整合后文化评价维度

维度	子维度
整合后精神文化	价值观
	企业目标
	企业道德
整合后制度文化	工作制度
	责任制度
	特殊制度
整合后物质文化	产品或服务
	厂房与工艺设备
整合后行为文化	企业家行为
	员工行为

资料来源：作者根据资料整理。

从以上维度出发，通过问卷调查的形式，选取双方企业员工与管理人员，首先对整合后的企业文化，计算综合指标评定的分数。设定各类指标的满分为 100 分，企业根据自身发展战略及整合计划设定各类指标的权重，然后利用权重乘以得分计算综合指标评定的得分。然后，计算综合分值。最后，根据并购整合活动的判断标准做出评价结论。在此评价结果之上，企业可以发现整合过程中存在哪些缺陷和薄弱环节，从薄弱环节入手，迅速、有效地明确评价重点和方向，为下一次的整合活动积累经验。通过整合评价结果，企业可以更加详细地评价整合活动实施的效果及效率，促进整合的进一步实施，做到有的放矢。

第五节 案例分析：五矿收购 OZ 案例

2009 年 6 月 11 日，中国五矿集团公司（以下简称"中国五矿"）正式对外宣布，五矿有色金属股份有限公司以总对价 13.86 亿美元的价格收购澳大利亚 OZ Minerals 公司（以下简称"OZ 公司"）的主要资产，包括除 Prominent Hill 矿、菲律宾、印度尼西亚等分公司的剩余全部资产。由五矿集团在澳大利亚的全资子公司 Minerals and Mining Group Limited（以下简称"MMG"）接管。此次收购为全现金收购。中国五矿在并购 OZ 公司时实施了基于全过程的并购后文化整合，在最大程度上避免了文化冲突与差异可能造成的损失，使两者在并购后可以和平共处，实现协同效应。

一 并购背景

背景主要从双方公司简介、市场背景和交易动机三个方面展开。

（一）公司简介

1. 并购方：中国五矿集团公司

中国五矿成立于 1950 年，迄今已有约 70 年的历史，其历史沿革如图 6-3 所示。

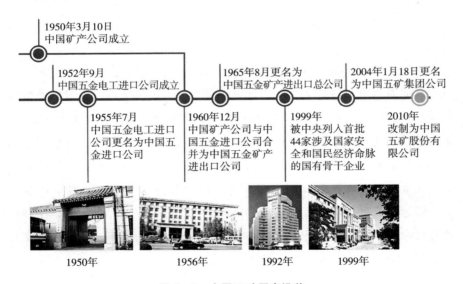

图 6-3 中国五矿历史沿革

资料来源：作者根据中国五矿资料整理。

进入 21 世纪，中国五矿深入推进战略转型，确定了"以贸易为基础，集约多元，充分发展营销网络；以客户为中心，依托资源，积极提供增值服务，使中国五矿成为提供全球化优质服务的金属和矿产企业集团"

的新的发展战略。"资源 + 流通"是五矿战略转型的方向,五矿在"十一五"规划中提出了战略实施的六大举措,包括资源控制战略、商业营销战略、资本运营战略、海外经营战略、内部协同战略、多元化与新业务发展战略,其中资源控制战略位于六大举措之首,通过各种方式获取和掌控资源是五矿战略转型的重心和核心手段。

并购重组成为五矿资源战略实施的重中之重。五矿转型于传统的贸易企业,转型之初实业资产较少,内生增长难以满足发展的需要,只有通过并购重组,才能实现跨越式的增长。五矿的并购有两条主线——国资重组和商业化并购。

"一部五矿转型史,就是一部并购史",中国五矿集团企划部总经理刘立军如是说。通过富有成效的国内外重组并购和业务整合,从过去计划经济色彩浓厚的传统国有企业转变为自主经营、具有较强竞争力的现代企业。从单一的进出口贸易公司转变为以资源为依托、上下游一体化的金属矿产集团。从单纯从事产品经营的专业化公司转变为产融结合的综合型企业集团。

2003 年,国资委大力推进国有经济布局和结构调整,从 2004 年开始拉开了央企重组的大幕。面对国有资产重大调整的历史机遇,中国五矿适时把握,实现低成本整合,加速实现集团公司跨越式发展。对邯邢矿山局、鲁中矿业及长沙矿冶研究院的联合重组,完成了黑色金属资源的布局。控股湖南有色集团,使有色金属资源重组更上一层楼。

中国五矿为发展资源战略,首先进入的是有色板块。2001 年 12 月,有色工业总公司旗下的有色金属贸易公司加入了五矿,加上中国五矿自己的贸易公司组建成立五矿有色金属股份有限公司(以下简称"五矿有色")。通过组建五矿有色公司,中国五矿开始探路资源端。

2003 年,五矿有色出资控股江西钨业集团和江西香炉山钨矿区。该并购行为是五矿有色板块资源端探路的首次尝试。通过整合利用,虽然钨的生产总量减少了,但因国际钨价提升,企业效益大为改善。后来,五矿有色又参股了广西铝业等六家企业,从而形成了氧化铝、锡锭、APT 等有色产品的生产能力,对关键资源的控制力大大提升。通过这些并购活动,到 2003 年底,资源性资产占五矿有色板块总资产的 62%。图 6 - 4 为中国五矿在战略转型中的并购事件。

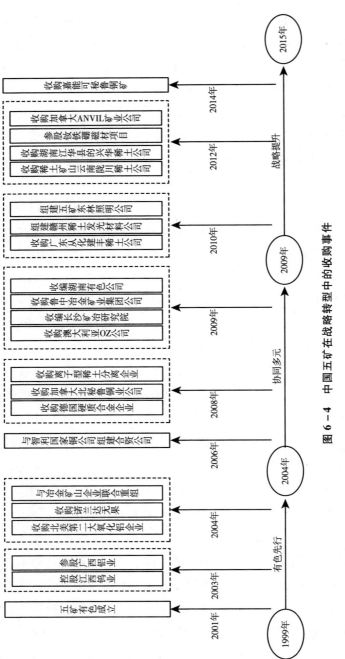

图 6-4 中国五矿在战略转型中的收购事件

资料来源：作者根据中国五矿收购资料整理。

从 2004 年开始，中国五矿先后与邯邢矿山局、营口中板厂、鲁中矿业、长沙矿冶研究院这几家中央和地方冶金矿山企业进行了联合重组，通过一系列的低成本并购重组，中国五矿在黑色金属资源领域从无到有，构造了从开采、制造到矿业研发这一条相对完整的黑色金属产业链条。同时，为了走向国际市场，中国五矿以近 60 亿美元发起了对加拿大诺兰达矿业公司的收购，虽然最终收购未成，但这次"蛇吞象"的尝试锻炼了中国五矿的团队，为后续国际化推进积累了宝贵的经验。同年，中国五矿成功收购北美第二大氧化铝生产企业 Sherwin 氧化铝厂 51% 的股权。

2. 被并购方：澳大利亚 OZ Minerals 公司

被收购方 OZ 公司总部位于墨尔本，2008 年 7 月由两家有色金属矿业公司 Oxiana 公司和 Zinifex 公司合并而成，在澳大利亚交易所公开上市交易，由于无力偿还近 5.6 亿澳元的债务，OZ 公司在 2008 年下半年陷入债务危机，并自 2008 年 11 月 28 日起停盘。

OZ 矿业公司是世界第二大锌生产商和重要的铜、铅、金、银生产商。公司为全球客户提供金属矿产服务，拥有并运营一系列世界级的基础金属矿山、开发项目和勘探项目，是目前世界第二大锌生产商，并生产大量铜、铅、金、银。目前公司主要在澳大利亚、亚洲从事金属生产运营，在澳大利亚、亚洲和北美还拥有大量成熟阶段和早期阶段的开采项目。公司管理的生产矿山包括澳大利亚的 Prominent Hill 铜金矿 [包括 Malu 露天矿、Ankata 地下矿、Malu 地下矿（100%）]、Carrapateena 铜金矿（100%）、处于开发阶段的澳大利亚 Dugald River 锌铅矿项目（100%）、处于勘探阶段的加拿大的 Izok Lake 锌铜矿项目（100%）、High Lake 锌铜矿项目（100%）以及其他勘探资产等。表 6-4 为 OZ 公司的矿山分布及生产情况。

表 6-4　OZ 公司的矿产资源

矿山名称	地理位置	矿产资源
Prominent Hill	Gawler Craton，南澳大利亚	生产铜矿、金矿，年产约 9 万吨铜、6 万盎司黄金、33 万盎司白银
Century	昆士兰州，澳大利亚	世界第二大锌矿，澳大利亚最大露天锌矿，年产 50 万吨锌
Rosebery	塔斯曼尼亚，澳大利亚	生产锌精矿、铜精矿、铅精矿、金银合金矿

续表

矿山名称	地理位置	矿产资源
Sepon	老挝	生产电解铜及金矿,年生产7万吨铜
Colden Grove	西澳大利亚	生产锌精矿、铜精矿、铅及贵金属精矿,年产5.7万吨锌、3.1万吨铜、2.9万盎司黄金
Avebury	塔斯曼尼亚,澳大利亚	生产镍矿,已停产,储量约2200万吨

资料来源：作者根据中国五矿资料整理。

（二）市场背景

1. 国内资源需求日益加大

我国是一个战略性资源比较缺乏的国家，资源形势十分严峻，但是能源需求越来越大。据预测，到 2020 年，中国发展必需的 45 种大宗矿产资源中只有 6 种能够自给自足，全国现有的铜矿储量则仅够使用 10 年，到2050 年我国每年能源消耗将达到 38 亿吨煤，相当于 2000 年的 3 倍，成为世界第一能耗大国。

根据海关数据，2009 年我国有色金属进口额 659.39 亿美元，出口额172.6 亿美元，进口额同比上升 7.5%，而出口额同比下降 33.64%。2005～2009 年我国的有色金属进出口交易情况见表 6-5。

表 6-5 有色金属进出口交易情况

单位：亿美元

年份	进口	出口	进出口总额	逆差
2005	303.48	164.89	468.37	138.59
2006	414.5	239.8	654.3	174.7
2007	611.2	263.9	875.1	347.3
2008	613.5	260.1	873.6	353.4
2009	659.4	172.6	832.0	486.8

资料来源：作者根据中国五矿资料整理。

2. 国内矿业产品价格高涨

矿产和金属业产品创纪录的价格成为市场的驱动力。价格上涨的原因有以下几点：对金属、能源矿物的持续强烈的需求，特别是来自新兴经济体的需求，其增长的潜力仍然巨大；设备、基建、劳动力、投资等的短缺，以及限制性法规和增加产能所需的时间长等因素，造成供给不足。2004 年到 2007 年三年之间，中国进口铝土矿石已经从每吨 20 美元上涨到 70 美元；中国国内铜精矿供应不到 30%，超过 70% 需要依赖进口，远远超过铁矿石和石油的对外依存程度，从 2001 年至 2007 年，铜价累计涨幅超过 400%。

3. 金融危机降低并购成本

从 2007 年开始的金融危机在 2008 年爆发后，世界 GDP 年增长率从 2007 年末开始急剧下降，并在 2009 年达到 -2.1% 的最低点。伴随着世界总体经济的不景气，世界工业增加值和大宗商品出口也开始大幅下滑。同时，国际商品价格也开始持续暴跌。受国际金融危机及世界经济严重衰退的影响，众多欧美企业市值萎缩、流动性困难。OZ 公司本是一家负债累累的矿商，金融危机之后更甚，银行债务一直是其面临的关键问题，面临破产危机。企业处在一个需要整合的时期，而资产价值也正好处于底部区域，此时进行并购，成本比较低廉。

4. 中国政府大力推动

增强资源保障一直是我国近年来的战略重心之一，中国矿业企业进行的跨国并购既是一种企业行为，也是中国的一种国家战略。在全球金融危机使资源企业的股价暴跌之际，中国政府对用本国资金收购海外资产已表现出更强的意愿。

5. 澳大利亚文化开放性强

对于 OZ 公司所在的澳大利亚来讲，这个国家在历史上原本就是一个由移民建立起的国家，虽然这里的主流文化是像北美一样的西方文化，但是由于迁移居民来自不同的国家，在该国慢慢形成时就具有多种文化相互融合的开放性特点。在这里，使用居民自己的语言、保持居民自身的文化是被国家鼓励的。澳大利亚没有以当地文化为中心的很狭隘的民族主义文化，因为这个国家本身就有很多外来民族、外来文化，国家文化本质上并不具有排斥性。因此中国五矿在收购 OZ 公司时不会因为"亚洲面孔"而受到排斥。当然这也是在让当地居民、当地政府充分理解中国五矿的并购意图是真诚的，是互利共赢的，是不带有威胁性和危害性的前提下才可以做到的，因此，一定的说服、解释、沟通工作是很有必要的。澳大利亚人民对新面孔大多是友善的，他们生活的当地环境优美、物产丰富、幅员辽阔、怡然自得。由于国家鼓励居民保持自身的文化，澳大利亚也是一个各种宗教混杂的地方，这里有基督教也有佛教，有天主教、印度教，也有犹太教、伊斯兰教，人们不会因为信仰的不同而互相歧视或者发生争执。另外，澳大利亚的社会法制健全，这个国家生活的各个方面都是有法律可以遵循的，从衣食住行到国家经济生活的各个方面都是有法可依的，在消费者保护、交通管理、人民私有财产不受侵犯、投资经营、国家选举、行政管理、外交、保障妇女儿童权益、刑事审判、民事纠纷、外商投资等各个方面都是有完善公平的法律可以作为依据的。

（三）交易动机

1. 五矿交易动机

针对中国的特殊国情可以将中国五矿跨国并购的动机细分成以下三项。

第一，实现中国五矿扩大国际市场的目标。通过此次收购，矿产资源结构和分布格局得到有效优化，海外有色金属市场将得到进一步巩固和扩展；有利于中国五矿实现金属矿山企业集团发展的战略目标，在全球范围内提供高质量、高品质服务。

第二，承担国企责任。中国五矿作为国家矿业公司，致力于维护国家经济发展和矿产安全，并将继续保持有色金属产量稳步增长。"走出去"是当前国家矿产战略的重要方面之一，从国际市场获取资源。探索和发展有色金属的高新技术，并进行精细管理已成为必然趋势，而并购将有效提升我国锌、铜、铅等主要有色金属矿产资源的存量，有效缓解我国有色金属的供需矛盾。

第三，增强规模经济和市场营销力量。近年来，大型矿山资源越来越少被发现，且矿山建设成本大幅度提高，许多矿山设备的交付周期大大延长，矿山直接开发所带来的不确定性风险远远高于并购。因此，与自主矿山的勘探开发风险相比，收购经营较为成熟的矿山企业对企业来说更加具有经济价值。在成本不断上升的大背景下，并购可以帮助企业带来更大的规模经济效益，使生产集中，使营销能力大幅提升。

2. OZ 交易动机

2008 年下半年，国际金融危机全面爆发，OZ 公司的股价从 2008 年 7 月的 2.63 澳元狂跌到了 0.55 澳元，市值缩水达 79.1%。为 OZ 公司提供贷款支持的银团急于收回 OZ 公司所借的总额约 7 亿美元的到期贷款。迫于压力，2008 年 11 月 28 日，OZ 公司申请停牌，并于 12 月 2 日正式停牌，公开寻求发行股票、债券或出售部分资产等解决方式。

中国五矿与 OZ 公司管理层的合作可以追溯到 2004 年，与此同时，中国五矿是唯一以优越的条件提出整体并购的，在这两者的作用下，中国五矿无疑是 OZ 公司最好的选择。

二 交易过程

中国五矿的目标是成为一个实业化和资源型的国际型矿产企业集团。为实现这一转型，必须发展集团的全球资源供应系统。中国五矿将目标锁定在 OZ 公司上，因其拥有丰富的铜、黄金、白银、铅、镍等金属储备。早在 2006 年中国五矿就开始关注 Oxiana 公司（OZ 公司的前身），经常抓住全球矿业大会、地质技术交流会等机会与该公司高管接触，了解其发展理念、经营战略、发展思路、资产分布及核心资产情况等。

从 2005 年第一次开始接触 OZ 公司的前身 Oxiana 公司，到提出第一个交易方案被否，再到 2009 年成功收购 OZ 公司主要资产，五矿有色的海外收购之路如同参加了一次奥林匹克运动会，四年的持续付出，终于使五矿有色在自己的奥林匹克之路上获得了金牌。

（一）交易流程

中国五矿的此次收购过程并不平坦，可谓一波三折，具体收购过程见图 6-5。

1. 长期接触

早在 2005 年 10 月，中国五矿就与当时的 Oxiana 公司有业务接触，并保持良好的沟通与合作。同年，中国五矿在澳大利亚的子公司中国矿业国际有限公司将 Oxiana 作为一个投资机会推荐给五矿有色。但当时由于五矿有色内部对该项目意见不一，且 2005 年中海油收购优尼科一案作为中国企业远征海外市场的阴影挥之不去，因而未对此事进行深入探讨，但

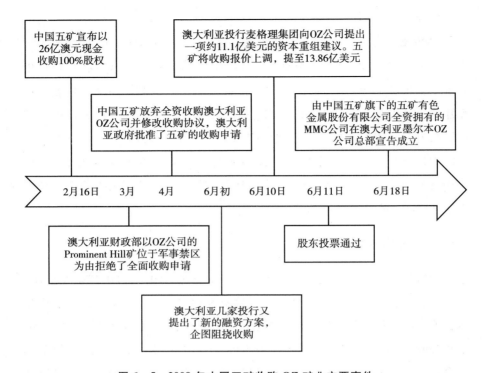

图 6 – 5   2009 年中国五矿收购 OZ 矿业主要事件

资料来源：作者根据中国五矿资料整理。

两家公司始终保持业务关系，五矿有色的收购小组也一直关注来自 Oxiana 公司的任何重要信息。当时 Oxiana 公司资产主要为铜、铅、锌和黄金，市值约为 10 亿美元。

时间又过了两年，到了 2007 年，五矿有色有意购买 Oxiana 公司 14.99% 的股份，此时大宗商品市场持续火爆，但 Oxiana 公司的市值已攀升至 30 亿美元左右，且公司无意接纳五矿有色入股的事实，收购只能暂时搁置。

2. 两难选择

2008 年 1 月，突然传来 Oxiana 公司将与 Zinifex 公司合并的消息。当时资本市场并不看好此次合并，大家普遍认为合并之后并不会给股东（尤其是 Oxiana 公司的股东）带来价值创造。于是，有几家投行极力撮合五矿有色收购 Oxiana 公司。

五矿陷入两难境地。一方面当时 Oxiana 公司的市值已经高达 40 亿美元，按照国际并购惯例，控股收购时收购方需要付出一定的溢价，那么将会导致整体收购价格突破 50 亿美元。但另一方面，机会稍纵即逝，如果 Oxiana 公司与 Zinifex 公司成功合并，五矿有色再去寻找一家合适的企业进行并购，代价会更大，付出的时间、人力、物力和财力会更多。

两弊相权取其轻，五矿有色考虑到中国五矿开拓海外业务的战略以及两公司合并后会加大收购的难度，在反复慎重斟酌后决定正面接触 Oxiana 公司。2008 年 4 月，中国五矿正式向我国有关部门和澳大利亚外商投资审查委员会（FIRB）提交了收购申请。这是中国五矿首次尝试收购 OZ 公司。最后因种种原因，中国五矿最终虽然撤回了收购申请，但其主动与 FIRB 沟通的做法得到了对方的赞扬，同时赢得了 Oxiana 公司的好感，为后来的合作打下了感情基础。

3. OZ 合并（Oxiana 公司与 Zinifex 公司）

2008 年 6 月，Oxiana 公司与 Zinifex 公司正式合并为 OZ 公司，一跃成为澳大利亚第三大矿业公司和全球第二大锌矿公司，市值一度高达 100 亿美元。合并后，新的 OZ 公司继承了 Oxiana 公司的债务负担，并通过举债来开展一系列的矿山整合。

4. 抓住机遇

OZ 公司在合并成立后，采取激进的扩张策略来应对迅速上涨的大宗商品和资源价格，通过举债整合了一系列矿山资源，同时"短贷长投"，即利用大量举借短期贷款投入长期资产，导致现金流一直处于危险状态。金融危机到来后，大宗商品的价格像过山车一样疯狂下跌，再加上澳元贬值，摧毁了 OZ 公司原本就处于危险状态的现金流，其股价总值也由最高峰的 120 亿澳元跌到低谷 17 亿澳元。迫于巨额债务无法偿还的压力，2008 年 11 月 28 日，OZ 公司在澳大利亚证券交易所停牌，公开寻求发行股票或债券、出售部分资产、公司股权收购等三种解决方案。五矿有色终于等到了收购 OZ 矿业的最佳时机。

五矿有色获知这一消息后，迅速向中国五矿决策层汇报，周中枢总裁表示大力支持，当即成立项目领导小组，并亲自挂帅，亲任项目组组长，迅速开展工作。2008 年 12 月中旬，五矿有色选定瑞银（UBS）作为财务顾问。

2008 年 12 月 24 日，五矿有色以总裁周中枢的名义向 OZ 公司递交了兴趣表达函，提出"股权收购 + 偿债"一揽子解决方案。5 天后，OZ 公司董事会主席库萨克书面回复五矿有色，表示对此欢迎。由于 OZ 公司仍面临其他两项选择，五矿有色便邀请 OZ 公司高层来中国实地考察。

2009 年 1 月 19 日，五矿有色管理层与时任 OZ 公司 CEO 的米希尔摩尔在北京举行了会晤，并向其解释：第一套方案（公开发行股票或债券），当时资本市场的表现不利于发新股，而基金公司也不看好大宗商品市场；第二套方案（出售部分资产），如果出售少部分资产，无法全部解决现有债务，出售大部分资产则 OZ 公司将会变成一个小公司，对现有的管理层来说无利可图。因而中国五矿的"股权收购 + 偿债"一揽子解决方案要优于其他选择。经过反复比较，OZ 公司最终表示，中国五矿方案具有建设性意义。可以说，正是中国五矿的方案，才让债权人同意 OZ 公司的债务延期，使 OZ 公司绝处逢生。

5. 提交申请

为了抓住最佳机遇，2009 年农历大年初一，正当全国人民放假过春节时，五矿有色的项目团队赴墨尔本与 OZ 公司进行第一轮商务谈判，双方初步同意收购价格。2 月 3 日至 13 日，五矿有色聘请专业的中介机构，例如法律、技术、会计与税务机构等，正式启动对 OZ 公司的尽职调查。3 天后，五矿有色与 OZ 公司签署了《收购实施协议》，双方约定由五矿有色通过协议安排方式，以每股 0.825 澳元的对价现金收购 OZ 公司 100% 股权，并在适当时机为其安排现有债务重组。此时五矿收购 OZ 的交易金额为 17 亿美元，以全资要约方式收购。

2 月 17 日，五矿有色向 FIRB 提交了收购 OZ 公司的申请。另有三家国内企业于 2 月也向 FIRB 提交了收购澳大利亚其他矿业公司的申请。为增大获得批准和成功收购的可能性，OZ 公司向 FIRB 递交申请并当面会晤，希望澳大利亚政府放行该项收购。这时一幅极具戏剧性的画面出现了——五矿有色在谈判桌上与 OZ 公司一起面对澳大利亚外商投资审查委员会审查。事后据 FIRB 官员讲，这在澳大利亚收购史上尚属首次。

6. 申请受阻

3 月 27 日，澳大利亚国库部表示：由于 OZ 公司旗下的 Prominent Hill 铜金矿位于军事禁区，出于国家安全考虑，不能批准五矿有色对 OZ 公司 100% 股权的收购申请。澳大利亚政府同时表示，如果五矿有色对原先收购方案进行更改，即不包括 Prominent Hill 铜金矿，则可以重新审查。

虽然五矿有色也曾考虑过"国家安全"的因素，但包括律师、财务顾问在内的中介机构均认为这不过是例行程序，无关大局。不过，对于官方给予否定收购的原因而出现的问题，解决方法并不难，就是放弃此块资产，重新修改方案。但是就在这个时候，突然传出一家加拿大公司向 OZ 抛出橄榄枝的消息。

中国五矿一方面对澳大利亚政府的决定表示尊重，另一方面迫切研究对策，终于在最短的时间内提出了新方案。3 月 31 日，也就是全盘收购方案被否的第四天，五矿有色与 OZ 公司共同制定了调整后的收购计划，并签署了《框架协议》和《独家谈判协议》。4 月 13 日，双方正式签署了《资产收购实施总协议》，即五矿有色以 12.06 亿美元的对价现金收购 OZ 公司除 Prominent Hill 铜金矿和 Martabe 金银矿以外的所有资产。OZ 公司保留 Prominent Hill 以及在柬埔寨、泰国等地的部分矿产，还有包括 Toro Energy 在内的上市公司股权。这个新方案的战略意义在于保留了 OZ 公司的大部分核心资产和其优秀的管理团队。

这项协议体现了五矿有色成熟的操作手法。协议规定 OZ 公司在交易完成前不得主动接触除五矿外的其他意向收购方，并与五矿签订了相当于整体交易价格 12.06 亿美元 1% 的分手费。这个规定后来再看时是极有远见的。

7. 重新申请

就在双方签订《资产收购实施总协议》的当天，五矿有色公司向 FIRB 递交了新的收购申请。FIRB 认为，新方案由原来的偿债变为收购主要核心资产，还给 OZ 公司留有充足的流动资金，体现了互利共赢的理念。

2009 年 4 月 23 日，澳大利亚财政部正式批准了五矿有色再次递交的申请，这是澳大利亚政府首次批准中国国有投资者对本土在产矿业企业的控股收购。澳大利亚政府认为 OZ 公司旗下资产对澳大利亚的国家安全并不像力拓那样重要，同时考虑到如果否决了这笔交易，那 OZ 公司就会倒闭，其结果是工人失业。

4 月 26 日，在多次沟通的基础上，我国政府层面的审批正式启动，包括国家发改委、商务部、国家外管局等部门。6 月 2 日，五矿有色办完所有手续，在一个多月的时间里，几乎每个审批环节都创下了中国海外并购审批史上耗时最短的纪录。但是此次澳大利亚政府批准收购也有许多附加条件，包括：五矿有色将 OZ 公司的矿产作为独立业务来经营；在澳组建并设立总部的股份有限公司来运作 OZ 矿产；新公司的管理团队主要由澳大利亚人组成；五矿必须在公平交易的基础上，由澳大利亚的销售团队参考国际标准，为所谓的产品承购交易定价；五矿必须维持或增加将要收购的 OZ 生产及人员雇佣；重启 2008 年底关停的 Avebury 矿；如果经济形势允许，五矿有必要开发 Dugald River 矿。

8. 投资者"搅局"

自五矿有色宣布新的资产收购方案一直到 6 月初，市场舆论或积极，或中性，局势比较平稳，股东情绪相对平静，一切似乎都在朝既定的方向发展。然而，意想不到的事情发生了。6 月 5 日中铝收购力拓失败，在这一天五矿有色也在面临同样的境况，加拿大皇家银行和澳投资咨询公司 RFC 集团向 OZ 公司提出一个包含可转债及配股的总额约 12 亿美元的融资方案。而最有杀伤力的方案出现在 6 月 10 日，股东会投票的前一天，澳大利亚投行麦格理集团向 OZ 公司提出一项约 11.1 亿美元的资本重组建议。这一方案，背后有 OZ 公司部分机构投资者的支持。

他们"搅局"的背景是：随着中国政府刺激消费的措施逐渐见效，中国因素带动国际商品市场回暖，从 2 月到 6 月，铅、锌、铜等金属的价格上涨了 40% ~ 60%；同时由于美国美元持续弱势，澳元兑美元汇率大幅上涨，涨幅达到 17%；资本市场开始复苏，发行可转债和配股似乎也变得可行。在这样的形势下，部分股东的期望值发生了变化。

形势的急转而下，对中国五矿非常不利。不过，OZ 公司董事会此时显得异常冷静，他们经过深入分析，认为五矿方案最具"确定性"，股东大会后就可进行交割，还清债务。与此同时，五矿迅速采取一些灵活措施积极应对，于当地时间 6 月 10 日 22 点，也就是 OZ 公司召开股东大会的前一天晚上，紧急追加报价 1.8 亿美元，由 12.06 亿美元提高至 13.86 亿美元。这样一个突然提价为第二天召开的股东大会筑起一道安全屏障，防止对手将新的方案递交股东大会。OZ 公司董事长 Barry Cusack 还为此上了一个双保险，他警告说，如果交易无法进行，OZ 公司可能无法偿还将于 6 月底到期的 12 亿美元债务。

最后关头提价 15% 的做法被国内外主流媒体广泛称道，媒体普遍认为，这不仅适度反映了大宗商品市场的价格变化，体现出方案的灵活性；而且充分考虑股东的利益诉求，体现了中国五矿多方共赢的一贯诚意。

9. 股东大会通过

2009 年 6 月 11 日，OZ 公司在墨尔本举行年度股东大会，大约有 700 人到达现场，会上唇枪舌剑，辩论几乎到了白热化程度，质疑声此起彼伏。董事长 Barry Cusack 先生整个上午都在招架来自各股东方的质询，他用事实向所有股东证明，是中国五矿在 OZ 公司最为危急的时刻伸出了援手，并提出了多方共赢方案。形势转暖，不该因短期利益忘记长远发展，五矿有色的收购方案以最终持有总股份 92.48% 高票通过。6 月 17 日双方圆满完成交割，OZ 公司偿付银行贷款后还有余额超过 5.75 亿美元。6 月 18 日，一家由中国五矿全资拥有的新公司——矿业勘探集团有限公司（MMG），在澳大利亚成立，位于原 OZ 公司的总部。该公司主要管理从 OZ 公司收购的资产，OZ 公司大部分员工加入新公司，接任新公司的 CEO 就是刚从 OZ 公司辞职的 CEO 安德鲁。

作为中国最早"走出去"的企业之一，中国五矿从 2004 年控股 SHERWIN 氧化铝厂，到 2006 年与智利国家铜公司合资，再到 2007 年收购北秘鲁铜业公司，海外收购的道路越走越宽，不仅积累了丰富经验、锻炼了人才队伍，也为此次全资收购 OZ 公司主要资产奠定了坚实的基础。

中国五矿总裁周中枢在 6 月 26 日接受媒体采访时说，此次海外收购有三方面的经验值得总结：一是制定清晰的收购策略，当市场发生变化时，要审时度势、随机应变；二是与目标公司的管理层、董事会保持良好的沟通和交流；三是量力而行，要充分考虑目标公司与中国五矿自身的情况是否相符。

（二） 交易结构

中国五矿收购澳大利亚 OZ 公司的交易通过下属五矿有色注册在新加坡的全资子公司爱邦投资作为交易主体收购 OZ 公司的部分资产。具体交易结构如图 6−6 所示。

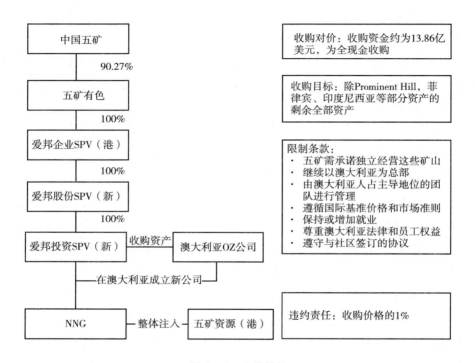

图 6−6　交易结构

资料来源：作者根据中国五矿资料整理。

（三） 成立 MMG 公司

2009 年 6 月 11 日，中国五矿正式对外宣布，经 OZ 公司年度股东大会投票通过，中国五矿 100% 收购 OZ 公司主要资产的交易获得成功。在墨尔本举行的 OZ 公司年度股东大会上，经全体股东投票表决，压倒性通过 OZ 公司以 13.86 亿美元的对价向中国五矿出售 Sepon、Golden Grove、Century、Rosebery、Avebury、Dugald River、High Lake、Izok Lake，以及其他处于勘探和开发阶段的资产。

中国五矿与 OZ 公司完成最终交割。由中国五矿全资拥有的，在澳大利亚注册的新公司 Minerals and Mining Group Limited（MMG）将负责管理这些资产。

三 文化视角下的全过程 PMI 阶段

西方文化与东方文化差异程度很大，当我们在西方国家投资时，我们需要研究他们的文化，把文化差异对公司活动的影响降到最低，使公司尽可能在当地有较好的口碑，至少不受敌意。一旦企业在当地受到敌意或者被当地居民、政府有偏见地对待，这个企业在当地的并购活动便很难开展，比如工会罢工、政府采取各种手段和措施给企业带来不便，使企业知难而退。由于不同国家不同企业的管理方式、工资水平、工会等方面的差异，在整合时期仍然会受到文化环境的影响。为了与被收购的公司很好地融合，他们必须理解和适应当地的文化环境。可以看出，无论是在收购前的阶段，还是在收购后的整合管理阶段，被收购公司所在国家的文化环境对收购过程都有重要的影响。

2009 年，中国五矿全资收购了澳大利亚第三大矿业公司 OZ 矿业。通过采取有效的整合措施，双方在较短时间内消除了文化、管理等多方面的差异，使新组建的公司 MMG 迅速焕发生机，当年即实现盈利。2010 年，根据总体战略目标计划，中国五矿下属企业五矿资源收购 MMG 公司，组建了新的五矿资源公司（英文名称沿用 MMG）。新五矿资源公司的经营管理团队均由原 MMG 公司人员担任。董事会的信任与放权、MMG 管理团队的专业态度与负责精神，使双方的协作极为融洽，在中国五矿的海外投资经营中发挥了重要作用，并取得了良好的效果。可以说，中国五矿与MMG 的文化融合是比较成功的。对此，米安卓给予了较高评价："五矿的成功来自对两种不同文化的理解和尊重。"中国五矿文化融合的成功，从根本上讲，源于双方企业对文化的相互尊重、相互理解和相互包容，在与对方充分沟通交流的基础上达成共识。

（一）整合前评估

并购前，中国五矿充分准备相关并购事宜，通过了解 OZ 公司的文化和让其了解自身的文化，以及了解其所在国的国家文化等途径，并且评估双方文化的异同与融合的可行性，发挥文化在并购中的作用。

1. 五矿企业文化

中国五矿十余年的战略转型历程也是组织文化传承和创新的过程。中国五矿非常重视企业文化的建设，在转型之初就做了企业文化建设规划，实施了企业形象体系建设，在其内部倡导统一的价值观。2004 年，中国五矿发布了《中国五矿集团公司企业形象识别系统手册》，激发员工的归属感和责任感，企业形象识别系统成为中国五矿对重组企业进行文化整合的重要工作。对外树立集团公司统一、现代和开放的形象。

（1）价值观

中国五矿将其价值观凝练为：诚信、责任、创新、和谐。

诚信是中国五矿的立身之本、发展之基、信誉之源。高标准的职业道德和商业道德是诚信的集中体现。中国五矿奉行全方位的诚信价值观，不论对人还是对事、对内还是对外，全体员工都恪守诚信。对内积极倡导以诚相待、团结协作，对外恪守承诺、保证利益相关者的正当利益。牢固树立诚信可靠的五矿形象。

责任是中国五矿运作的根本。始终坚持依法经营、规范运作，切实担起服务客户、回报员工、奉献国家、关心社会的责任。坚持以高度的责任感和强烈的使命感对待五矿的事业。各级领导，要以身作则，率先垂范；每位员工，要爱岗敬业、勤奋工作。强调企业要对客户高度负责，员工对工作高度负责，领导对部属高度负责，个人对自己和家庭高度负责。

创新是中国五矿发展的不竭动力。创新的根本要求是体现时代性，把握规律性，富于创造性。创新贵在行动，唯有行动才能实现创新，唯有行动才能创造奇迹，唯有行动才能持续精进，唯有行动才能追求卓越。创新源于学习，提倡全员学习、终身学习，创造团队学习的氛围，做到信息共享、经验共享、技术共享、知识共享。

和谐是中国五矿正常运营和持续发展的重要保障。内部和谐可以产生强劲的发展动力，外部和谐能够提供良好的成长环境。正确处理企业与员工、集团与下属公司、整体与局部、近期利益与长远利益的关系，保持集团内部的凝聚力、向心力。充分尊重合作企业、政府与社会各界等利益相关者，保持良好的公共关系，营造和谐的发展环境，追求健康、良性发展。

（2）企业精神

中国五矿提倡的企业精神为：团结、务实、高效、奉献。

团结是中国五矿的精神基石。团结体现了员工对五矿的忠诚与热爱，体现了员工对工作的责任与奉献，体现了员工之间的谦和与包容。管理团队的团结是集团发展的前提，广大员工的团结是五矿发展的基础。上下一心、相互信任、大力协作、紧密配合，在更大范围内去应对多方面的挑战，增强企业的应变能力和灵活性。

务实是中国五矿的精神风貌。务实体现了员工重实干、讲实效、看实绩的良好风气，体现了员工脚踏实地、立足岗位、各司其职、少说多干的敬业态度。以辩证唯物主义的世界观和方法论为指导，尊重科学、勇于实践，坚持实事求是、解放思想、与时俱进。全面了解集团自身以及内外环境等的真实状态，据此做出正确的决策并付诸行动，始终坚持以务实的作风将理想转化为现实。

高效是中国五矿的精神追求。高效是五矿的生存之道，是决定五矿长期生存发展的基本要素，是五矿实施发展战略、获得持续发展的重要保证。高效的背后是一系列良好的运行机制：要不断提升五矿集团运行效率，强调团队协作，反对个人主义；倡导雷厉风行、工作快捷、紧张有序、只争朝夕的工作作风；杜绝不进取、不作为、回避问题的工作表现。

奉献是中国五矿的精神境界。奉献体现于五矿对国家和社会奉献，体现于员工对五矿集团奉献，体现于个人对部门奉献和个人对个人奉献等多个方面。为社会、客户提供优质产品及服务，为投资者提供理想的投资回报，为社会的繁荣和发展做出自己的贡献。鼓励员工通过诚实劳动获取正当物质利益。在企业发展的基础上，逐步提高员工的工作和生活条件，让其拥有更加美好的生活。

（3）社会责任

中国五矿坚持可持续发展观。人类的需求是无限的，然而满足人类需求的资源是有限的。"珍惜有限，创造无限"是集团对可持续发展的理解和追求，"打造责任五矿，共铸美好未来"是集团可持续发展的愿景。"珍惜有限，创造无限"的核心理念和"诚信、责任、创新、和谐"的价值观融入发展战略中，指导了集团在战略转型和业务发展的过程中积极承担社会责任，注重安全生产、节能减排和环境保护，走绿色发展之路，实现可持续发展。

中国五矿将"珍惜有限，创造无限"的可持续发展理念投入管理运营中，打造了可持续发展商业策略。通过对标国内外先进企业、开发社会责任工具、参与标准制定、组织课题攻关等方式，为公司开展社会责任管理提供了经验指导，并建立了可持续发展商业策略和可持续发展绩效指标体系。

为更好满足利益相关方的期望，集团公司将全面履行社会责任，珍惜并合理使用有限的资源，致力成为中国金属矿产资源行业领先的供应商和全球金属矿产资源的优化配置者；通过"构筑价值五矿、创建平安五矿、建设生态五矿、构建和谐五矿"，实现"打造责任五矿，共铸美好未来"的可持续发展愿景，实现企业与利益相关方的共同发展。在价值创造过程中，围绕科学发展、安全生产、环境保护。

2. OZ 企业文化

OZ 公司的可持续发展管理标准，是一套涵盖了安全作业、员工健康、环境保护以及社会责任的全面管理体系。这些标准适用于公司发展的整个生命周期。与此同时，OZ 公司会定期对管理标准进行审查，以确保这一标准能继续满足其需求，并符合相关法律标准。

OZ 公司的可持续发展管理标准主要分为四个部分。全面系统管理标准——管理的整体框架；安全作业及员工健康标准——降低事故风险，确保员工安全；环保标准——减少环境破坏；社会责任标准——履行公司使命，造福整个社会。

一是保护自然环境。注重环境保护是 OZ 公司的核心文化，企业将环境友好型发展作为目标，在矿石开采过程中制定严格的环保标准。开采作业中需要消耗大量的水和能源，对矿石进行挖掘、运输和拣选。OZ 公司的矿山地处沙漠深处，降雨量极少，环境干旱。通过有效的规划，对矿山的地址面貌进行复原，尽可能降低开采活动对当地生态环境的破坏。

OZ 的经营活动是在采矿许可条例、设备租赁条例、环保条例的许可框架内进行的。OZ 公司积极投身相关环保法规的制定过程中。确保监管机构、社区和土地所有者在内的利益相关者了解矿山开采项目对环境、社会以及经济的影响。

二是与整个社会分享利益。OZ 在工作的社区开展长期开发计划，这些措施旨在为相关社区提供工作机会，带来长期效益。与此同时，OZ 公司与当地居民保持良好关系，用积极行动建立利益共同体。OZ 公司通过奖学金计划、实物捐赠等方式，得到了民众的支持。在长期利益共享中，完成了各方目标。OZ 公司尤其注重在矿山所在地的公关工作，让当地居民了解他们的开采计划以及环保情况，使居民认识到矿山的开发对双方都有巨大的帮助。

三是安全作业与员工健康。OZ 公司始终把安全作业与员工的健康放在重要位置，他们认为在开采作业中发生事故造成员工生命财产损失将会给企业带来极大的负面影响。OZ 公司通过一个全面的安全管理计划，将员工、管理人员与当地居民受意外伤害的可能性降到最低。OZ 的目标是安全生产无事故，并通过详细的检查与演练改善可能发生危险的环节，将生产事故发生的可能性降到最低。

四是公司的员工。OZ 公司在确保员工人身安全的同时，还致力于为员工提供多样化的工作内容，提高员工的工作积极性。

OZ 公司将员工的健康和安全放在首位，同时建立一套完整的应急制度，若员工在工作中受到伤害，保障其有健全的保险和津贴。给员工以安全感是 OZ 公司成长壮大的重要文化基石。员工对安全保障制度的建立起到了至关重要的作用。

OZ 公司为员工提供了多样化的工作内容，并建立了完善的员工培养体系。通过业务的多样化，激发员工的工作热情与工作潜力，为员工规划了从矿山到海滨的工作环境。在此基础上，OZ 公司格外重视女员工的职业规划。目前女员工的比例已达到 23%，甚至在矿山工作的员工中也有 14% 是女性。

五是奖励计划。OZ 公司在向澳大利亚政府提供的可持续发展报告中着重强调了雇佣员工中的性别平等理念，将员工之间的平等作为企业文化的重要组成部分。与此同时对优秀员工进行激励，通过提供奖学金等方案，帮助员工得到长期发展。将投资员工视为最重要的投资手段。

3. 双方文化评估

中国五矿和 OZ 公司在文化上有很多共同的地方：一是都坚持节能减

排和环境保护的可持续发展理念，尽可能降低开采活动对当地生态环境的破坏；二是履行社会责任使命，造福整个社会。

五矿有色向 FIRB 提交收购申请之前，已经关注 OZ 公司长达三年之久，并充分了解其股权构成、运作机制、公司战略、企业文化等细节问题。文化在跨国并购中发挥着独特的作用，双方文化相互包容、相互促进会成为并购过程中的一种无形的、神奇的推动力，倘若文化之间冲突过大将会阻碍并购活动的有序进行。基于此，中国五矿在关注该公司时深入了解了其文化，OZ 的企业文化虽更加关注员工个人发展与社会整体利益，但 OZ 所在地澳大利亚是移民国家，文化本身具有开放性和包容性，这些给五矿并购活动带来了有利的影响。

中国五矿在主动了解对方文化理念的同时，积极把自身的企业文化和经营理念呈现在 OZ 和澳大利亚政府面前。早在 2008 年，五矿有色有意收购 Oxiana 公司时，就向我国有关部门和澳大利亚外商投资审查委员会（FIRB）提交了收购申请，虽然后来申请被撤回，但其间与 FIRB 积极主动沟通的行为获得了对方的赞赏，并且中国五矿有所为有所不为的企业文化理念也让 OZ 公司刮目相看。

此外，在并购前期的准备阶段，OZ 公司总裁周中枢多次去澳大利亚拜访政府和其他相关财政官员，表达五矿期望多赢的合作诚意。前期，中国五矿曾多次邀请 OZ 公司的高层来中国实地考察，这些努力也得到了 OZ 高管们的认可。OZ 深入五矿内部，从而能够切身地感受五矿"诚信、责任、创新、和谐"的文化氛围，加深了 OZ 对五矿的良好印象。

通过文化上的相互了解、沟通，可以初步评估认定双方企业的文化融合具有可行性，这为五矿后期并购活动奠定了一定的基础。

（二）整合规划

在深入了解之后，2008 年 12 月 24 日，五矿有色以总裁周中枢的名义向 OZ 公司递交了兴趣表达函，提出"股权收购＋偿债"一揽子解决方案，2009 年 6 月 17 日双方圆满完成交割。这一收购可谓一波三折，中国五矿在面对阻挠时能临危不乱、灵活应对，是五矿多年从事海外贸易积累的经验和突发情况的应对能力发挥了巨大作用，当然也是并购过程中尊重对方文化和诉求、达成利益契合点的必然结果。五矿有色在以下几个方面的提前规划和妥善解决，直接促成了收购案的圆满完成。

1. 识别政治风险

政治风险是跨国并购过程中遇到的最重要的文化冲突，对于跨国并购中经常能够遇到的政治风险，中国五矿也处理得非常完美。

在并购进行过程中，澳大利亚政府曾以国家安全为由做出了不能批准五矿有色对 OZ 整体收购的收购申请决定。因为在 OZ 的资产当中，Prominent Hill 铜金矿价值十分可观，而实际上这个铜金矿尽管靠近军事禁区，但并不构成国家安全方面影响，而且它是作为 OZ 上市公司的一部分，一直在进行运营的资产，早就是公开透明的东西了。当然也不能排除，澳大利亚政府当时的确是迫于民众和反对党的压力，希望以此发出信号，想让中国五矿知难而退，放弃此次并购。此时，五矿深知 OZ 所在国是一个多国家和民族逐渐迁移而形成的移民国家，本身具有多种文化相互融合的开放性特点，所以该国的文化本质上并不具有排斥性。五矿只要本着互利共赢的态度，加强协调与沟通，消除澳大利亚政府对国际利益的担忧，就能得到澳大利亚政府的批准。对此，五矿有色一方面对澳大利亚政府的决定表示尊重，另一方面充分考虑股东的利益诉求。五矿决策层和项目团队高效联动紧急研究制定了新的方案，仅三天后，五矿有色便与 OZ 共同协作调整了之前的整体收购方案，新方案排除了 Prominent Hill 铜金矿和 Martabe 金银矿，但保留了 OZ 的大部分核心资产，并承诺继续由其原管理团队管理。

在这个过程中，中国五矿积极在澳大利亚政府、国会中做了大量有效的工作，力图解释清楚一点，中国五矿对 OZ 的并购是完全按照市场规则进行的商业运作，使他们摘下有色眼镜，消除了对于来自中国"央企"的误解和偏见，同时表明他们愿意在澳大利亚积极承担社会责任的姿态。

2. 准备应急方案

企业文化是一种潜移默化的力量，在企业所处环境稳定的时候往往悄无声息，而在突然起来的危机和挑战到来之时，具有良好企业文化的公司就能在与竞争对手的角逐中凯旋。中国五矿就是一个很好的例子。

中国五矿在收购 OZ 公司过程中，对待"半路杀手"的处理方式令人拍案叫绝。在收购接近尾声之际，澳投资咨询公司 RFC 集团和加拿大皇家银行在最后一次股东大会前半路杀出，向 OZ 公司提出了 12 亿美元的融资替代方案。同时，澳大利亚著名投资银行麦格理集团也向 OZ 公司提交另一个融资替代方案，OZ 的股东面对这些方案也有些动摇，加上当时铅、锌、铜等金属的价格持续上涨近 60%，同时由于资本市场似乎开始回暖，股东对议价期望值开始增加，面对竞争的威胁，也考虑到大宗商品价格已大幅上涨的客观事实，中国五矿与 OZ 公司董事会商讨，决定加价 15%，最终赢得竞购。加价 15% 虽然使收购价格提高，但是用 15% 多付出的成本带来公司未来前景广阔的盈利空间确实值得。在这个突发情况的处理上，中国五矿的文化理念被再一次体现出来，五矿人的大胆进取让 OZ 公司再一次相信选择中国五矿将是一个不会后悔的选择。

面对特别情况，中国五矿不畏险境、大胆求胜的文化理念和"快、准、狠"的处事风格再一次帮了它，成为中国五矿收购 OZ 公司一次重要的转折点。

3. 消除员工忧虑

跨国并购往往是利益在企业之间甚至国家之间的再分配过程，只求自己满意、不让对方获益的并购是无法进行下去的。五矿之所以能成功并购 OZ，与它在企业文化上始终坚持互利共赢的理念是分不开的。

从前面的内容也可以看出，五矿在面对政府因为对国家安全和利益的担忧而拒绝五矿时，把握时机分析形势，看准澳大利亚文化的开放性和包容性，及时调整收购方案，做出一定让步，舍小利求大益，从而获得了澳大利亚政府的好感，后来一路为五矿的并购开"绿灯"。在后来遇到半路竞争者时，在股东大会召开前一晚紧急追加报价 1.8 亿美元，为第二天召开的股东大会筑起一道安全屏障，也是给 OZ 方面吃了一颗定心丸。

面对 OZ 内部员工对并购后公司裁员和降薪的担忧，五矿明确表示，至少保留 OZ 原有的 80% 员工，并且管理团队完全由 OZ 原有管理团队担任。五矿的这一举措，让 OZ 的员工对五矿有色的到来少了一份担忧、多了一份期待。五矿的做法也和 OZ 企业文化中对员工的尊重和保护不谋而合，为有效整合减少了很多阻力。

由此可见，在并购过程中，只有转换思维，以共赢的心态对待国际并购，而不是将其看作你死我活的零和游戏，中国企业才能笑到最后。看来，五矿"互利共赢"的文化理念为并购成功带来的效果功不可没。

4. 新成立 MMG 公司

以 OZ 为基础重新成立 MMG 公司，考虑到 MMG 是运营较为成熟的国际化矿业公司，在国际市场上具有一定的竞争优势，五矿与 MMG 的组织愿景达成了一致，即将 MMG 打造成一个具有国际竞争力的中型矿产公司，使其成为五矿拓展国际市场的一个平台，协助五矿实现进军海外市场、实现国际化的战略目标。为实现这一愿景，如前所述，中国五矿下属企业五矿资源于 2010 年 10 月收购 MMG 公司，组建了新的五矿资源公司（英文名称沿用 MMG）。新五矿资源公司沿用原 MMG 的管理和薪酬制度以及人力资源管理战略，公司 CEO、COO 等高管也均由原 MMG 公司人员担任。MMG 是目前国内我们所知唯一由央企控股的完全由西方职业经理人团队管理经营的国际矿业上市公司。在实际经营运作中，由于企业愿景使命以及文化认同的高度一致性，将 MMG 管理团队与五矿紧密联系在一起，有力地推动了五矿拓宽海外市场。

在中国五矿并购 OZ 公司过程中，无论在澳大利亚政府层面、OZ 公司内部，还是普通民众层面，都遇到了很多障碍和阻力。原因大致有以下几个方面：一是政府方面担心 OZ 矿业被中国企业全资收购之后，当地员工削减、就业压力增大，还可能导致税收收入的流失；二是 OZ 内部员工担心被中国企业收购后，难以像以前一样被很好地管理运营，职业生涯得不到基本保障；三是普通民众认为，OZ 是具备较强运作实力和管理经验的运营企业，被一家实力和管理经验尚未成熟的中国企业并购，一方面情理之中很难以接受，另一方面担心当地人的利益会受损。另外，由于国家意识形态等方面的复杂因素，有些当地人对中国企业在澳大利亚投资持有偏见，不愿看到中国崛起，更不愿良好的企业资源被中国获取。通过对这些阻力进行归纳和分析，中国五矿决定用负责任的行动以及有说服力的承诺保证，来彻底化解偏见、消除顾虑。他们通过及时完善 MMG 的公司治理结构，重新为其量身打造发展战略并制定一系列推进措施，还集中调动五矿集团在销售渠道、生产加工等方面的资源，与 MMG 展开了全方位的内部业务协同，在较短时间内完成了各项经营管理的对接。同时，中国五矿注重增强企业文化间的沟通与融合，较好地实现了业务上的"1 + 1 >

2"，和文化上的"1＋1＝1"的协同效应。以 OZ 为基础重新成立的 MMG 公司很快便进入了良性发展轨道。

（三）整合实施

1. 人力资源整合

近年来我国部分企业在跨国收购过程中态度过于强硬，认为被并购企业必须在并购完成后完全服从并购方对经营活动的安排，使得目标企业认为并购方并没有足够的诚意认真经营并购后的企业，导致并购交易最终以失败告终。

外籍员工对中国文化、五矿文化的不理解使其心理产生波动。这也是跨国并购整合必然面临的问题。原 OZ 公司拥有自己独特的企业文化、管控模式和制度流程，拥有一支完全国际化的管理团队和专业化程度较高的员工队伍。五矿集团则是一家正处于快速发展时期、努力实现国际化战略目标的中国国有企业。由于双方中西文化背景的巨大差异、国际化程度的不同、经营理念和管理模式大大不同、沟通渠道的局限性，作为被兼并方的 OZ 公司，员工心中出现一些波动，这是在所难免的事情。在兼并实施之初，部分员工不理解或抱怨。例如，OZ 老挝公司员工在并购之初误读了并购信息，以为五矿会派一批低成本的中国工人到矿上替代他们，他们表现出恐惧和不满；"中国企业动辄就要全盘控制"的理念和认知，使得西方高管以及员工对中国企业深感畏惧，部分 OZ 管理人员听说中国五矿要并购 OZ 之后，对公司发展前景抱有深深的担忧。为了稳定老挝矿区员工们的心态，中国五矿特意派出公司高管与原 OZ 公司 CEO 米安卓一道去老挝与当地员工面对面沟通，向他们更正谣言，并承诺不会裁员。中国五矿在并购前发布了《致并购对象全体员工的信》，向他们介绍了并购完成后公司的发展愿景、薪酬福利待遇以及工作条件，并表示十分欢迎和期待他们继续留在公司。通过这种充分的诚意展示，成功留用了原 OZ 公司 80％的员工，其中管理人员几乎全部留用，为公司留下了宝贵的人才资源。为彻底打消社会公众对于 OZ 未来就业的担忧，也为了减轻政府审批的压力，中国五矿党委书记周中枢在接受当地媒体采访时还明确表示：为保证当地就业不因中国五矿收购 OZ 受到影响，中国五矿不会向 OZ 派出一名劳务人员。

中国五矿在并购方案中提出并购后的 OZ 公司仍由原来澳大利亚的管理团队负责管理，中方不会过多干涉其经营活动，这种对管理层充分授权的行为也让 OZ 公司的股东相信，五矿并购 OZ 并不仅是为了其丰富的矿产资源，也是为了在共同进步的基础上创造双赢的局面。五矿正是从战略视角考虑并购企业的人力资源管理问题，避免出现被并购企业关键人员的流失现象。中国五矿董事长周中枢认为，由于澳方员工是一支在探矿、生产及流通领域都具有丰富国际经验的团队，在各方面具有巨大价值，是企业的核心。自制定收购方案初期，五矿就向 OZ 及澳方政府承诺，保留资产涉及的所有团队人员，包括勘探、生产、管理、运营、销售等 4000 余人。以目标企业的管理团队为主对并购后的目标公司进行管理能够大大降低目标公司在动荡期的经营风险，其共同的文化背景亦能够帮助管理层与员工（包括工会人员）进行充分的沟通，最终使目标企业顺利进入正常经营的轨道。除此之外，MMG 公司没有大范围更换人员的重要原因，是这样会造成大量的资金压力（市场经济国家劳动合同的保障比发展中国家严格得多，解除劳动合同要赔偿大量的违约金），并且国外的非政府组织（如工会等）会举行大规模罢工拖垮我国企业。

通过上述两个事件的解决过程，我们可以看出五矿是意识到双方的文化差异的，OZ 公司的企业文化中员工健康和社会责任是其核心文化的一部分，五矿则是从宏观的角度去阐述自己企业的核心文化，例如创新、诚信、团结、尊重等。其实双方企业在文化中是有重合的，但是由于要保证重组后企业正常运转尽快实现盈利，又因为在短时间内无法让双方企业员工完全了解彼此的文化从而认同彼此的文化。

2. 管理整合

2009 年 6 月 11 日，五矿有色金属股份有限公司斥资 13.86 亿美元将澳大利亚锌矿 OZ 公司的绝大部分资产收入麾下，并于交易达成半月后，将这部分资产作为其在澳首家独资子公司，注册为矿石金属集团（MMG 公司）。尤其重要的是，五矿集团宣布新成立的 MMG 公司高层领导人员大部分来自原来的 OZ 公司，其中首席执行官安德鲁－米歇尔摩尔以及另两位外籍高层管理人员都加入矿石金属集团（MMG 公司）董事会，这三位新董事为中国五矿带来管理矿业业务、评估和执行国际并购的重要经验。而中国五矿在融合过程中对 MMG 公司采取的"放权、授权"的方式也令米歇尔摩尔及团队的能力得以展示。这一点极大地起到了安抚民心、激励士气的作用。

新组建的 MMG 公司，按上市公司的形式设立了董事会。为了保护 MMG 的竞争能力，五矿对 MMG 的控制，主要通过董事会来实施，且主要强调在财务、报表及投资决策方面的整合，在运营及其他的战略决策上非常信赖并尊重 MMG 的意见，重要决策主要由 MMG 高管决定。这种以"自治"为主的管控方式，使 MMG 有较大的经营自主权，解除了部分人员对中国企业控股形成的心理抵触，全心投入公司经营管理。包容谦虚、求同存异的整合理念，帮助五矿赢得了 MMG 公司管理层和广大员工的信任与支持，减少了因文化差异带来的经营和管理壁垒，很快地适应了当地市场环境，成功实现了并购当年即赢利的良好开局。

由于五矿是央企，在公司治理上很大程度上是人治风格，而新成立的 MMG 公司信奉的是西方法人治理的一套管理规则。在管理文化上二者的差异很大，它们是相互排斥或对立的。面对这样的现状，五矿结合自身成立 MMG 公司战略考量和文化强度的综合考虑，决定采用分离式文化整合模式，选择冲突消除机制，通过高度放权、充分沟通的方式实现管理文化的协同。除此之外，五矿集团董事长周中枢认为，由于澳方管理团队是一支在探矿、生产及流通等领域都具有丰富国际经验的团队，在各方面具有巨大价值，采用他们自己的管理规则更有助于五矿打通国际市场。

3. 文化整合

在跨国并购中企业员工不可避免地受到来自异国的思维方式、价值标准甚至风俗习惯等跨文化差异的冲击（即所谓的"文化冲突"），如何有效解决这方面的问题，需要并购企业领导具有极大的智慧。企业文化融合是一个以企业价值观为核心，包括战略、结构、制度、形象等的融合再造过程。促进融合的方式多样，结构重组、制度重建、流程再造等方式较为官方，且无法与普通员工形成互动，融合的效果并不明显。与以上方式相比，培训交流则是实现跨文化融合的一种非常有效的手段。企业可以安排相关培训，对中国文化、中方企业的基本情况和文化理念进行解读，让被兼并企业员工了解母公司的企业文化鼓励什么、提倡什么、反对什么，解除大家因为不了解而形成的错误认知。此外，可以开展一些互动交流项目，为双方员工搭建一个沟通交流的平台，自下而上地增进理解、促进融合。在充分沟通并了解目标企业的人员、文化状况后，并购企业可制定原有人员的调整政策，移植培养并购企业成功的企业文化和经营模式，以提高两企业的战略协调作用。这一过程以培训的形式进行，既能避免对目标企业员工的冲突，又能实现企业运营效率和并购的构想。

此外，企业并购所引起的压力常会使员工对企业未来的动向产生忧虑和不确定，感到愤怒并产生抗拒心理。人员的焦虑和悲观情绪一般是信息不充分造成的。充分且必要的人员沟通可以在一定程度上解决员工思想问题，振作士气。因此，在并购宣布后，并购企业需派代表到目标企业，与该企业员工交流沟通，设法留住企业的核心人才。在合理范围内，为员工提供人力资源方面的资讯：谁是新任的最高层领导、未来经营方向如何等，还应澄清员工们的种种顾虑和担忧，如裁员问题、福利状况、个人的开发、发展等与员工切身利益紧密相关的变动。通过人员沟通，并购企业力争取得目标企业人员的认同和支持，努力消除双方因企业文化差异而造成的障碍和冲突，共建新的企业文化，充分发挥整合效果，真正做到"人合心合、心合力合"，培养员工对新企业的认同和归属感。进行信息和心理沟通主要采取沟通会议形式让员工了解并购的大致情形，公司未来的经营方向；以文件的形式让员工及时了解公司的战略方针；领导与员工，员工与员工私下的非正式沟通。五矿按照国际惯例，构建了董事会控制下职业经理人负责的治理结构，确保了股东战略意志的准确传达。通过这种集中管理和适当授权的方式，妥善处理了战略管控要求和激发管理层积极性的关系，取得了"管控到位、管理有效"的良好效果。

在消除并购双方员工跨文化差异、增进相互理解融合方面，中国五矿也同样做得很出色。

一是启动了管理培训生计划。从 2010 年开始，五矿分期、分批选派业绩突出、专业对口、具有发展潜质的员工到 MMG 进行每期半年的管理培训实习，通过岗位锻炼、研讨交流等多种培养方式，提升其综合素质。这项计划不仅有利于五矿培养国际化人才，还促进了五矿员工与 MMG 员工的直接沟通与协作，增进了 MMG 员工对五矿文化的理解与认同，取得了良好效果。

二是实施了"M-CUBE"项目与"熔合致胜"项目。五矿有色是中国五矿成员企业，也是此次兼并 OZ、负责 MMG 运营的平台公司。兼并完成后，五矿有色实施了"M-CUBE"项目与"熔合致胜"项目。M-CUBE项目是通过对五矿有色内部梳理诊断，分析出包括人力资源管理在内的七大问题，与 MMG 公司进行一对一的交流研讨，识别各自的改进点与提升点，达到了相互参照、学习的目的。在重点借鉴 MMG 公司的"STEP"领导力培训模式基础上，五矿有色还设计了以公司企业文化、价值观宣导为主线，以管理工具训练为首要任务，以促进企业融合、提升管理者领导力为主要目的的"熔合致胜"培训课程。目前，该课程已在促进文化融合方面发挥了重要作用。

三是以专项交流为契机，促进发展理念融合。双方相关职能部门定期就专业问题进行深入研讨和经验交流，实现了双方管理理念和具体管理措施的及时沟通，为公司在发展理念融合、运营协同等方面奠定了重要基础。五矿始终坚持跨国并购的目的是促进双方互利共赢、实现更好的发展。MMG 成立以后，达成了共同的组织愿景，即将 MMG 打造成一个具有国际竞争力的中型矿产公司，使之成为中国五矿海外发展的平台，协助公司实现国际化发展的战略目标。为实现这一愿景，2010 年 10 月，中国五矿下属企业五矿资源收购 MMG 公司组成新五矿资源公司（英文名称沿用 MMG）。新五矿资源公司遵循原 MMG 的管理制度，沿用原 MMG 公司薪酬及人力资源管理策略，新五矿资源的 CEO、COO 也均由原 MMG 公司人员担任。在实际运营中，MMG 在过去三年已发起两次十亿美元以上的收购。MMG 管理团队在收购中表现出了强大竞争能力，已成为中国五矿海外业务拓展的重要生力军。共同的企业使命和高度的文化认同，将 MMG 管理团队与中国五矿紧密相连，在推进中国五矿海外发展方面发挥出巨大潜能。

同时，澳大利亚团队的米安卓特意邀请了驻墨尔本的孔子学院老师到 MMG 进行讲学。尽管时间不长，但对于外方员工了解中国文化确实起到了良好效果。通过此事，米歇尔摩尔向他的团队传达了一个很好的信号，即要尝试理解和接受新的股东。沟通过程中五矿集团中方人员也做出努力，尽量遵循西方人直白的沟通方式，尽力尝试消除双方接触时产生的文化冲突。

4. 薪酬机制整合

激励机制实际上就是给人设计了一套物质的、精神的奖惩机制，使人们为获得更多的收益或更高的荣誉而努力工作，为其更好地服务于企业提供动力、依据或理由。激励对于激发员工工作积极性具有十分重要的作用，美国哈佛大学教授詹姆斯发现，仅按时计酬的职工一般仅能发挥 20% ~ 30% 的能力，如果受到充分激励，员工则可以发挥其 80% ~ 90% 的能力，其中 50% ~ 60% 的差距是激励的作用所致。激励可以挖掘员工的内在潜力；可以吸引组织所需的人才，并保持组织人员的稳定性；可以鼓励先进，鞭策后进；可以使员工的个人目标与组织目标协调一致。对于并购企业而言，要建立一套有效的薪酬激励机制，包括统一薪酬标准，科学地确定薪酬结构，优化薪酬支付方式并确保薪酬的持续增长。由于存在既得利益者或集团的抵制，旧薪酬激励体制向新激励体制转变存在着诸多困难和问题，是利益各方相互博弈和妥协的一个结果，必然难以充分发挥其激励效应。

除了薪酬激励外，其他的如精神激励等也是必不可少的。例如，良好的声誉不仅可以满足员工的尊重需要，而且可降低员工进一步发展的信息成本。另外，在并购前要对并购后的薪酬制度和员工晋升情况以及企业将来的发展远景展望等做好宣传介绍，以免在并购前员工对并购后的不确定性产生恐慌而提前离职。在这方面五矿集团表现十分突出，为了最大限度地激发员工们的积极性，新组建的 MMG 公司领导采用立体化、全方位的激励机制，并非只注重物质奖励，除注重增加员工各项福利待遇之外，他们还重视员工的感情需求，对其进行精神激励与情感激励，从而使澳方员工不仅关心自己的收入，还关心并购后企业的利益和发展前途，真正意义上增强了归属感和团队意识。

尽管中国五矿的薪酬理念与西方企业是一致的，都强调"硬约束、强激励"，但综合考虑我国国情及相关部委对国有企业的管控特点，双方在薪酬管理模式、薪酬结构及薪酬水平上仍存在一定差异。例如，2012年由于有色金属行情低迷，集团公司从业绩角度考虑，希望 MMG 能够降薪。在五矿看来，业绩下降员工随之降薪理所应当。但西方的薪酬体系不同，是按照国内的通胀情况来对薪酬进行调整，特别是对一线员工，无论生产运营好坏，每年都要根据通胀指数进行工资上浮。因此，MMG管理层告诉集团，业绩下降，管理层可以降薪，但是一线员工不仅不能降薪，而且要上涨，否则就是违反法律。对此，双方遇到了降本增效与遵从法律之间的矛盾。

对于薪酬方面存在的问题，一方面，五矿尽量尊重对方的薪酬支付理念，并购实施后，按照国际矿业公司惯例和市场化原则，通过市场对标方式明确了MMG的薪酬策略，用较有市场竞争力的薪酬水平来保留现有员工并吸引新的优秀人才加入；另一方面，结合公司运营，考虑到降本增效的特殊要求，五矿及时向MMG表达了降薪的目的是希望把经营的压力传导到生产运营一线，因为在产业收缩期，不是扩张和消费的时候。经过充分沟通，MMG管理层明白了其用意，于是立刻行动起来，发动员工进行节省开支、降低成本的讨论，并拟定了详细的计划，虽然没有降薪，但降低了运营成本。

在薪酬文化下，双方企业的基本理念是相通的，只不过在支付水平上有些差异。五矿的企业文化理念里具有很大的包容性，双方的结合也是有着良好的愿景，都希望这次的"联姻"能给企业带来更辉煌的业绩。基于彼此都认可对方文化的前提下，五矿选用渗透式文化整合模式，在不改变各自文化标准的前提下，相互学习、相互渗透，从而取长补短，各自进行不同程度的调整，使双方的薪酬文化最终融合形成一种更优秀的、更具激励型的薪酬文化。在薪酬文化方面的协同，五矿在选用了渗透式文化整合模式后，采用了文化互补机制来实现薪酬文化协同。

5. 战略整合

企业文化建设的核心是形成企业统一的价值观，使企业的使命、愿景和理念被企业职工所接受、认同并落实到行动上。企业文化的融合基础是建立和谐的内部环境。要充分理解和尊重重组各方职工的文化传统和感情因素，注意吸收各自优秀的文化内容并纳入新的理念体系，健康地实现文化再造。这样的过程需要传播，更需要沟通。企业文化沟通要强调成员的平等相处、相互尊重，要建立沟通机制，畅通沟通渠道，促进企业和职工之间、职工和管理层之间、职工和职工之间在价值观、管理、信息、情感等多层面、多角度的沟通，在企业内部努力营造和谐氛围，以共同的企业精神、共同的发展战略和目标、共同的管理哲学和思想、共同的职业道德和行为规范，保证兼并重组后企业获得最佳效益。

实施并购的中国企业，如能与对方在企业发展战略和经营理念上达成一致意见，不仅有利于实现预期并购目标，而且能够通过制定共同认可的组织愿景来实现价值观的共融和行为模式的统一。从企业角度讲，共同的组织愿景有利于将双方原本相异的文化统一到一个发展目标上，为了支持企业目标的实现而相互调整、相互适应，逐渐融合形成一致的企业文化。从员工角度讲，企业被并购之后依然能够良性发展，意味着能够为自己提供不错的职业发展空间和良好的薪酬回报，员工由此会与公司产生价值共鸣，形成利益共同体。因此，塑造共同的企业愿景，有利于实现公司可持续发展和推进文化融合的双重效果。

五矿希望通过共同的战略发展目标和经营理念培养出双方企业员工的共同愿景，从而更好地促使文化上的整合。

（四）整合后评价

管理协同方面，国际并购中本土化管理的实质是企业将管理、生产、经营、贸易等方面工作完全融入被并购方所在地的社会大环境的过程。实施本土化管理有利于降低海外派遣员工和跨国经营的高昂成本，能够促进企业与当地劳工、居民、政府更好地融合，减少当地社会对外来企业的抵触情绪，有助于企业在全球范围内合理配置其有限资源、保持持续的竞争优势。总之，文化与思维上的适应是双向的和互动的，中外双方相互间的信任、理解，对共同价值观的追求，在五矿并购 OZ 中是十分重要的。

在文化协同方面，五矿希望通过共同的战略发展目标和经营理念培养出双方企业员工的共同愿景，从而更好地促使激励文化上的协同。原 OZ 公司的企业文化中是十分重视员工的安全、健康、奖励的。而在五矿的文化中只是概括性描述了一下员工之间要互相尊重、团结、包容。在实质性的奖励方面没有像 OZ 公司那样做出明确说明，在企业战略发展方面，五矿又需要 OZ 的优秀员工去帮助其发展。在这样的形势下，五矿采用了促进式文化整合模式。由于引入了 OZ 企业的激励文化，五矿的激励文化也受到了一定影响，选择吸收 OZ 企业激励文化中的优秀成分，例如重视员工安全健康问题、重视员工的职业规划等。在一定程度上根据双方文化需求适度进行调整，在保证五矿激励文化基本模式不变的情况下，吸收优秀成分，优化自己的激励文化。对于信息在领导与员工之间、员工互相之间、领导之间的传递，双方公司都有自己的传递机制。一时间让某一方放弃自己的传递方式去适应新的传递机制会引起不必要的冲突。五矿和 MMG 在面临这一问题上采用了交换实习生、"M-CUBE" 项目、"熔合致胜" 项目以及邀请孔子学院老师讲学等方式，从多方面出发，让双方的员工彼此了解对方文化。

四　案例启示

中国五矿文化融合的成功，从根本上讲，源于对对方企业文化的尊重、理解和包容，不因为自己是大股东而强势作为，而是在与对方充分交流的基础上达成共识。中国企业在实施海外并购后，要保持平和的心态，以国际化的眼光和市场化的思维方式来看待企业兼并问题，有争议的问题不强加于对方，而是按照商业规则办事，通过专业化判断进行决策，处理好包括企业文化融合在内的一系列整合问题。五矿基于全过程的并购后整合主要分为以下四个阶段。

一是整合前评估。并购前，中国五矿充分准备相关事宜，通过了解 OZ 的文化和让 OZ 了解自身的文化评估双方文化的异同与融合的可行性。五矿和 OZ 在文化上有很多共同的地方，一是都坚持节能减排和环境保护的可持续发展理念，尽可能降低开采活动对当地生态环境的破坏；二是履行社会责任使命，造福整个社会。此外，中国五矿和 OZ 公司的高管加强往来联系与交流，加深对彼此的了解，一方面向 OZ 和澳大利亚政府表达收购意愿，另一方面让 OZ 的高管们切身感受到中国五矿"诚信、责任、创新、和谐"的文化氛围，加深了 OZ 对中国的良好印象。通过文化上的相互了解、沟通，可以初步评估认定双方企业的文化融合具有可行性，这为五矿后期并购活动奠定了一定的基础。

二是整合规划。基于并购前的评估，中国五矿提前进行了规划和妥善解决，为收购案的圆满完成奠定了基础。中国五矿的整合规划主要包括以下四方面的内容：识别政治风险、准备应急方案、消除员工忧虑和新成立 MMG 公司。在提前规划的帮助之下，中国五矿从容应对并购过程中的意外状况，成功实施并购交易。

三是整合实施。五矿在文化整合方面先是选择了分离式文化整合模式。五矿与 OZ 并购后双方均具有较强的优质文化，同时双方的文化背景又不同，想在短时间内让双方全然接受对方的文化难度是很大的。再者由于地域原因，OZ 企业的员工与五矿总部的员工接触机会不是很多，双方在一定时期内在文化上保持独立的整合模式，在这一阶段是有利于企业长远的发展，也是有利于今后双方在文化上的融合的。在文化整合方面五矿的整合思路可以清晰地梳理为：识别双方员工文化差异、界定该文化的强度、从战略因子出发对员工文化匹配、选择出分离式整合模式、构建冲突消除文化协同机制、实现文化协同效应。随着整合的进一步深入，中国五矿采用了促进式文化整合模式。选择吸收 OZ 公司激励文化中的优秀成分，在一定程度上根据双方文化需求适度进行调整，优化自身文化。在业务不断结合的过程中，双方文化也在不断接触、不断融合，最终可能形成一种新的信息传递文化。

四是整合后评价。经过整合前评估、整合规划以及整合实施的扎实推进，中国五矿并购 OZ 实现了管理协同与文化协同，成为澳大利亚政府首次批准的中国国有投资者对本土矿业企业的收购，并被《亚洲金融》评为 "2009 年全球最佳并购项目"。

小　结

文化是影响并购后整合效果的重要因素，以往文献多将文化整合作为并购后整合实施过程中的一部分，本章运用基于全过程的并购后整合管理模型，将文化的影响融入整合全过程中，并在文化视角下重点分析不同阶段、不同整合模式下整合的重点关注内容。

整合过程通常划分为四个阶段——整合前评估、整合规划、整合实施和整合后评价，这四个阶段之间是相互联系、相互渗透的。整合前评估阶段是整合工作的基础，从并购准备阶段的尽职调查开始直至完成并购协议的签订，关注并比较并购双方的文化、组织战略、业务经营、财务以及人力资源等的匹配程度，促进双方的优势互补，能迅速为并购后的企业带来管理协同和技术协同。整合规划阶段是整合工作的关键阶段，是指从并购协议签订完成到工商行政手续发生变更阶段，按照相关要求及方法制订整合计划书，对整合内容的推进程序建立一个清晰的准则，制定各方面具体的整合战略与计划。整合实施阶段是整合工作的核心阶段，是完成接管后的实施过程。整合后评价阶段是整合工作的保障，其工作重点在于评估整合管理的效果，并平稳地进入企业正常的运作时期。

文化整合是整合实施顺利进行的关键因素。文化具有潜移默化、源远流长的特点，并购双方独特的企业文化影响着双方员工的行为，并且深远持久。在不同的文化整合模式之下，并购后的战略整合、经营整合、管理整合以及财务整合会呈现不同的特点，如何抓住这些特点，进行有效的并购后整合，对整合实施环节会产生重要的影响。

整合实施并不是并购后整合的最终环节，而是一个不断修正的动态过程，整合后评价为整个过程提供了反馈机制，并在不断修正中促进并购活动的成功。

第七章
研究结论与展望

　　本书基于文化视角研究企业全过程的并购后整合问题，以并购理论、国家文化与企业文化理论、文化整合理论为基础，构建了 PMI 动态演进模型与四阶段 PMI 管控模型，并结合联想收购 IBM PC 事业部和中国五矿收购 OZ 案例实践进行分析，以期对跨国并购后整合实践起到一定的指导作用，具体研究结论如下：

　　第一，企业文化是客观存在的，是企业中个体的自身行为特点与个体间互动过程中逐渐积累形成的。企业文化对个体行为具有潜移默化、深远持久的影响，且不同企业的文化存在显著差异。企业并购过程中要正视双方的文化差异，谨慎评估并购双方的文化匹配度，通过分析文化差异的关键要素和并购协同目标，确定影响并购后整合的文化因素，从而建立文化匹配评估体系。基于文化差异与文化匹配分析，企业可以通过形式描述、文化解释、文化创新及文化协作四个步骤解决问题，并且本文从并购前、中、后三个阶段构建实现文化协同的路径。

　　第二，本书构建了从文化测量、文化差异识别、文化匹配、文化整合到实现文化协同的分析框架。并将分析框架与并购全过程相结合，将文化测量与文化差异识别属于整合前评估阶段，文化匹配则属于整合规划阶段，文化整合模式的选择归于整合实施阶段，最终以整合是否达到文化协同为标准来进行整合后评价。这有利于企业在整体感知和分步实现两个方面对并购后整合进行把控，确保整合工作的有效进行。

　　第三，PMI 管控模式的选择应动态性地与文化整合阶段相结合。PMI 管控模式包括吸纳式、渗透式、促进式、分离式。跨国并购的文化整合阶段划分为引进阶段、融合阶段、全球本土化阶段三个阶段。引进阶段采用的主要文化整合模式是分离式，保持双方企业文化的独立性，不做全方位的文化整合；融合阶段采用的文化整合模式主要是促进式，中心任务是吸纳被并购企业文化中的合理成分，促进全员文化整合；全球本土化阶段采用的文化整合目的主要是创新，中心任务是在双方文化相互结合的基础上，创造全新的企业文化，与全球环境融为一体。三个阶段相辅相成，层层推进，融合和创新阶段往往伴随着企业组织结构和业务模式的调整，在不断地提高自身文化整合能力进程中逐渐成长为一个真正的国际化企业。

第四，文化的影响应融入并购整合全过程中，并在文化视角下重点分析不同阶段、不同模式下的重点整合内容，基于此，本书构建并具体分析了四阶段 PMI 管控模型，从文化的视角对全过程并购后整合实践中各阶段加以指导。基于全过程的 PMI 管控模型是根据并购整合理论和项目管理思想构建的全过程、动态整合模型，具体包括整合前评估、整合规划、整合实施以及整合后评价四个阶段。整合前评估阶段是整合工作的基础，从并购准备阶段的尽职调查开始直至完成并购协议的签订，关注并比较并购双方的文化、组织战略、业务经营、财务以及人力资源等的匹配程度，促进双方的优势互补，能迅速为并购后的企业带来管理协同和技术协同。整合规划阶段是整合工作的关键阶段，是指从并购协议签订完成到工商行政手续发生变更阶段，按照相关要求及方法制订整合计划书，对整合内容的推进程序建立一个清晰的准则，制定各方面具体的整合战略与计划。整合实施阶段是整合工作的核心阶段，是完成接管后的实施过程。整合后评价阶段是整合工作的保障，其工作重点在于评估整合管理的效果。

本书的研究重点是跨国并购过程中文化差异较大的并购后整合问题，对文化差异相对较小的国内并购所形成的跨所有制、跨地区以及跨组织的并购后整合问题没有进一步探讨。但随着国企改革、混合所有制经济的进一步推进，组织间文化因素所带来的并购后整合问题值得我们进一步研究。

参考文献

1. 〔美〕彼得·德鲁克：《管理的前沿》，机械工业出版社，2009。

2. 蔡宁、沈月华：《西方企业并购中的文化整合模式与选择理论研究综述》，《学术月刊》2001 年第 11 期，第 111 ~ 113 页。

3. 蔡宁：《文化差异会影响并购绩效吗——基于方言视角的研究》，《会计研究》2019 年第 7 期，第 43 ~ 50 页。

4. 〔美〕查尔斯·甘瑟尔、艾琳·罗杰斯、马克·雷诺等：《并购中的企业文化整合》，于春晖等译，中国人民大学出版社，2004。

5. 陈春花、郭燕贞：《横向并购背景下的文化整合模式研究》，《科技管理研究》2010 年第 3 期，第 179 ~ 181 页。

6. 陈春花、张春阳：《借鉴儒家文化建立有效商业伦理体系》，《企业经济》2002 年第 2 期，第 32 ~ 33 页。

7. 陈弘：《企业跨国并购中的文化冲突与整合》，《求索》2006 年第 7 期，第 88 ~ 90 页。

8. 陈佳贵、黄群慧：《无形资产管理及其对我国企业改革与发展的意义》，《管理世界》1998 年第 6 期，第 129 ~ 137 页。

9. 程森成、王丹：《中西方文化差异背景影响下的企业文化研究》，《当代经理人》2006 年第 21 期，第 1288 ~ 1289 页。

10. 崔永梅、陆桂芬、张文彬：《我国企业并购后整合的难点与对策》，《统计与决策》2011 年第 21 期，第 160 ~ 162 页。

11. 崔永梅、于珊、马洪达：《物流企业并购风险战略管理系统构建的研究》，《中国商贸》2010 年第 17 期，第 122 ~ 123 页。

12. 杜晓君、刘赫：《基于扎根理论的中国企业海外并购关键风险的识别研究》，《管理评论》2012 年第 4 期，第 18～27 页。

13. 段明明、杨军敏：《文化差异对跨国并购绩效的影响机制研究：一个整合的理论框架》，《科学学与科学技术管理》2011 年第 10 期，第 125～133 页。

14. 范征：《并购企业文化整合的过程、类型与方法》，《中国软科学》2000 年第 8 期，第 91～95 页。

15. 冯辉：《关于文化的分类》，《中州大学学报》2005 年第 4 期，第 40～41 页。

16. 干春晖：《并购经济学》，清华大学出版社，2004。

17. 顾卫平、薛求知：《论跨国并购中的文化整合》，《外国经济与管理》2004 年第 4 期，第 2～7 页。

18. 顾仪静：《企业并购后整合问题研究——以 A 集团公司并购 B 公司为例》，硕士学位论文，华东理工大学，2013。

19. 关静：《中国传统文化特点之我见》，《郑州航空工业管理学院学报》（社会科学版）2011 年第 5 期，第 39～42 页。

20. 郭红：《运用项目管理方法改进企业并购后的整合操作》，《大众科技》2005 年第 12 期，第 122～123 页。

21. 郭莲：《文化的定义与综述》，《中共中央党校学报》2002 年第 1 期，第 115～118 页。

22. 韩承敏：《跨国公司管理者素质结构研究》，《华东经济管理》2005 年第 5 期，第 25～28 页。

23. 韩岫岚：《企业国际战略联盟的形成与发展》，《中国工业经济》2000 年第 4 期，第 13～18 页。

24. 何肃：《国有企业与民营企业的企业文化之差异》，《中国西部科技》2004 年第 7 期，第 89～90 页。

25. 侯学明：《企业并购的文化风险：根源、类型与规避》，《商业研究》1999 年第 9 期，第 50～52 页。

26. 胡峰：《企业并购后的文化整合及其相关模式》，《广东经济管理学院学报》2003 年第 3 期，第 19～21 页。

27. 黄建芳：《企业文化匹配对跨国并购绩效的影响模型》，《企业家天地》（理论版）2010 年第 11 期，第 53 ~ 54 页。

28. 蒋璐、程兆谦、林锟：《儒家文化圈内的文化差异及其对组织间合作的影响研究》，《中国软科学》2007 年第 7 期，第 121 ~ 127 页。

29. 蒋锡麟：《钢铁企业并购后整合策略研究——以米塔尔钢铁集团为例》，《新材料产业》2009 年第 7 期，第 70 ~ 76 页。

30. 寇晶琪：《公司高管的代际传承的影响研究——资本与文化的背离》，硕士学位论文，北京邮电大学，2015。

31. 黎正忠：《并购企业文化整合的影响因素及策略研究》，博士学位论文，暨南大学，2006。

32. 李建华：《企业重组中非实物性资产的重组》，《国有资产管理》1999 年第 11 期，第 12 ~ 15 页。

33. 李丽：《文化风险的多维透视》，《学术交流》2007 年第 12 期，第 94 ~ 97 页。

34. 李善民、公淑玉、庄明明：《文化差异影响 CEO 的并购决策吗？》，《管理评论》2019 年第 6 期，第 144 ~ 159 页。

35. 李天博、齐二石、李青：《企业并购文化整合的演化博弈及动态仿真研究》，《软科学》2017 年第 3 期，第 42 ~ 48 页。

36. 李贤柏：《企业并购中的文化整合模式及对策研究》，《重庆师范大学学报》（哲学社会科学版）2009 年第 2 期，第 85 ~ 87 页。

37. 刘光明：《略论商业伦理文化建设》，《商业经济与管理》1993 年第 1 期，第 77 ~ 80 页。

38. 刘光明：《现代企业家与企业文化》，经济管理出版社，1997。

39. 刘洪伟、冯淳：《基于知识基础观的技术并购模式与创新绩效关系实证研究》，《科技进步与对策》2015 年第 16 期，第 69 ~ 75 页。

40. 刘理晖、张德：《组织文化度量：本土模型的构建与实证研究》，《南开管理评论》2007 年第 2 期，第 19 ~ 24 页。

41. 刘丽萍：《企业购并中的文化协同效应研究》，硕士学位论文，广西大学，2007。

42. 刘璐、杨蕙馨：《制度距离对中国上市公司跨国并购绩效的影响——

国际经验与知识吸收能力的中介作用》，《科技进步与对策》2018 年第 5 期，第 113～119 页。

43. 刘睿智、张鲁秀：《企业声誉、研发投入与企业绩效》，《财经问题研究》2018 年第 8 期，第 105～111 页。

44. 刘玉冰：《企业海外并购的文化冲突与整合策略》，《财会通讯》2018 年第 10 期，第 97～100 页。

45. 刘志雄、张其仔：《企业文化对上市公司绩效的影响》，《财经问题研究》2009 年第 2 期，第 108～112 页。

46. 〔德〕马克思·M. 哈贝、佛里茨·克劳格、麦克·R. 塔姆：《并购整合：并购企业成功整合的七个策略》，张一平译，机械工业出版社，2007。

47. 缪匡华：《企业文化差异研究视角》，《中国集体经济》2008 年第 1 期，第 41～42 页。

48. 彭家钧：《基于网络组织的新型管理控制系统研究》，博士学位论文，中国海洋大学，2014。

49. 屈晶：《企业技术并购与创新绩效的关系研究——基于战略匹配与技术差距的调节作用分析》，《科学管理研究》2019 年第 2 期，第 122～126 页。

50. 单宝：《温特制：跨国公司生产组织方式的变革及其启示》，《科技管理研究》2008 年第 7 期，第 300～302 页。

51. 尚宝明：《企业并购中的文化整合风险管理》，《合作经济与科技》2010 年第 2 期，第 20～21 页。

52. 尚玉钒、席酉民：《企业文化管理与管理预警研究》，《预测》2001 年第 5 期，第 10～14 页。

53. 石伟、尹华站：《人格六焦点模型及老化研究》，《心理科学进展》2004 年第 4 期，第 573～577 页。

54. 宋耘：《文化冲突与文化适应对并购绩效影响的实证研究》，《科技管理研究》2006 年第 9 期，第 93～97 页。

55. 孙华平、黄茗玉：《企业跨国并购中的文化整合模式研究》，《求索》2012 年第 11 期，第 236～238 页。

56. 孙越：《基于案例分析的中西方文化背景下企业并购后整合节奏研究》，硕士学位论文，北京交通大学，2012。

57. 檀会芳、王立青：《企业文化差异分析》，《现代商业》2015年第36期，第90~91页。

58. 唐建荣、赵菲、张鑫和：《"文化逆势"情境下的跨国并购驱动机制——基于QCA方法与多元回归的双重分析》，《江苏社会学》2018年第5期，第100~110、274页。

59. 唐炎钊、唐蓉：《中国企业跨国并购的民族文化整合研究》，《商业研究》2012年第3期，第72~78页。

60. 陶瑞、刘东：《企业并购失败的原因分析》，《技术经济与管理研究》2012年第1期，第48~51页。

61. 陶瑞、张秋月：《基于并购匹配的目标企业选择研究》，《北京工商大学学报》（社会科学版）2011年第11期，第52~57页。

62. 田晖：《国家文化距离对中国进出口贸易影响的区域差异》，《经济地理》2015年第2期，第22~29页。

63. 王长征：《企业并购整合》，武汉大学出版社，2002。

64. 王国顺、张仕璟、邵留国：《企业文化测量模型研究——基于Dension模型的改进及实证》，《中国软科学》2006年第3期，第145~150页。

65. 王淑娟、孙华鹏、崔淼、苏敬勤：《一种跨国并购渗透式文化整合路径——双案例研究》，《南开管理评论》2015年第4期，第47~59页。

66. 王鑫：《并购协同效应理论研究及案例分析》，硕士学位论文，上海社会科学院，2009。

67. 王艳：《股权并购交易特征、文化差异度与企业并购绩效的实证研究》，博士学位论文，武汉大学，2013。

68. 王艳、阚铄：《企业文化与并购绩效》，《管理世界》2014年第11期，第146~157页。

69. 〔美〕威斯通：《接管、重组与公司治理》，北京大学出版社，2006。

70. 魏江：《基于核心能力的企业购并后整合管理》，《科学管理研究》，2002年第1期，第31~36页。

71. 温成玉、刘志新：《技术并购对高技术上市公司创新绩效的影响》，《科研管理》2011 年第 5 期，第 1~7、28 页。

72. 吴道友、程佳琳：《企业跨国并购协同整合策略与情境匹配研究——一项模糊集定性比较分析（fsQCA）的尝试》，《华东经济管理》2019 年第 7 期，第 178~184 页。

73. 吴浩强、刘树林：《关联并购视角的企业文化与技术创新效率》，《中南财经政法大学学报》2018 年第 3 期，第 65~72 页。

74. 萧聚武：《试论企业哲学的地位和作用》，《科学技术与辩证法》1996 年第 3 期，第 54~56 页。

75. 谢明亮、史弘：《企业并购中的文化风险及其管理》，《山东社会科学》2005 年第 4 期，第 85~87 页。

76. 谢守忠：《企业并购中文化差异及文化冲突分析》，《科技信息》2010 年第 26 期，第 150 页。

77. 谢作渺：《组织冲突与组织冲突协调策略》，《首都经济贸易大学学报》2002 年第 6 期，第 21~25 页。

78. 熊勇清、胡明：《企业并购的文化风险及度量模型研究》，《经济师》2005 年第 8 期，第 186~188 页。

79. 徐彬：《企业并购后的整合与协同》，《北京理工大学学报》（社会科学版）2000 年第 3 期，第 71~74 页。

80. 徐杰：《企业并购协同效应的理论与评估》，硕士学位论文，武汉理工大学，2003。

81. 徐金发、刘翌：《论我国公司治理文化及其建设》，《中国软科学》2001 年第 12 期，第 45~49 页。

82. 徐峻：《企业并购协同效应的研究》，硕士学位论文，重庆大学，2004。

83. 许雪飞：《中西方文化差异背景下的中外合资企业的文化融合》，《中国商贸》2011 年第 27 期，第 203~204 页。

84. 〔美〕亚历山德拉·里德·拉杰科斯：《并购的艺术：整合》，丁慧平、孙先锦译，中国财政经济出版社，2001。

85. 闫举纲、梁工谦：《企业并购前的文化测量与匹配性研究》，《西北工业大学学报》（社会科学版）2007 年第 12 期，第 45～49 页。

86. 阎大颖、洪俊杰、任兵：《中国企业对外直接投资的决定因素：基于制度视角的经验分析》，《南开管理评论》2009 年第 6 期，第 135～142 页。

87. 杨孝伟：《对文化差异在企业并购中双重作用的认识》，《管理与创新》2007 年第 9 期，第 163～164 页。

88. 余世维：《企业变革与文化》，北京大学出版社，2005。

89. 俞文钊、贾咏：《共同管理文化的新模式及其应用》，《应用心理学》1997 年第 1 期，第 3～10 页。

90. 曾天德、张玲玲：《论中西文化背景下的人格差异及其整合意义》，《漳州师范学院学报》（哲学社会科学版）2006 年第 2 期，第 114～119 页。

91. 张慧彬：《中国传统文化人文精神的特点》，《学习与探索》1987 年第 5 期，第 57～6 页。

92. 张洁梅：《企业并购整合研究现状综述》，《商业时代》2011 年第 12 期，第 75～77 页。

93. 张金鑫、王方、张秋生：《并购整合研究综述》，《商业研究》2005 年第 9 期，第 111～114 页。

94. 张麟：《企业兼并后的文化整合模式选择》，《沈阳工业大学学报》（社会科学版）2009 年第 3 期，第 244～247 页。

95. 张宁：《风险文化理论研究及其启示——文化视角下的风险分析》，《中央财经大学学报》2012 年第 12 期，第 91～96 页。

96. 张秋生、王东：《企业兼并与收购》，北京交通大学出版社，2001。

97. 张优：《企业并购的协同效应及其影响因素分析》，硕士学位论文，北京交通大学，2008。

98. 张振陵、郑玉刚、靳代平：《基于知识管理的企业并购文化风险预警研究》，《企业经济》2008 年第 11 期，第 53～55 页。

99. 赵炳贤：《并购考验成熟度》，《中国企业家》2002 年第 1 期，第 23～24 页。

100. 赵曙明、张捷：《中国企业跨国并购中的文化差异整合策略研究》，

《南京大学学报》（哲学·人文科学·社会科学）2005 年第 5 期，第 32 ~ 44 页。

101. 赵向阳、李海、孙川：《中国区域文化地图："大一统"抑或"多元化"》，《管理世界》2015 年第 2 期，第 101 ~ 119 页。

102. 郑伯壎：《组织文化价值观的数量衡鉴》，《中华心理学刊》1990 年第 32 期，第 31 ~ 49 页。

103. 郑兴山、唐元虎：《企业并购效应分析》，《经济体制改革》2000 年第 2 期，第 30 ~ 33 页。

104. 周家洪：《中国传统文化的首要特点》，《长江大学学报》（社会科学版）2008 年第 6 期，第 126 ~ 129 页。

105. 周黎安等：《信誉的价值：以网上拍卖交易为例》，《经济研究》2006 年第 12 期，第 81 ~ 91 页。

106. 周忠华、向大军：《文化差异·文化冲突·文化调适》，》《吉首大学学报》（社会科学版）2011 年第 3 期，第 151 ~ 153 页。

107. 朱灵博：《试论企业文化差异》，《内蒙古科技与经济》2005 年第 8 期，第 31 ~ 32 页。

108. Abernethy, M. A, Chua, W. F. A field study of control system "redesign": the impact of institutional processes on strategic choice. Contemporary Accounting Research, 1996, 13 (2): 569 – 606.

109. Ahammad, M. F., Glaister, K. W. Postacquisition management and performance of cross-border acquisitions. International Studies of Management & Organization, 2011, 41 (3): 59 – 75.

110. Ahammad, M. F., Glaister, K. W. The double-edged effect of cultural distance on cross-border acquisition performance. European J of International Management, 2011, 5 (4): 327 – 345.

111. Ahern, K. R., Daminelli, D., Fracassi, C. Lost in translation? The effect of cultural values on mergers around the world. Journal of Financial Economics, 2015, 117 (1): 165 – 189.

112. Al-Laham, A., Schweizer, L., Amburgey, T. L. Dating before marriage? Analyzing the influence of pre-acquisition experience and target

familiarity on acquisition success in the "M&A as R&D" type of acquisition. Scandinavian Journal of Management, 2010, 26 (1): 25 – 37.

113. Ambrosini, V., Bowman, C., Schoenberg, R. Should acquiring firms pursue more than one value creation strategy? An empirical test of acquisition performance. British Journal of Management, 2011, 22 (1): 173 – 185.

114. Angwin, D. N., Meadows, M. New integration strategies for post-acquisition management. Long Range Planning, 2015, 48 (4): 235 – 251.

115. Angwin, D. Speed in M&A integration: The first 100 days. European Management Journal, 2004, 22 (4): 418 – 430.

116. Ansoff, I. H. Strategy Management: Classic Edition. Piter, SPb, 2009.

117. Ansoff, I. H. Synergies and capabilities profile. NY: Penguin Books, 1965.

118. Auerbach, A. J., Poterba, J. M. Tax loss carryforwards and corporate tax incentives. The effects of taxation on capital accumulation. University of Chicago Press, 1987: 305 – 342.

119. Aurik, J. C., Jonk, G. J., Willen, R. E. Rebuilding the corporate genome: Unlocking the real value of your business. John Wiley & Sons, 2003.

120. Auster, E. R., Sirower, M. L. The dynamics of merger and acquisition waves: A three-stage conceptual framework with implications for practice. The Journal of Applied Behavioral Science, 2002, 38 (2): 216 – 244.

121. Barmeyer, C., Mayrhofer, U. The contribution of intercultural management to the success of international mergers and acquisitions: An analysis of the EADS group. International Business Review, 2008, 17 (1): 28 – 38.

122. Bauer, F., Matzler, K. Antecedents of M&A success: The role of strategic complementarity, cultural fit, and degree and speed of

integration. Strategic management journal, 2014, 35 (2): 269 – 291.

123. Bernardis, L. D. , Giustiniano, L. Evolution of multiple organisational identities after an m&a event. Journal of Organizational Change Management, 2015, 28 (3): 333 – 355.

124. Bernardis, L. , Giustiniano, L. Evolution of multiple organisational identities after an M&A event: A case study from Europe. Journal of Organizational Change Management, 2015, 28 (3): 333 – 355.

125. Berry, J. W. Cultural ecology and individual behavior. Environment and Culture. Springer, Boston, MA, 1980: 83 – 106.

126. Berry, L. L. Service Marketing is Different, Business, 1980 (30): 24 – 29.

127. Berry, L. L. Relationship marketing. Emerging perspectives on services marketing, 1983, 66 (3): 33 – 47.

128. Bert, A. , Macdonald, T. , Herd, T. Two merger integration imperatives: urgency and execution. Strategy & Leadership, 2003, 31 (3): 42 – 49.

129. Birkinshaw, J. , Bresman, H. , Hakanson, L. Managing the post-acquisition integration process: How the human iintegration and task integration processes interact to foster value creation. Journal of management studies, 2000, 37 (3): 395 – 425.

130. Bradley, M. , Desai, A. , Kim, E. H. The rationale behind interfirm tender offers: Information or synergy? . 1983.

131. Brouthers, K. D. , Bamossy, G. J. Post-formation processes in Eastern and Western European joint ventures. Journal of Management Studies, 2006, 43 (2): 203 – 229.

132. Brown, F. W. , Dodd, N. G. Utilizing organizational culture gap analysis to determine human resource development needs. Leadership & Organization Development Journal, 1998, 8 (7): 97 – 100.

133. Bruner, R. F. Does M&A pay? A survey of evidence for the decision-maker. Journal of applied finance, 2002, 12 (1): 48 – 68.

134. Buono, A. F. , Bowditch, J. L. , Lewis, J. W. When cultures collide：The anatomy of a merger. Human Relations, 1985, 38（5）：477 – 500.

135. Burckhardt, J. Die kultur de renaissance, 1860.

136. Buzzell, R. D. , Gale, B. T. , Gale, B. T. The PIMS principles：Linking strategy to performance. Simon and Schuster, 1987.

137. Cameron, K. S. , Quinn, R. E. Diagnosing and changing organizational culture：Based on the competing values framework. John Wiley & Sons, 2011.

138. Cannella, A. A. , Hambrick, D. C. Effects of executive departures on the performance of acquired firms. Strategic Management Journal, 1993, 14（S1）：137 – 152.

139. Carroll, C. D. , Rhee, B. K. , Rhee, C. Does cultural origin affect saving behavior? Evidence from immigrants. Economic Development and Cultural Change, 1999, 48（1）：33 – 50.

140. Cartwright, S. , Cooper, C. L. Managing mergers, acquisitions and strategic alliances：Integrating people and cultures. Long Range Planning, 1996, 29（6）：123 – 131.

141. Cartwright, S. , Cooper, C. L. The role of culture compatibility in successful organizationl marriage. Academy Management Review, 1993, 7（2）：57 – 70.

142. Cartwright, S. , Schoenberg, R. Thirty years of mergers and acquisitions research：Recent advances and future opportunities. British Journal of Management, 2006, 17（S1）：S1 – S5.

143. Cassiman, B. , Colombo, M. G. , Garrone, P. , et al. The impact of M&A on the R&D process：An empirical analysis of the role of technological-and market-relatedness. Research Policy, 2005, 34（2）：195 – 220.

144. Chakrabarti, A. K. Organizational factors in post – acquisition performance. IEEE Transactions on Engineering Management, 1990, 37（4）：259 –

268.

145. Chakrabarti, R., Gupta-Mukherjee, S., Jayaraman, N. Mars – Venus marriages: Culture and cross-border M&A. Journal of International Business Studies, 2009, 40（2）: 216 – 236.

146. Chatterjee, S., Lubatkin, M. H., Schweiger, D. M. Cultural differences and shareholder value in related mergers: Linking equity and human capital. Strategic Management Journal, 1992, 13（5）: 319 – 334.

147. Chatterjee, S. Performance characteristics of cryogenically treated high speed steel drills. International Journal of Production Research, 1992, 30（4）: 773 – 786.

148. Cheng, S. S., Seeger, M. W. Cultural differences and communication issues in international mergers and acquisitions: A case study of BenQ debacle. International Journal of Business and Social Science, 2012, 3（3）.

149. Choi, S., Holmberg, I., LöWstedt, J., et al. Managing clinical integration: A comparative case study in a merged university hospital. Journal of Health Organization and Management, 2012, 26（4）: 486 – 507.

150. Christensen, C. M., Alton, R., Rising, C., et al. The new M&A playbook. Harvard Business Review, 2011, 89（3）: 48 – 57.

151. Clark, E., Geppert, M. Subsidiary integration as identity construction and institution building: A political sensemaking approach. Journal of Management Studies, 2011, 48（2）: 395 – 416.

152. Clark, S. M., Gioia, D. A., Ketchen, D. J., et al. Transitional Identity as a Facilitator of Organizational Identity Change during a Merger. Administrative Science Quarterly, 2010, 55（3）: 397 – 438.

153. Cloodt, M., Hagedoorn, J., Van Kranenburg, H. Mergers and acquisitions: Their effect on the innovative performance of companies in high – tech industries. Research Policy, 2006, 35（5）: 642 – 654.

154. Cohen, W. M., Levinthal, D. A. Fortune favors the prepared firm.

Management Science, 1994, 40: 227 – 251.

155. Colquitt, J. A. , Scott, B. A. , Rodell, J. B. , et al. Justice at the millennium, a decade later: A meta-analytic test of social exchange and affect-based perspectives. Journal of Applied Psychology, 2013, 98 (2): 199 – 236.

156. Conyon, M. J. , Girma, S. , Thompson , S. The productivity and wage effects of foreign acquisition in the United Kingdom. The Journal of Industrial Economics, 2002, 50 (1): 85 – 102.

157. Cording, M. , Christmann, P. , King, D. R. Reducing causal ambiguity in acquisition integration: Intermediate goals as mediators ofintegration decisions and acquisition performance. Academy of Management Journal, 2008, 51 (4): 744 – 767.

158. Dale, P. A. In pursuit of a scientific culture: science, art, and society in the Victorian age. University of Wisconsin Press, 1989.

159. Daniliuc, S. Agency risks and the acquisition performance of Australian publicly listed acquirers. 2014, 30 (9): 1 – 42.

160. Datta, D. K. , Puia, G. Cross – border acquisitions: An examination of the influence of relatedness and cultural fit on shareholder value creation in US acquiring firms. MIR: Management International Review, 1995: 337 – 359.

161. Datta, Organizational fit and acquisition performance: Effects of post-acquisition integration. Strategic Management Review, 1991, 12 (4): 281 – 297

162. Denison, D. R. , Neale, W. Denison organizational culture survey. Ann Arbor, MI: Aviat, 1996.

163. Desyllas, P. , Hughes, A. Do high technology acquirers become more innovative? . Research Policy, 2010, 39 (8): 1105 – 1121.

164. Dick, R. , Ullrich, J. , Tissington, P. A. Working under a black cloud: how to sustain organizational identification after a merger. British Journal of Management, 2006, 17 (S1): S69 – S79.

165. Dinkelspiel, J. R., Bailey, J. High performance organisations: Aligning culture and organisation arouJnd strategy. Key Issues in Management, 1990.

166. Dollard, J. Culture, society, impulse, and socialization. American Journal of Sociology, 1939, 45 (1): 50 – 63.

167. Dragos, Vieru, Suzanne Rivard. Organizational identity challenges in a post-merger context: A case study of an information system implementation project. International Journal of Information Management, 34 (3): 381 – 386.

168. Drori, I., Wrzesniewski, A., Ellis, S. One out of many? Boundary negotiation and identity formation in postmerger integration. Organization Science, 2013, 24 (6): 1717 – 1741.

169. Ellis, K. M., Reus, T. H., Lamont, B. T. The effects of procedural and informational justice in the integration of related acquisitions. Strategic Management Journal, 2009, 30 (2): 137 – 161.

170. Elsass, P. M., Veiga, J. F. Acculturation in acquired organizations: A force-field perspective. Human Relations, 1994, 47 (4): 431 – 453.

171. Elstak, M. N., Bhatt, M., Van Riel C. B. M., et al. Organizational identification during a merger: the role of self-enhancement and uncertainty reduction motives during a major organizational change. Journal of Management Studies, 2015, 52 (1): 32 – 62.

172. Epstein, M. J. The drivers of success in post-merger integration. Organizational Dynamics, 2004, 2 (33): 174 – 189.

173. Faulkner, D., Child, J., Pitkethly, R. Organisational change processes in international acquisitions. Advances in Mergers and Acquisitions, 2003, 2 (03): 59 – 80.

174. Fey, C. F., Denison, D. R. Organizational culture and effectiveness: can American theory be applied in Russia? Organization science, 2003, 14 (6): 686 – 706.

175. Froese, F. J., Goeritz, L. E. Integration management of western

acquisitions in Japan. Asian Business & Management, 2007, 6 (1): 95 – 114.

176. Froese, F. J. , Goeritz, L. E. Integration management of western acquisitions in Japan. Asian Business & Management, 2007, 6 (1): 95 – 114.

177. Gerds, J. , Schewe, G. Post Merger Integration. Springer – Verlag Berlin Heidelberg, 2006.

178. Gerpott, T. J. Successful integration of R&D functions after acquisitions: An exploratory empirical study. R&D Management, 1995, 25 (2): 161 – 178.

179. Gertsen, M. C. , Sderberg, A. M. Tales of trial and triumph a narratological perspective on international acquisition. Advances in Mergers & Acquisitions, 2000, 1 (00): 239 – 272.

180. Ghoshal, S. , Haspeslagh, P. The acquisition and integration of Zanussi by Electrolux: A case study. European Management Journal, 1990, 8 (4): 414 – 433.

181. Ginsberg, A. , Venkatraman, N. Institutional initiatives for technological change: From issue interpretation to strategic choice. Organization Studies, 1995, 16 (3): 425 – 448.

182. Graebner, M. E. , Eisenhardt, K. M. The seller's side of the story: Acquisition as courtship and governance as syndicate in entrepreneurial firms. Administrative Science Quarterly, 2004, 49 (3): 366 – 403.

183. Greenwood, R. , Hinings, C. R. , Brown, J. Merging professional service firms. Organization Science, 1994, 5: 239 – 257.

184. Habeck, M. , Kröger, F. , Träm, M. After the merger. FT Press, 2000.

185. Haken, H. Synergetics. Naturwissenschaften, 1980 (67): 121 – 128.

186. Haleblian, J. , Devers, C. E. , McNamara, G. , Carpenter, M. A. , Davison, R. B. Taking stock of what we know about mergers and acquisitions: A review and research agenda. Journal of Management,

2009, 35 (3): 469 – 502.

187. Hall, P. D. The management factor in acquisition performance, 1987.

188. Handy, C. Understanding organizations. England: Penguin Books, 1993.

189. Harwood, I. A., Chapman, C. B. Risk bartering: what post-M& A integration teams really do. *Strategic Change*, 2009 (18): 157 – 178.

190. Harwood, I., Ashleigh, M. The impact of trust and confidentiality on strategic organizational change programmes: A case study of post-acquisition integration. Strategic Change, 2005 (14): 63 – 75.

191. Haspeslagh, P. C., Jemison, D. B. Managing acquisitions: Creating value through corporate renewal. New York: Free Press, 1991.

192. Haspeslagh, P. C., Jemison, D. B. SMR Forum Acquisitions Myths and Reality. Sloan Management Review (1986 – 1998), 1987, 28 (2): 53.

193. Haspeslagh, P. C., Jemison, D. B. The challenge of renewal through acquisitions. Strategy & Leadership, 2013 (19): 27 – 30.

194. Hermalin, B. An Economist's View of Corporate Culture, Handbook of Corporate Culture, forthcoming, 2001.

195. Herskovits, M. Cultural anthropology [M]. New York: Knopf, 1995.

196. Hewitt, D. A., England, G. C. W. Culture conditions required to induce capacitation and the acrosome reaction of canine sperm in vitro, 1999.

197. Hillyer, C., Smolowitz, I. Why Do Merges Fail to Achieve Synergy? Director's Monthly, 1996 (11): 13.

198. Hinterhuber, A. Making M&A Work. Business Strategy Review, 2002, 13 (3): 7 – 9.

199. Hofstede, G., Bond, M. H. Hofstede's Culture Dimensions An Independent Validation Using Rokeach's Value Survey. Journal of Cross-Cultural Psychology, 1984, 15 (4): 417 – 433.

200. Hofstede, G. Culture and organizations. Studies of Management & Organization, 1980, 10 (4): 15 – 41.

201. Hofstede, G. Organizations and cultures: Software of the mind.

McGrawHill, New York, 1991.

202. Hofstede, G. Riding the waves of commerce: A test of trompenaars' "model" of national culture differences. International Journal of Intercultural Relations, 1996, 20 (2): 189 – 198.

203. Hofstede, G. The business of international business is culture. The Internationalization of the Firm: A Reader, 1999: 381 – 393.

204. Homburg, C., Bucerius, M. A marketing perspective on mergers and acquisitions: How marketing integration affects postmerger performance. Journal of Marketing, 2005, 69 (1): 95 – 113.

205. Hubbard, N., Purcell, J. Managing Employee Expectations during Acquisitions. Human Resource Management Journal, 2001, 11 (2): 17 – 33.

206. Inkpen, A. C. Learning through joint ventures: a framework of knowledge acquisition. Journal of Management Studies, 2000, 37 (7): 1019 – 1044.

207. Itami, H., Roehl, T. W. Mobilizing invisible assets. Harvard University Press, 1987.

208. Jemison, D. B., Sitkin, S. B. Corporate acquisitions: A process perspective. The Academy of Management Review, 1986, 11 (1): 145 – 163.

209. Jerome, J. T. J. Congenital fusion of the trapezium and trapezoid. Romanian Journal of Morphology and Embryology, 2008, 49 (3): 417 – 419.

210. Karen, Ruckman. Externally sourcing research through acquisition: should it supplement or substitute for internal research? Industry & Innovation, 2008, 15 (6): 627 – 645.

211. Kato, J., Schoenberg, R. The impact of post-merger integration on the customer-supplier relationship. Industrial Marketing Management, 2014, 43 (2): 335 – 345.

212. Kavanagh, M. H., Ashkanasy, N. M. The impact of leadership and

change management strategy on organizational culture and individual acceptance of change during a merger. British Journal of Management, 2006, 17 (S1): S81 – S103.

213. Kim, J. Y. , Finkelstein, S. The effects of strategic and market complementarity on acquisition performance: evidence from the U. S. commercial banking industry, 1989 – 2001. Strategic Management Journal, 2009, 30 (6): 617 – 646.

214. Kitching, J. Why do mergers miscarry. Harvard Business Review, 1967, 45 (6): 84 – 101.

215. Kluckhohn, C. Culture and behavior. Free Press of Glencoe, 1962.

216. Kluckhohn, F. R. , Strodtbeck, F. L. Variations in value orientations. Row, Peterson, 1961.

217. Kogut, B. , Singh, H. The effect of national culture on the choice of entry mode. Journal of International Business Studies, 1988, 19 (3): 411 – 432.

218. Kroeber, A. L. , Kluckhohn, C. Culture: A critical review of concepts and definitions. Papers. Peabody Museum of Archaeology & Ethnology, Harvard University, 1952, 47 (1): 223.

219. Krug, J. A. , Nigh, D. Executive perceptions in foreign and domestic acquisitions: An analysis of foreign ownership and its effect on executive fate. Journal of World Business, 2001, 36 (1): 85 – 105.

220. Lajoux, A. R. The art of M & A integration: A guide to merging resources, processes, and responsibilities. McGraw-Hill, 1998.

221. Langley, A. , Golden-Biddle, K. , Reay, T. , Denis, J. L. , Hebert, Y. , Lamothe, L. , Gervais J. Identity struggles in merging organizations: renegotiating the sameness-difference dialectic. Journal of Applied Behavioral Science, 2012 (48): 135 – 167.

222. Larsson, R. , Finkelstein, S. Integrating strategic, organizational, and human resource perspectives on mergers and acquisitions: A case survey of synergy realization. Organization Science, 1999, 10 (1): 1 – 26.

223. Laurent, A. The cultural diversity of western conceptions of management. International Studies of Management & Organization, 1983, 13（1－2）: 75－96.

224. Lee, S. J., Kim, J., Park, B. I. Culture clashes in cross－border mergers and acquisitions: A case study of Sweden's Volvo and South Korea's Samsung. International Business Review, 2015, 24（4）: 580－593.

225. Lehn, K., Poulsen, A. Free cash flow and stockholder gains in going private transactions. The Journal of Finance, 1989, 44（3）: 771－787.

226. Linton, R. Culture, society, and the individual. The Journal of Abnormal and Social Psychology, 1938, 33（4）: 425.

227. Linton, R., Devereux, G. E. Culture and mental disorders. 1956.

228. Lloyd, B., Trompenaars, F. Culture and change: conflict or consensus?. Leadership & Organization Development Journal, 1993.

229. Lowie, R. H. Culture & ethnology. DC McMurtrie, 1917.

230. Lubatkin, M. Merger strategies and stockholder value. Strategic management journal, 1987, 8（1）: 39－53.

231. Lupina-Wegener, A., Drzensky, F., Ullrich, J., et al. Focusing on the bright tomorrow? A longitudinal study of organizational identification and projected continuity in a corporate merger. British Journal of Social Psychology, 2014, 53（4）: 752－772.

232. Lupina-Wegener, Anna, Schneider, Susan, C., Van Dick, R. The role of outgroups in constructing a shared identity: A longitudinal study of a subsidiary merger in mexico. Management International Review, 2015, 55（5）: 677－705.

233. Madhavan, A., Dallas, G. S. Security prices and market transparency, Journal of Financial Intermediation, 1996, 5（3）: 255－283.

234. Maire, S., Collerette, P. International post-merger integration: Lessons from an integration project in the private banking sector. International Journal of Project Management, 2011, 29（3）: 279－294.

235. Makri, E., Hantzi, A., Antoniou, A. S. Merger integration patterns, status of pre-merger organizations, stress, and employee health post-combination. Journal of Business Studies Quarterly, 2012, 4 (2): 113 – 127.

236. Makri, M., Hitt, M. A., Lane, P. J. Complementary technologies, knowledge relatedness, and invention outcomes in high technology mergers and acquisitions. Strategic Management Journal, 2010, 31 (6): 602 – 628.

237. Malekzadeh, A. R., Nahavandi, A. Leadership and culture in transnational strategic alliances. Cultural dimensions of international mergers and acquisitions, 1998: 111 – 127.

238. Malekzadeh, A. R., Nahavandi, A. Making Mergers Work by Managing Cultures. Journal of Business Strategy, 1990, 11 (3): 55 – 57.

239. Malinowski, B. A Scientific Theory of Culture and Other Essays: [1944]. Routledge, 2014.

240. Marco, A. C., Rausser, G. C. Complementarities and spillovers in mergers: an empirical investigation using patent data. Economics of Innovation and New Technology, 2011, 20 (3): 207 – 231.

241. Marrewijk, A. Conflicting subcultures in mergers and acquisitions: a longitudinal study of integrating a radical internet firm into a bureaucratic telecoms firm. British Journal of Management, 2016, 27 (2): 338 – 354.

242. Maslow, A. H. Dynamics of personality organization II. Psychological Review, 1943, 50 (6): 541 – 558.

243. McLean, A., Marshall, J. Intervening in cultures. University of Bath, 1993.

244. Mead, M. Culture and commitment. The Bodley Head Ltd, 1970.

245. Melissa, E., Graebner. Momentum and serendipity: how acquired leaders create value in the integration of technology firms. Strategic Management Journal, 2004, 25 (8 – 9): 27.

246. Merchant, K. A. The control function of management. Sloan Management Review (Pre – 1986), 1982, 23 (4): 43.

247. Meyer, C. B., Altenborg, E. The disintegrating effects of equality: A study of a failed international merger. British Journal of Management, 2007, 18 (3): 257 – 271.

248. Meyer, K. E. Institutions, transaction costs, and entry mode choice in Eastern Europe. Journal of International Business Studies, 2001, 32 (2): 357 – 367.

249. Monin, P., Noorderhaven, N., Vaara, E., et al. Giving sense to and making sense of justice in post-merger integration. Academy of Management Journal, 2013, 56 (1): 256 – 284.

250. Montgomery, S. Corporate acquisition strategies and economic performance. Strategic Management Journal, 1987, 8 (4): 377 – 386.

251. Moran, R. T., Harris, P. R., Stripp, W. G. Developing the global organization: strategies for human resource professionals. Routledge, 1993.

252. Morosini, P., Shane, S., Singh, H. National cultural distance and cross-border acquisition performance. Journal of International Business Studies, 1998, 29 (1): 137 – 158.

253. Morris, N. Puerto Rico: Culture, politics, and identity. Praeger/ Greenwood, 1995.

254. Mtar, M. Institutional, industry and power effects on integration in cross-border acquisitions. Organization Studies, 2010, 31: 1099 – 1127.

255. Nahavandi, A., Malekzadeh, A. R. Acculturation in mergers and acquisitions. Thunderbird International Business Review, 1988, 30 (1): 10 – 12.

256. Nahavandi, A., Malekzadeh, A. R. Organizational culture in the management of mergers. Quorum books, 1993.

257. Oberg, C., Henneberg, S. C., Mouzas, S. Changing network pictures: evidence from mergers and acquisitions. Industry & Innovation,

2007, 36: 926 - 940.

258. Ogburn, W. F. , Soc. F. Culture and sociology. 1937, 16: 161.

259. Olie, R. Cultural exchange in mergers and acquisitions. Cross-Cultural Management, 1995: 325.

260. Olie, R. Shades of culture and institutions in international mergers. Organization Studies, 1994, 15: 381 - 405.

261. O'Reilly C. A. , Chatman, J. , Caldwell, D. F. People and organizational culture: A profile comparison approach to assessing person-organization fit. Academy of management journal, 1991, 34 (3): 487 - 516.

262. Ouchi, W. G. A conceptual framework for the design of organizational control mechanisms. Management science, 1979, 25 (9): 833 - 848.

263. Pablo, A. L. Determinants of acquisition integration level: A decision-making perspective. Academy of management Journal, 1994, 37 (4): 803 - 836.

264. Perrin, T. Worldwide total remuneration, 1998.

265. Peters Thomas, J. , Waterman Robert H. In search of excellence: lessons from America's best-run companies. NY: Harper & Row, Publishers Inc, 1982.

266. Peter, F D. The coming of the new organization [J] . Harvard Business Review, 1988, 66 (1): 45 - 53.

267. Piske, Reiner. German acquisitions in Poland: an empirical study on integration management and integration success. Human Resource Development International, 2002, 5 (3): 295 - 312.

268. Porter, M. E. Technology and competitive advantage. The Journal of Business Strategy, 1985, 5 (3): 60.

269. Prichett, P. , Robinson, D. , Clarkson, R. After the merger: The authoritative guide for integration, success (Rec. ed.) , 1997.

270. Pucik, V. Post-merger integration process in Japanese M&A: The voices from the front-line. Advances in Mergers & Acquisitions, 2008, 7 (08):

71 – 92.

271. Puranam, P. , Singh, H. , Chaudhuri, S. Integrating acquired capabilities: When structural integration is (un) necessary. Organization Science, 2009, 20 (2): 313 – 328.

272. Puranam, P. , Singh, H. , Zollo, M. A bird in the hand or two in the bush?: Integration trade-offs in technology-grafting acquisitions. European Management Journal, 2003, 21 (2): 179 – 184.

273. Quinn, R. E. , Cameron, K. S. Paradox and transformation: Toward a theory of change in organization and management. Ballinger Publishing Co/Harper & Row Publishers, 1988.

274. Ranft, A. L. Knowledge preservation and transfer during post-acquisition integration. Advances in Mergers & Acquisitions, 2006, 5 (6): 51 – 67.

275. Ranft, A. L. , Lord, M. D. Acquiring new knowledge: The role of retaining human Capital in Acquisitions of high-tech firms. The Journal of High Technology Management Research, 2000, 11 (2): 295 – 319.

276. Ranft, A. L. , Lord, M. D. Acquiring new technologies and capabilities: A grounded model of acquisition implementation. Organization Science, 2002, 13 (4): 420 – 441.

277. Redfield, J. M. Nature and culture in the Iliad: The tragedy of hector. Duke University Press, 1994.

278. Redfield, R. Definition of Culture, as Quoted in WF Ogburn and MF Nimkoff. Sociology, 25, 1940.

279. Rees, C. , Edwards, T. Management strategy and HR in international mergers: choice, constraint and pragmatism. Human Resource Management Journal, 2009, 19 (1): 24 – 39.

280. Reus, T. H. Cultures consequences for emotional attending during cross-border acquisition implementation. Journal of World Business, 2012, 47 (3): 342 – 351.

281. Rouzies, A. , Colman, H. L. Identification processes in post-acquisition integration: The role of social interactions. Corporate Reputation

Review, 2012, 15 (3): 143 – 157.

282. Ruback, R. S., Jensen, M. C. The market for corporate control: The scientific evidence. Journal of Financial economics, 1983, 11: 5 – 50.

283. Ruckman, K. Externally sourcing research through acquisition: should it supplement or substitute for internal research? Industry and Innovation, 2008, 15 (6): 627 – 645.

284. Salter, M. S., Weinhold, W. A. Diversification through acquisition : strategies for creating economic value. Free Press, 1979.

285. Sapir, E. Culture, language and personality: Selected essays. Univ of California Press, 1985.

286. Sarala, R. M., Junni, P., Cooper, C. L., et al. A sociocultural perspective on knowledge transfer in mergers and acquisitions. Journal of Management, 2016, 42 (5): 1230 – 1249.

287. Schein, E. H. Defining organizational culture. Classics of Organization Theory, 1985, 3 (1): 490 – 502.

288. Schein, E. H. The concept of organizational culture: Why bother. Classics of Organizational Theory, 2011, 7: 349 – 360.

289. Schuler, R., Jackson, S. HR issues and activities in mergers and acquisitions. European Management Journal, 2001, 19 (3): 239 – 253.

290. Schwartz, S. H. A theory of cultural values and some implications for work. Applied Psychology: An International Review, 1999, 48 (1): 23 – 47.

291. Schweiger, D. M., Denisi, A. S. Communication with employees following a merger longitudinal field experiment. Academy of Management Journal, 1991, 34 (1): 110 – 135.

292. Searle, R. H., Ball, K. S. The development of trust and distrust in a merger. Journal of Managerial Psychology, 2004, 19 (7): 708 – 721.

293. Seth, A. Sources of value creation in acquisitions: an empirical investigation. Strategic Management Journal, 1990, 11 (6): 431 – 446.

294. Shanley, M. T., Correa, M. E. Agreement between top management

teams and expectations for post-acquisition performance. Strategic Management Journal, 1992, 13 (4): 245 – 266.

295. Shleifer, A., Summers, L. H. Breach of trust in hostile takeovers. In Auerbach, A. J. (ed.), Corporate Takeovers: Causes and Consequences. Chicago, IL: University of Chicago Press, 1988.

296. Shrallow, D. A. Managing the Integration of Acquired Operations. Journal of Business Strategy, 1985, 6 (1): 30 – 36.

297. Shrivastava, P. Postmerger integration. Journal of Business Strategy, 1986, (7): 65 – 76.

298. Shrivastava, P. Post-Merger Integration. Journal of Business Strategy, 1986, (7): 65 – 76.

299. Simons, R. C. Boo: Culture, experience, and the startle reflex. Oxford University Press on Demand, 1996.

300. Tetenbaum, T. J. Beating the odds of merger & acquisition failure: Seven key practices that improve the chance for expected integration and synergies. Organizational Dynamics, 1999: 22.

301. Triandis, H. C. Culture and social behavior. 1994.

302. Trompenaars, F., Hampden-Turner, C. The seven cultures of capitalism: Value systems for creating wealth in Britain, the United States, Germany, France, Japan, Sweden and the Netherlands. London: Judy Piatkus Publishers Ltd, 1995.

303. Trompenaars, F. Managing across cultures. New York, 1993.

304. Tuch, C., O'Sullivan, N. The impact of acquisitions on firm performance: a review of the evidence. International Journal of Management Reviews, 2007, 9: 141 – 170.

305. Tylor, E. B. Primitive culture: Researches into the development of mythology, philosophy, religion, art and custom [M]. J. Murray, 1871. 306. Vaara, E. Constructions of cultural differences in post-merger change processes: A sensemaking perspective on Finnish – Swedish cases. Management Communication Quarterly, 2000, 3 (3): 81 – 110.

306. Vaara,E. , Monin, P. A recursive perspective on discursive legitimation and organizational action in mergers and acquisitions. Organization Science, 2010, 21（1）: 3 – 22.

307. Vaara,E. , Sarala, R. , Stahl, G. K. and Björkman, I. The impact of organizational and national cultural differences on social conflict and knowledge transfer in international acquisitions. Journal of Management Studies, 2012, 49: 1 – 27.

308. Valentini,G. , Dawson, A. Beyond knowledge bases: towards a better understanding of the effects of M&A on technological performance. Advances in Mergers and Acquisitions, 2010, 9: 177 – 197.

309. Veiga, J. , Lubatkin, M. , Calori, R. , et al. Research note measuring organizational culture clashes: A two-nation post-hoc analysis of a cultural compatibility index. Human Relations, 2000, 53（4）: 539 – 557.

310. Very, P. , Lubatkin, M. , Calori, R. An Investigation of National and Organizational Cultural Influences in Recent European Mergers. Advances in Strategic Management, Vol. 9. 1993: 323 – 346.

311. Very, P. , Lubatkin, M. , Veiga, C. J. Relative standing and the performance of recently acquired European firms. Strategic Management Journal, 1997, 18（8）: 593 – 614.

312. Vieru, D. , Rivard, S. Organizational identity challenges in a post – merger context: A case study of an information system implementation project. International Journal of Information Management, 2014, 34（3）: 381 – 386.

313. Walsh, J. P. , Ellwood, J. W. Mergers, acquisitions, and the pruning of managerial deadwood. Strategic Management Journal, 1991, 12（3）: 201 – 217.

314. Wasserstein, B. Big deal: The battle for control of America's leading corporations. Grand Central Pub, 1998.

315. Weaver, S. C. , Weston, J. F. Implementing Value Based Management. 2003.

316. Weber, E. , Green, N. The Spectacle of Nature: Landscape and Bourgeois Culture in Nineteenth-Century France. Journal of Interdisciplinary History, 1990, 22 (2): 314.

317. Weber, Y. , Drori, I. Integrating organizational and human behavior perspectives on mergers and acquisitions: Looking inside the black box. International Studies of Management & Organization, 2011, 41 (3): 76 – 95.

318. Weber, Y. , Shenkar, O. , Raveh, A. National and corporate cultural fit in mergers/acquisitions: An exploratory study. Management Science, 1996, 42 (8): 1215 – 1227.

319. Weston, J. F. , Chung, K. S. Takeovers and corporate restructuring: An overview. Business Economics, 1990: 6 – 11.

320. Yildiz, H. E. "Us vs. them" or "us over them"? On the roles of similarity and status in M&As. International Business Review, 2016, 25 (1): 51 – 65.

321. Yu, J. , Engleman, R. M. , Van de Ven A. H. The integration journey: an attention-based view of the merger and acquisition integration process. Organization Studies, 2005, 26: 1501 – 1528.

322. Zając, J. Towards successful communication in global virtual teams: team language and team culture. Kwartalnik Neofilologiczny, 2012 (3): 345 – 370.

323. Zollo, M. , Singh, H. Deliberate learning in corporate acquisitions: post-acquisition strategies and integration capability in US bank mergers. Strategic Management Journal, 2004, 25 (13): 1233 – 1256.

324. Zwell, M. Creating a Culture of Competence. Wiley, 2000: 122 – 123.

325. Zwell, M. , Ressler, R. Powering the human drivers of financial performance. Strategic Finance, 2000, 81 (11): 40.

图书在版编目（CIP）数据

中国企业并购：跨文化整合实践／崔永梅等著. ––
北京：社会科学文献出版社，2021.4
国家社科基金后期资助项目
ISBN 978 – 7 – 5201 – 7213 – 4

Ⅰ.①中… Ⅱ.①崔… Ⅲ.①企业兼并 – 研究 – 中国
Ⅳ.①F279.214

中国版本图书馆 CIP 数据核字（2020）第 164146 号

·国家社科基金后期资助项目·

中国企业并购跨文化整合：理论与实践

著　　者／崔永梅　傅祥斐

出 版 人／王利民
组稿编辑／恽　薇
责任编辑／宋淑洁
文稿编辑／李小琪

出　　版／社会科学文献出版社·经济与管理分社（010）59367226
　　　　　地址：北京市北三环中路甲 29 号院华龙大厦　邮编：100029
　　　　　网址：www.ssap.com.cn
发　　行／市场营销中心（010）59367081　59367083
印　　装／三河市龙林印务有限公司

规　　格／开本：787mm × 1092mm　1/16
　　　　　印张：16.5　字数：261 千字
版　　次／2021 年 4 月第 1 版　2021 年 4 月第 1 次印刷
书　　号／ISBN 978 – 7 – 5201 – 7213 – 4
定　　价／99.00 元

本书如有印装质量问题，请与读者服务中心（010 – 59367028）联系